HBB
HORITSU BUNKA
BASIC BOOKS

現代の人権と法を考える〔第2版〕

NAKAGAWA Yoshiro　中川義朗 編

法律文化社

第2版はしがき

本書の初版を上梓して以来、早くも八年の歳月が流れた。この間、幸いにも、本書は類書にない特色、すなわち個別人権を頂点とする法的実態と人権の理念との緊張関係、今日の理論の到達点、および個性的な意見の平易な解説という点から、幅広く愛読されてきたが、最近の人権・公法に関わる制度・理論・実態の変化はめまぐるしく、本書の対象とする人権の具体化としての各種法令の制定・改廃、関連する判例の発展も著しいものがあり、この際、初版の基本構成・内容を維持しつつ、最新の理論・実態の状況、および課題を正確にフォローするため、あえて『第2版』を出版する運びになった次第である。

人権・憲法の理念の具体化をめざすべき小泉内閣の諸改革は、「官から民へ」・「国から地方へ」・行政の「効率化」のスローガンのもと、政財官の既得権益に対する規制改革という意味で一定の成果をあげているが、他方では、「光」よりむしろ「影」の部分、あるいは「格差」が、たとえば、生活保護世帯数の増大や若者を中心とする非正規労働者の増大に象徴されるように、顕著になり、明らかに人権の侵害を惹起したり、あるいは人権理念の実現から乖離している「改革」も少なくない。すなわち、市場競争原理・効率性万能主義が、社会的・経済的格差を拡大させ、生存権・教育権・勤労権などの社会権の実現を妨げ、さまざまな問題をひき起こしているからである。

国際的には、二〇〇一年九月一一日のニューヨークのテロ事件以降、アメリカを中心とする同盟諸国によるアフガン・イラク戦争が遂行され、これら戦争の正当性もさることながら、これらの戦争のなかで、イラク人捕虜などに対する米兵らによるショッキングな虐待の映像などをみると、改めて「平和と人権の不可分性」、換言すれば貧困・差別とならんで、「戦争が人権の最大の敵」であることを、教えてくれる。また、これらの戦争・事件を契機に、人権の本質をめぐる議論が活発に展開されるようになった。すなわち、近代的な人権宣言は、人権の普遍性、すなわち「人間は、自分が日本人かドイツ人かインド人かアメリカ人かを問うことなしに人間たり得る」ということを前提としていたが、今日では、この「普遍性の代わりに、具体的で、文化的に個別化された普遍性」を構築する必要性がある、という議論があるからである（ハンス・マイアー著／森田明編訳『基本的人権論』序文）。これは、民族的・文化的独自性と近代的人権の普遍性との矛盾・衝突をどう克服するか、という問題でもある。

人権一般の実現あるいは救済に関しては、法務省設置の人権救済機関である「人権委員会」を中心とする人権擁護法案の制定が、マスコミなどの反対に合い、目下宙ぶらりんになっていること、自治体レベルでは、全国で最初となるはずの鳥取県の「人権救済条例」の問題がある。後者については、二〇〇六年六月施行予定直前になって、核心の「人権侵害」概念のあいまいさ、救済機関の問題などについて各種団体から強い批判がでて、目下流動的である。これらの問題は、あたらしい法令・条例の制定などにおいて必ず直面する課題であるが、分権時代の「自主条例」としての意義を生かすためにも、課題を克服して、成立・発展することを期待したい。

今回も、同じ顔ぶれの執筆者にご協力願った。初版では、ほとんどが「九州在住」であった各著者が、現在では、関東はじめ全国各地の大学に散らばって、活躍されていることに、まったく同慶の至りであるが、同時に一抹の寂しさも禁じえない。ともあれ、ご多忙のなか、改訂趣旨をご理解いただき、短期間に玉稿を寄せていただいた各執筆者には、編者として心より感謝申しあげたい。

初版の改訂の方針、第2版の出版に至る全工程にわたって、初版と同様、法律文化社の秋山泰氏による懇切丁寧なご指導とご協力を頂いた。執筆者を代表して、ここに記して、感謝の意を表したい。

巻末索引の作成については、熊本大学大学院社会文化科学研究科（博士課程）一年生の岩橋浩文氏の手を煩わせた。氏の献身的な作業に対して、ここに、お礼を申し上げる。

さいごに、本書が、ともすれば人権や憲法の理念が軽視される時代風潮のなかにあって、現代の生きた、実践的な人権論・法律論として、いささかなりとも資する点があるとすれば、執筆者の慶びこれに勝るものはない。本書第2版が、初版同様、学生はもとより市民に幅ひろく愛読され、人口に膾炙されるよう切に願うものである。

二〇〇六年二月二〇日

ようやく春の息吹を感じさせる旧制五高記念館の赤レンガの建物を窓外にみながら

中川　義朗

はしがき

本書は、大学にはいってはじめて本格的に憲法・法学や人権論を学ぶ学生諸君や一般市民をおもな対象として、現代社会・現代法のもっとも基本的なキーワードである「基本的人権」（本書では人権と略称する）に関する個別的・具体的問題を中心素材としてその問題の所在・議論の展開をわかりやすく説き明かすことによって、一定の水準に到達しうるよう執筆・編集された現代人権・公法の入門書である。

一九九〇年代初頭東西冷戦の終結後基本的なイデオロギーの対立が影をひそめ、国内外において個人や集団のさまざまな利益・価値観の対立が顕著になり、それらは人権をめぐる法的紛争という形をとって法廷・政治・社会の場で争われることが少なくない。現代社会においてはみずからの経済的・社会的・人格的利益を「人権」というもっとも強力な法的主張で展開する傾向が一段と強まってきたからである。現代が「人権の時代」（L・ヘンキン）とよばれるゆえんである。

このような時代背景からか、最近「人権」というタイトルを付した著書が数多く出版されている。それも、環境、情報、平和などはもとよりであるが、たとえば「経済交渉」・「ＯＤＡ」・「開発」などのように、これまであまり「人権」との関連がないとみられた分野においても、人権の視点から論じられるようになった点が目立つ。

このように、現代社会においてますますその重要性を増しつつある人権問題について、本格的な研究書、教科書、事件や判例を中心とした啓蒙書などつぎつぎと新しい著書が公刊されてゆくなかで、本書は、人権・公法に関する最新の事件・判例・立法、現在の学説の動向をふまえつつ、事件（事実）と理論、各論と総論の統一という視点から著者が自己の見解を自由に展開し、さらに読者の議論を喚起しようとするところに最大の特色がある。このような目的を達するため、本書は、一ゼメスター（学期）で完結するよう現代の人権問題・公法の基礎を理解するうえで重要な一四の項目を選び、それぞれのテーマにもっともふさわしい九州在住の公法・民法・社会法の若手・中堅の研究者に執筆をお願いするという方針をとった。また各講義のテーマの理解を深めるための参考文献掲載と著者の肩の凝らない自由な意見開陳の場としてのコラム欄を設けたのも、本書の特色のひとつであろう。

はからずも年齢の功により私が編者の大役を引き受けることになったが、今となっては各執筆者の個性・長所を減殺したのではないかと恐れている。このような本書に短所ありとすれば、あげてその責は編者にあることはいうまでもない。ご多忙のなか、編集方針に協力し、短期間に力作を寄せていただいた各執筆者の皆さんにはこころより感謝申し上げたい。

最後に本書の企画・編集・校正に至るまで法律文化社、とくに秋山泰氏の多大のご協力をいただいた。氏の懇切丁寧で的確な指導と助言がなければ、このようなタイムリーでしかもまとまりのある本書の出版が日の目をみなかったことはまちがいない。執筆者を代表して氏に対し深甚なる謝意を表するものである。また索引の作成にあたっては、熊本大学大学院法学研究科の秋吉勉・木村靖弘両氏の手を煩わせた。ここに記して感謝したい。

ともあれ、多くの人びとの協力によってようやく本書を世に送り出すことができた。本書が多くの読者に親しまれ、そのなかから人権に関する市民の活発な議論が展開され、編著者の見解に対しても厳しい批判や叱正をいただければ望外の幸せである。

平成一〇（一九九八）年三月下旬

満開の桜の映える熊本大学は法学部研究室にて

中川　義朗

目　次

■執筆者・執筆分担紹介

中川《なかがわ》　義朗《よしろう》（熊本学園大学経済学部教授）〔編者〕プロローグ，エピローグ

松《まつ》井《い》　修視《しゅうじ》（関西大学社会学部教授）　第 1 講

苗村《なえむら》　辰弥《たつや》（故人．元熊本県立大学准教授）　第 2 講

一《いち》之《の》瀬《せ》高博《たかひろ》（獨協大学法学部教授）　第 3 講

片山《かたやま》　等《ひとし》（国士舘大学法学部教授）　第 4 講

生野《いくの》　正剛《まさかた》（長崎大学名誉教授）　第 5 講

近藤《こんどう》　敦《あつし》（名城大学法学部教授）　第 6 講

福島《ふくしま》　淳《じゅん》（福岡教育大学名誉教授）　第 7 講

良永《よしなが》彌《や》太《た》郎《ろう》（熊本学園大学社会福祉学部教授）　第 8 講

大《おお》江《え》　正昭《まさあき》（熊本学園大学社会福祉学部教授）　第 9 講

落合《おちあい》　俊行《としゆき》（愛知大学法科大学院教授）　第 10 講

岸本《きしもと》　太《たい》樹《き》（熊本大学法学部准教授）　第 11 講

伊《い》佐《さ》山《やま》忠志《ただゆき》（常磐大学コミュニティ振興学部教授）　第 12 講

吉《よし》居《い》　秀《ひで》樹《き》（長崎県立大学経済学部教授）　第 13 講

高《たか》良《ら》　鉄《てつ》美《み》（琉球大学法科大学院教授）　第 14 講

現代の人権と法を考える〔第2版〕

プロローグ

さまざまな人権問題をとおして現代社会と法を考えてみよう

1　現代社会・現代法のキーワードとしての「人権」

現行の日本国憲法の下において、基本的人権（以下本書では人権という）の尊重が、国民主権（一条）の原理、および平和主義（九条）とならんでその基本原理であることは一般に広く知られている。この「人権」のくわしい意味や内容、その具体的問題については、第1講以下およびエピローグの中で展開されるので、ここではふれないが、その本格的な講義にはいる前に、現代社会・法における人権の位置づけおよび基本的考え方について予め述べておく必要があろう。

◉「人権の世紀」

二一世紀の初頭を迎えて、グローバル化、情報化、少子・高齢化、および科学技術の高度化が一段と進展し、社会の成熟・複雑化にともないさまざまな新しい人権問題がマスコミをにぎわし、その根本的解決をみないまま、またつぎつぎと新たな人権問題が登場する。たとえば、パソコン・インターネットの急速な発達による、他人の情報権・プライバシーの侵害やわいせつ問題、国民すべてに番号をつけてコンピュータ回線で全国の自治体をつなぐ、いわゆる国民総背番号制の導入の動き（自治体住基ネット問題）、一九九七年五月に発生した神戸の小学生殺害事件にからんだ中学生被疑者の写真掲載問題（以上、第1講「情報社会と人権」を参照してほしい）、一九九七年一〇月施行の臓器移植法による脳死判定にともなう生命・死の権利やハンセン病による強制隔離・人権侵害事件（第2講）、諫早湾の干拓工事による干潟消滅や地球温暖化にともなう環境問題、関西水俣病訴訟最高裁判決（平成一六年一〇月一五日）を契機とする、水俣病の深刻な被害の拡大（エピローグ・「コラム」参照）（第3講）、子どものいじめや教師による体罰問題、女子中学生による殺人事件にみられる犯罪の低年齢化（第4講）、バブル崩壊後深刻さを増した、「フリーター」や「ニート」に代表される若手労働者の雇用・勤労権の問題、中高年齢層の自殺の増大（第7講）、急速な少子・高齢社会の到来にともなう高齢者の人権問題（第8講）、地方における定住外国人の参政権問題や在外邦人の参政権制限の最高裁違憲判決（平成一七年九月一四日）（第10講）、沖縄を中心とする（米軍）基地と住民の人権・平和問題、イラク戦争にともなうイラク囚人に対する露骨な暴行・虐待（第14講）など、例をあげていけば際限がないといっていいだろう。

これら人権問題は、現代社会の特徴・世相をみごとに反映しているとともに、「人権」が現代社会・法の諸問題を解く、もっとも重要な「キーワード」であることを示している。この意味で、現代はまさに「人権の世紀」・「人権の時代」（L・ヘンキン）とよぶにふさわしい。しかもこのことが国内だけでなく、国際社会においてもあてはまるところに、現代の人権の重要性があるといえよう。

◉ゆらぎのなかの人権論

しかしながら、現代社会の急激な変化、人びとの価値観の多様化、それにともなう憲法（人権）意識・感覚の変動などにより、これら複雑多様な人権問題を解きあかす憲法理論、とくに人権論も大きく変わりつつある。すなわち、かつてのように、憲法の人権宣言の規定を基準として、国や自治体の公権力による個人の人権侵害という単純な公式の適用では問題の解決がつかないケースが多いということ、また憲法規定外の、いわゆる「新しい」人権が提唱され、多くの係争場面においてこれがはたして「人権」といえるかどうかまぎらわしい法的利益も少なくないこと、さらに企業・団体（社会的権力）と個人間のような私人間の人権（侵害）問題が多いこと（人権の私人間効力が問題となる）など、新たな人権理論の構築が求められているからである（憲法施行五〇年の人権論の総括的議論については、一九九六年の日本公法学会での奥平康弘教授の報告『公法研究』五九号六八頁を参照してほしい）。たとえば、新しい人権としては環境権をはじめ、生徒の髪型や服装をめぐる「自己決定権」などが、そうである。したがってはたして「人権」侵害といえるのかどうか判断が大きく分かれる場合が多いし、また人権と人権との衝突の際（たとえば、表現の自由と名誉権・プライバシー権の対立など）、両者を調整するための基準や、人権の制限を正当化する、伝統的「公共の福祉」（憲一二条・一三条）の概念もゆらいでいるため、どのような場合にどのような基準で人権の制限は認められるのか、という困難な問題が発生しているという点もみのがすことはできない。また、ドイツなどでは国家による人権の保護義務[*1]なども提唱され、「国家からの自由」を中心的内容とする伝統的人権論の根幹に衝撃を与えつつある。

人権・公法入門をめざす本書では、このような複雑・多様な人権問題について、人権の概念・人権の歴史、人権の総論的問題、人権の個別的・各論的展開という、通常の教科書・テキストのスタイルではなく、いきなり人権の各論的問題からはいり、そこでの人権（侵害）問題の特徴、それについての学説や判例の考え方のちがい、今後の展望や課題を個別のテーマごとにわかりやすく展開し、最後にエピローグとして、いわゆる人権の総論的問題を取り扱うというスタイルをとっている。このようなスタイルの方がはじめて学ぶ読者が興味をもちやすいという点ばかりでなく、これからの人権論の体系、人権教育・学習のあり方としてもベターだと思われるからである。

*1 くわしくは参照、ヨーゼフ・イーゼンゼー編著（栗城・戸波・嶋崎編訳）『保護義務としての基本権』（信山社、二〇〇三年）、小山剛『基本権保護の法理』（成文堂、一九九八年）。

2 「学びて思わざれば、すなわち罔《くら》し」

人権や憲法を「学ぶ」ということが、それに関する規定や条文を暗記することでないことは明らかであるが、今日の大学・高校への入学試験体制のなかでそのような学習が中心を占めていることは否定できない。現に大学に入学しはじめて受講する際、憲法や人権の規定についてある程度予備知識をもっているので勉強しやすい、与《くみ》しやすいというイメージをもっているひとが少なくない。いわゆる「暗記」型の学習の成果である。しかしながら、このような「暗記」型からの脱皮が、憲法や人権を「学ぶ」際に決定的に重要であるといわねばならない。すなわち「思考」型ないし「創造」型への転換の必要性である。このような目的のため、本書は、できるだけ最近の具体的・現実的な人権に関わる重要な事件を素材としてとりあげ、それをめぐってどのような人権論や憲法・法律論が展開されているのか、なぜこのような意見の対立が生ずるのか、またどのような解決策が考えられるのか、という点を、さまざまな視角から積極的に論じることに主眼をおいている。したがって、読者はこのような各著者の見解を暗記したり、これに盲従することなく、ひとつの「タタキ台」として、各講義の末尾に紹介している参考文献などを参照しつつ、活発な議論を展開し、よりよい自己の意見を形成するための糧にしてほしい。

◉人権問題は応用問題

「学びて思わざれば、すなわち罔《くら》し」・「思いて学ばざれば、すなわち殆《あや》うし」、というよく引かれる孔子の『論語』のことばは、先人の知識・経験・技術を修得する（学ぶ）ことの重要性と、自ら「思い」、さらにこれらの成果を乗り越え、新しいものを「創造」していくことの重要性をあわせて説いたものと解することができよう。思えば、人権や憲法問題も、日々新たに起こる事件・問題であり、過去の判例や支配的学説によってはうまく説明ができない、解決されない問題が少なくない。したがって、人権に関する事件・裁判が思わぬ波紋を広げ、人権教育・意識の向上に資する場合もある。たとえば、ハンセン病患者がその「伝染性」、「不治性」を奇貨として、家族や社会から強制隔離され、居住・移転、職業選択の自由等を制限され、人生そのものを奪われた「らい予防法」（平成八年廃止）違憲訴訟において、熊本地裁判決（平成一三・五・一一）は、国（国会議員）の立法不作為による国家賠償を認めつつ、厚生行政の人権侵害を厳しく批判するものであった。また、この判決を契機に、熊本県内の一ホテルが元患者の宿泊を拒否するという、新たな人権問題を引き起こし、国民のなかに潜在する差別・偏見意識を改めてクローズアップさせた。

このような観点から、本書は、われわれ執筆者が現代の代表的な人権問題、および現代公法の課題をとりあげ自ら「考え」たことを示して、これを素材にさらに読者の「考え」を誘発してゆこうとする試みをあらわしている。あえて「考える」というタイトルを付したゆえんである。

3　人権の奥の深さとその広がり

人権もしくは憲法は「入りやすいが奥の深い問題」であるといわれる。日本国憲法でも、人権は「人類の多年にわたる自由獲得の努力の成果」（九七条）と規定されるように、古くは一二一五年のイギリスの「大憲章（マグナ・カルタ）」までその起源をさかのぼりうるし、近代においてもアメリカ各州の権利章典や独立宣言（一七七六年）、フランス人権宣言（一七八九年）をはじめとしてその政治思想的・法哲学的視点からの考察を求められることが少なくない。また個別的・具体的人権問題に遭遇しても、個人、とくに裁判官・行政官や学者の思想的価値判断によって結論が大きく左右されるケースがある。とりわけ人権問題は個人と国家・社会との関わりのなかで生ずるため、国家および社会に対する基本認識に依存することが大きい。いずれにしても、個々の人権問題、たとえば、環境保護と豊かなくらし・経済開発などの問題、および人権規定をつきつめて考えてゆくとその背後にある、きわめて奥深い思想的課題にぶつかることになる。このような意味でも、これまでの「暗記」型の人権学習ではなく、表面的な人権（問題）の背後にある、人間の価値観・思想にまで思いをはせて考えてみる必要があるだろう。

また人権理念の広がりという点では、二一世紀初頭の今日ではかつての人権初期の一八～一九世紀とくらべて飛躍的な進歩をみせている。しかし、このような人権の広がりとともに、他方では発展途上国を中心に先進国による人権理念の押しつけに対する反発も大きく、いわゆる「南北問題」の様相をも呈している。アジア諸国を中心に「世界人権宣言」（一九四八年第三回国連総会で採択）見直しの動きが高まっているのも、その象徴的出来事であろう。また、二〇〇一年九月一一日のニューヨークでの「同時多発テロ」、それに続くアメリカを中心とする連合国によるアフガニスタン・イラク戦争は、国家レベルの枠を越え、宗教・民族間の対立、「文明の衝突」の様相を呈しており、これらの紛争の根底に「人権と民主主義」という価値観をめぐる対立があることも否定できない。確かに欧米諸国への追随、「脱亜入欧」というスローガンに代表されるように、欧米諸国の基本価値――「人権と民主主義」――を発展途上国の政治的・経済的・文化的特色や独自性を無視して押しつけるならば問題であるが、しかしながら世界人権宣言には人類が人間らしい生活をするために必要不可欠の権利という普遍的な価値を有するものが多く、これを充実・強化するための改正であればともかく、そうではなくこれをまったく否定することは歴史に逆行するものといわざるをえない。ただ注意を要すべきことは、「普遍的」という人権の特質の名のもとに、いわゆる先進国の人びと、富めるもの、白人、男性といった、特定の国・階層の人権だけが優遇されることが毛頭あってはならないので、人権の理念・普遍性がどこまで現実に貫徹しているかを具体的に検証することが重要である。

4　人権教育・学習の重要性

戦後日本国憲法が制定された際に各地で新しい憲法を普及するための運動が活発に展開された。その後、半世紀以上が経過した今日、新しい意味での憲法・人権教育の必要性が再び叫ばれるようになった。すなわち、一九九四年国連総会は、「人権教育のための国連の一〇年」を決議した。これに従って日本では、一九九六年一二月内閣の推進本部が「人権教育のための国連一〇年に関する国内行動計画（中間まとめ）」を作成し、さらに一九九七年七月には「国内行動計画」を公表した。そのなかに、「人権の擁護・促進のためには、そもそも人権とは何かということを各人が理解し、人権尊重の意識を高めることが重要であり、人権教育は国際社会が協力して進めるべき基本的課題である」という基本的考え方がうたわれている。これとともに、国内では一九九七年に人権擁護施策推進法（五年間の時限立法）が制定され、いわゆる「同和問題」を中心に、人権意識の啓発・高揚のための行政施策の法的根拠が整備されたが、その後の「人権擁護法案」については、法務省に設置予定の人権救済機関のあり方などをめぐって種々の問題が提起され、目下宙ぶらりんの状態になっている。また、人権教育のための「国内行動計画」の自治体版として、たとえば神奈川県の「人権施策推進指針」や「鳥取県人権尊重の社会づくり条例」（平成八年）などを先駆として、全国の自治体でも、人権と尊重のための計画・条例の制定が進みつつある。

◉「生きた人権学習」の重要性

周知のように、人権教育は、一般に中学、高校の「社会科」・「公民」の授業をへて、大学での一般（教養）教育および専門の法（文）学部の授業、および各種教養・文化講座などで展開されるが、実際はいずれも「生きた人権教育」という点からすればきわめて不十分であるといえよう。とくに大学の学部授業のなかでは、司法試験をはじめとする各種試験のための法学教育、研究者による高度な理論・判例の分析が中心を占め、必ずしも現代の学生の意識や実態に適応する教育が展開されているわけではなく、また主権者として必要な市民教育のための人権教育という課題にも答えていないといわねばならない。まして、一般市民にとっては人権問題や人権教育は決して興味あるテーマであるとはいえず、各種の教養文化講座でも敬遠されがちである。

本書は、このような状況・人権教育の課題に対しいささかでも貢献できるよう配慮し編集したつもりである。すなわち、人権問題ないし人権教育にいかにしたら興味・関心をもつか、人権に関する学説や判例を丸暗記する学習ではなく、その当事者になったつもりでいかに人権について考えるか、また人権に関する議論をいかに喚起させるか、を通じて国民の人権教育の充実や意識の向上に資することをめざしているからである。

ともあれ、まずは本書をひもといて、どの講義からでも目をとおしていただきたい。そのなかから、現代の人権問題について積極的な議論が展開されることを期待したい。

【中川　義朗】

第1講　情報社会と人権

1　ユビキタス・コンピューティングと人権

◉情報社会と"UbiComp"

「情報社会」とは、今日、「ものやエネルギー以上に情報が強力な社会資源となり、コンピュータ技術を基盤に情報の生産・流通・消費活動が中核になって展開するネットワーク社会」[*1]であるともいわれる。

「情報社会」という言葉が、わが国ではじめて登場したのは、一九六〇年代前半である。これは、きたるべき未来社会を論じるもので、その当時、実際に「社会の情報化」が現在のようなかたちで進展していたわけではない。「情報社会」は、このように、最初は、まだ到達していない未来社会をイメージするものとしてあらわれ、しかも、情報産業の育成をめざす政策論的な用語として使用された[*2]。

しかし、一九七〇年代・八〇年代になると、コンピュータや情報・通信技術の発達・普及は誰の目にも明らかとなり、「社会の情報化」はまさに現実のものとなった。「情報社会の進展」は、このように、コンピュータ機器や情報・通信技術の高度化と

*1　古藤泰弘・清水康敬・中村一夫『[教育の情報化]用語辞典』八二頁（学文社、二〇〇二年）。

*2　布留武郎・三崎敦編『情報化社会とマス・コミュニケーション』一五頁（協同出版、一九七〇年）、杉山あかし「情報化する社会」鈴木廣他編『社会学と現代社会』六頁（恒星社厚生閣、一九九三年）参照。

ともにあり、とくに、一九七〇年代後半の本格的な情報化の時代を「コンピュータ情報社会」、そのネットワーク化が進んだ一九八〇年代後半を「ネットワーク情報社会」、高度情報通信ネットワークの時代を迎えた一九九〇年代後半を「インターネット情報社会」と、よぶこともある。[*3]

そして、二〇〇五年、今や私たちは、「ユビキタス・コンピューティング」（Ubiquitous Computing/UbiComp）の時代を迎えつつあるといわれる。この言葉は、「どこでもコンピュータ」、すなわち、「どこでもあまねくコンピュータが存在する」という意味であり、そのような社会は「ユビキタスネット社会」と称され、ごく近い将来の新たな「情報社会」の姿を描くものである。[*4]

政府は、二〇〇四年三月、「ユビキタスネット社会の実現に向けた政策懇談会」を設置し、同年一二月には、この政策懇談会の報告を受け、総務省は、「u-Japan 政策」を策定・発表した。この u-Japan は、ユビキタスネット・ジャパンの略称であり、同政策は、これまでの e-Japan 戦略、e-Japan 戦略Ⅱに続くもので、大目標を「二〇一〇年には（日本を）世界最先端のＩＣＴ国家として先導する」としている。[*5]

◉わが国のＩＴ戦略～ e-Japan 戦略・e-Japan 戦略Ⅱ

わが国の情報通信関連の市場は、一九八五年の電気通信市場の自由化以降、成長を続けてきた。とくに、一九九〇年代後半からは、インターネットなどの情報通信技術が急速に普及し、携帯電話、電子メール、ウェブサイト、電子商取引などが企業や個

＊3　堀部政男・永田眞三郎『情報ネットワーク時代の法学入門』二～三頁（三省堂、一九八九年）。古藤泰弘『情報社会を読み解く』七二頁（学文社、二〇〇四年）参照。

＊4　東倉洋一・山本毅雄・上野晴樹・三浦謙一『ユビキタス社会のキーテクノロジー』二頁以下（丸善、二〇〇五年）、古藤・前掲＊3書七二～七四頁参照。

＊5　総務省／ユビキタスネット社会の実現に向けた政策懇談会共編『よくわかるu-Japan 政策：二〇一〇年ユビキタスネット社会実現のための工程表』四一頁以下（ぎょうせい、二〇〇五年）を参照。

人に広く利用されるようになり、これらの状況は「IT革命」として認知されるようになった。しかし、その後、インターネット人口の普及率や企業経営等へのIT導入は、他国に比べ伸び悩み、この変革は減速した。このため、二〇〇〇年七月、政府は、内閣に「情報通信技術（IT）戦略本部」を設置し、「高度情報通信ネットワーク社会形成基本法」（IT基本法、二〇〇一年一月施行）の下、さらに、「高度情報通信ネットワーク社会推進戦略本部」を発足させ、「五年以内（二〇〇五年まで）に世界最先端のIT国家となる」ことを目標とした「e-Japan 戦略」を策定した。[*6]

この「e-Japan 戦略」は、①超高速インターネット網の整備および競争政策（の促進）、②電子商取引と新たな環境整備、③電子政府の実現、④人材育成の強化、の四つを重点政策として掲げるものであり、これによって、わが国のIT基盤の整備は、急速に進むこととなった。しかし、それらの利活用はいまだ不十分として、二〇〇三年七月、さらに、「医療」「食」「生活」「中小企業金融」「知」「就労・労働」「行政サービス」の七分野におけるIT利活用を促進し、社会・経済システムを積極的に変えていくための「e-Japan 戦略Ⅱ」が新たに策定された。[*7]この結果、インターネット利用人口は、二〇〇四年末には七、九四八万人、人口普及率六二・三％と六割を超え、また、ブロードバンド（FTTH、DSL、ケーブルインターネット、無線（FWA等））によるインターネット利用世帯は、インターネットを利用している全世帯の六二・〇％となり、e-Japan 戦略の始まる前年の二〇〇〇年末とくらべて、五五・二ポイント増と大きく増加した。[*8]

＊6　前掲＊5・『よくわかる u-Japan 政策』三頁以下、（政府関係資料）『二〇〇二年版　IT革命推進戦略——ITは産業を変える・社会をかえる——』一頁（産業技術会議、二〇〇一年）参照。

＊7　前掲＊6・『二〇〇二年版　IT革命推進戦略』一三頁以下、（政府関係資料）『二〇〇四年版　新IT革命推進戦略——ITの利活用による新しい価値の創造——』七頁以下（産業技術会議、二〇〇三年）参照。

＊8　総務省編『平成一七年版　情報通信白書——「u-Japan の始動」～二〇一〇年の「u-Japan」実現に向けて——』二八～三〇頁（二〇〇五年）参照。

e-Japan 戦略Ⅱの成果は、その他、三大都市圏における地上デジタル放送の開始や、二〇〇四年三月までに、電子政府に係る電子申請・届出の可能なものが国の申請等同種手続の九六％に増え、また、株式取引に占めるインターネット取引率が六％から二三％に増加した点などにみられるが、逆に、都市と地方の情報格差が広がり、行政上の申請・届出等のオンライン化利用率はきわめて低率にとどまるなど、なお課題は多い。*9

◉u-Japan 政策とユビキタスネット社会の課題

u-Japan 政策は、e-Japan 戦略等をふまえたものであるが、①ブロードバンドからユビキタスネットへ、②情報化促進から課題解決へ、③利用環境整備の抜本強化、の三つを政策の基本軸としている。これらは、これまでの有線中心のインフラ整備から、有線・無線の区別をなくした、ユビキタスネットワークの実現をめざし、利活用の面では、二一世紀の社会課題を解決するためにＩＣＴ（Information & Communications Technology の略、u-Japan 政策においては、これまでの用語「ＩＴ」に代えて、この語を使用するとしている）の積極的活用を行ない、また、安心・安全な利用環境の構築のため、環境整備を抜本的に強化し、具体的かつ包括的な対策をとるものである。

同政策は、上記第三の基本軸に関連して、ユビキタスネット社会になれば、これまで以上にＩＣＴの利用に関する不安や障害が高まると考え、ユビキタスネット社会の「影」の部分に対応していく必要性を述べ、そこに存する課題を、具体的に、「一〇

*9 前掲*5・『よくわかる u-Japan 政策』八〜一一頁参照。電子政府の実施状況については、前掲*8・『平成一七年版 情報通信白書』二三五頁を参照。

の大分類」に整理している。すなわち、①プライバシーの保護、②情報セキュリティの確保、③電子商取引環境の整備、④違法・有害コンテンツ、迷惑通信への対応、⑤知的財産権への対処、⑥新たな社会規範の定着、⑦情報リテラシーの浸透、⑧地理的ディバイドの克服、⑨地球環境や心身の健康への配慮、⑩サイバー対応制度・慣行の整備、である。この大分類については、さらに、それぞれ一〇の個別課題を列挙し、合計一〇〇の課題を提示すると同時に、優先的に解決すべき二一の課題を抽出している。[*10]

また、u-Japan 政策は、「ユビキタスネット社会の実現に向けた『影』の問題は、単なる一過性の問題ではない」とし、同問題解決のための基本的な「指針」となる「ユビキタスネット社会憲章」を提案している。この憲章（案）は、自由で多様な情報流通（一章）、安心で安全な情報流通（二章）、新たな社会基盤の構築（三章）を内容としているが、情報流通の「アクセル」と「ブレーキ」に関する諸要素を明確にする観点から、「情報の受発信に関する権利」（一条）として「ネットワークへのアクセス」「公開情報へのアクセス」「ネットワークを通じた情報の発信」などを、「情報内容の多様性」（二条）に関わるものとして「コンテンツの多様性の確保」「自由に利用できるコンテンツの充実」「公的機関の情報公開の促進」などを、また、「プライバシー」（五条）に関するものとしては、「個人情報の保護」「プライバシーの確保」「適正な撮影の確保」などを掲げ、「ＩＣＴ社会」における人権保障のプロトタイプを明示している。さらに、そこでは、著作権などの保護、情報倫理の確立についても必要

＊10　前掲＊5・『よくわかる u-Japan 政策』四三頁以下参照。「一〇の大分類」については同一二一頁以下を、一〇〇の課題と二一の優先課題については、それぞれ一二九頁および一七三頁以下を参照。ユビキタスネット社会の実現に向けた政策懇談会『u-Japan 政策〜二〇〇四年ユビキタスネット社会の実現に向けて』（二〇〇四年一二月）の同じ項目を参照。

性を説いている。[*11]

以下、本稿では、上記のような「情報社会の進展」にともなう人権保障のあり方について、とくに、表現の自由・情報の自由と情報に対する権利、知る権利と情報公開制度、プライバシー権と「個人情報の保護」、インターネット上の表現の自由と「通信・放送の融合」の問題に焦点をあて、考えてみたい。

2 表現の自由と情報の自由な流れ

◉表現の自由の意義と「情報の自由」、情報に対する権利

表現の自由は、今日、「情報をコミュニケートする自由」であり、「話し手」と「聞き手」の双方の存在を前提に成り立つ権利であると考えられている。[*12]「話し手」の表現の自由は、それが侵害されれば、「聞き手」の聞く自由や情報を求める権利、すなわち「知る権利」を侵害することになる。このことから、表現の自由は、いまや「情報の送り手」と「情報の受け手」の権利を同時に保障するものとして、理解されなければならない。

マス・メディアの発達した情報社会では、情報は、それらのマス・メディアによって独占的に、あるいはそれに近い状態で、収集・処理され、早い速度で一方的に、しかも大量に伝えられる、という側面をもっている。このような状況のもとでは、人びとはもっぱら「情報の受け手」に固定されることになり、そこでは上述のように、

*11 ユビキタスネット社会憲章（案）については、前掲*5・『よくわかる u-Japan 政策』一八八頁以下を参照。

*12 芦部信喜『憲法〔新版補訂版〕』一六〇～一六一頁（岩波書店、一九九九年）。

「知る権利」を基底に据えた「情報の受け手」の表現の自由が大切になる。

一方、最近のインターネットの発達による情報の収集と発信は、私たちの表現の自由を飛躍的に拡大することになった。これまでマス・メディアを通じて得ていた情報をインターネットによってダイレクトに収集でき、かつ収集した情報を自由に処理・加工して発信できることは、私たちが、もっぱら「情報の受け手」であることから解放され、表現者または「情報の発信者」として復活したことを意味する。[*13] しかし、今日、インターネット上で頻発するプライバシー侵害や名誉毀損、わいせつ画像などの送信は、それらに対する規制立法の必要性を社会的に肯定し、これまで以上に表現の自由を制約する要因ともなる。表現の自由を行使できる新たな場面の出現が、かえって表現の自由を制限してしまうことにならないよう留意すべきである。

「情報の送り手」と「情報の受け手」に同時に保障される「情報をコミュニケートする自由」、「情報の受け手」の知る権利、インタラクティブな「インターネット上の表現の自由」は、まさに、「自由で豊かな情報の流れ」を実現するものであり、「情報の自由」(Freedom of Information, 情報へのアクセス権または情報開示請求権[*14])を保障するものである。また、「情報に対する権利」として、①情報を受け取る権利(表現の自由や報道の自由に対応する受け手の権利、政府情報の公開を求める権利)、②情報を提供する権利(表現の自由)、③情報を提供しない権利(プライバシーの権利)④情報が自由で豊かに流通する情報通信基盤の整備を求める権利、を認める提案がなされている。[*15] このような構想は、情報に関わる諸権利の基本的な内容と相互関連、体系的な構造を認識す

＊13 インターネットがもたらしたこのような変化については、松井茂記『インターネットの憲法学』一二頁以下(岩波書店、二〇〇二年)を参照。

＊14 奥平康弘『憲法Ⅲ』一九九頁(有斐閣、一九九三年)。アクセス権については、堀部政男『アクセス権』(東京大学出版会、一九七七年)を参照。

＊15 濱田純一「情報法」石村善治・堀部政男編『情報法入門』三八頁以下(法律文化社、一九九九年)参照。

るうえで、大変示唆に富むものである。

◉「知る権利」と情報公開制度

以下、本項と次項では「情報公開制度」を、次節では「個人情報保護制度」をとりあげる。これらの制度は、「情報の自由」を保障するという観点から、私たちに対し、「公的情報」については情報公開制度によって、自己情報については「個人情報保護制度」によって、情報の開示を認めるものである。このように、私たちには、具体的に、情報公開制度と個人情報保護制度によって、憲法上の要請でもある「情報の自由な流れ」が確保されることになる。

「情報公開制度」は、国や地方自治体などが有する行政情報を、国民や住民に開示するしくみのことであり、これは、憲法の保障する国民主権の原理や二一条の「表現の自由」に根拠をおく「知る権利」に基づくものである。わが国の情報公開制度は、まずは、地方自治体への導入から始まった。山形県金山町の公文書公開条例や福岡県春日市の情報公開条例の制定からスタートし、今日（二〇〇五年四月現在）では、全地方自治体の九六・六％が情報公開条例等を制定・運用している。[*16] これに対し、国による同制度の立法化は大幅に遅れ、一九九九年五月にようやく、「行政機関の保有する情報の公開に関する法律」（以下、「情報公開法」という）が制定され、二〇〇一年四月から施行されている。

なお、「独立行政法人等の保有する情報の公開に関する法律」（独立行政法人等情報公

＊16　総務省「情報公開条例（要綱等）の制定状況調査結果」（平成一七年四月一日現在）を参照。

開法）も、その後、二〇〇一年一〇月から施行されている。

このような情報公開制度は、一八世紀のスウェーデンに始まるが、その代表格は、やはり一九六六年に制定されたアメリカ合衆国の「情報自由法」（Freedom of Information Act）であろう。*17

国の情報公開法は、これまでの地方自治体の情報公開条例の運用や経験に学び、また、諸外国の同制度の運用状況を参考にしたことにより、内容的には高い水準となっている。特徴としては、目的規定のなかに「国民主権」の考え方と政府の国民に対する「説明責任」（accountability）を盛り込んだこと（一条）、実施機関に国家公安委員会、警察庁、防衛庁を入れたこと（二条一項二号・三号、警察庁は政令に基づく実施機関）、対象文書を組織共用文書とし電磁的記録にまで広げたこと（二条二項）、情報の開示請求者を「何人も」としたこと（三条）、不開示情報について基準の明確化をはかり、職務遂行に係る公務員の氏名の開示についても積極的に定めたこと（五条・同条一項一号ハ）、不開示情報にあたる場合でも行政機関の長の高度な行政的判断で開示できる「裁量的開示」を認めたこと（七条）、開示請求に対して場合によっては文書の存在自体を明らかにしない「存否応答拒否」を認めたこと（八条）、請求された文書に第三者の情報が含まれている場合、その第三者に意見書提出の機会を付与したこと（一三条一項・二項）、情報開示の実施に際しては電磁的な形態での開示も認めたこと（一四条）、開示請求の手数料と開示の実施にかかる手数料を徴収すること（一六条一項）、情報公開審査会の審査手続として、インカメラとヴォーン・インデックスによる審査

*17　スウェーデンの情報公開制度については、福本歌子『スウェーデンの公文書公開と言論表現権』（青木書店、一九九七年）を、アメリカの「情報自由法」については、宇賀克也『アメリカの情報公開』（良書普及会、一九九八年）を参照。

を定めたこと（二七条一項・三項）、訴訟を管轄する裁判所として高等裁判所の所在地を管轄する地方裁判所を加えたこと（三六条一項）、などをあげることができる。[*18]

◉情報公開制度の充実と問題点

先の情報公開法の特徴のなかには、従来地方自治体の情報公開条例が定めてこなかった内容のものも含まれており、政府・行政の「説明責任」を盛り込んだこと、対象機関に警察機関を入れたこと、対象文書を「組織的共用文書」としたこと、「裁量的開示」を認めたこと、「存否応答拒否」を認めたこと、などはその代表例である。これらの内容は、今日ではほぼすべて（警察機関については都道府県条例のみ）、各自治体の条例改正によって、現行の情報公開条例のなかにとり入れられている。この結果、国の情報公開法の制定は、全国の情報公開条例の内容を充実することになったといえる。

しかし、「存否応答拒否」の導入については、問題点もあるといわなければならない。これは、実施機関が行政文書の存否を明らかにするだけで、不開示情報規定によって保護しようとしている法益、たとえば、「国の安全」や個人のプライバシーを侵害すると考えられる場合、当該文書の存否そのものを明確にしない回答を認めるものであるが、このような応答拒否は、その運用しだいでは、情報公開制度の「原則開示」のルールを大きく損なう可能性をもっている。現在の国の運用で、この方法による回答は比較的に小さな件数で推移しているが、それでも、二〇〇四年には三六五件を数え、詳細な運用基準を作成するなど、今後さらに慎重な対応が望まれる。[*19]

＊18　松井茂記『情報公開法』二五頁以下（有斐閣、二〇〇一年）などを参照。

＊19　国の「存否応答拒否」規定は、アメリカ合衆国において、ごく一部の情報について「グローマー拒否」（Glomar Denial）として判例で認められてきたものを、情報公開法が定めるすべての対象文書に広げて条文化したものである。拙著「情報公開制度上の『グローマー回答』の問題点」石村善治先生古稀記念論集『法と情報』三四一頁以下（信山社、一九九七年）参照。

また、情報の開示請求と開示方法の電子化については、二〇〇二年一二月に制定された「行政手続等における情報通信の技術の利用に関する法律」（行政手続オンライン化法、前記のe-Japan戦略に基づくもの）に基づき、情報公開手続に関する総務省令が翌年三月に定められたことによって、オンラインによる情報請求と情報開示が可能となった。しかし、これらは、コンピュータなどの電子・情報機器を操作して電子的記録にアクセスできない者にとっては、役立つことなく、そこには、デジタル・ディバイドの問題が存することになる。[*20]

情報公開法の施行状況について、初年度の二〇〇一年度と二〇〇四年度を比べると、開示請求は、二〇〇一年度四万八、六七〇件、二〇〇四年度八万七、一二三件、開示決定（全部または一部を開示する決定、括弧内は開示率）は、二〇〇一年度三万九、六五三件（八八・六）、二〇〇四年度七万四、一一九（九六・六）となっている。開示請求件数が多いのは、国税庁、国土交通省、厚生労働省などである。また、援用された不開示規定は、個人情報、法人等情報、事務または事業に関する情報が上位を占める。不服申立件数は二〇〇四年度で一、三六七件である。二〇〇三年度の一、一五八件と比べると増加傾向にある。不服申立件数のこのような傾向に対して、情報公開審査会の諮問受付件数は、二〇〇三年度は八八五件、二〇〇四年度は六九二件と減少しており[*21]、これらの数字から、情報公開・個人情報保護審査会の過重労働と効率性が危惧される。これらの実施状況については、情報公開制度の早期定着と安定的運用が実現されるよう、見守っていく必要がある。

＊20　宇賀克也『情報公開の理論と実務』一〇九頁（有斐閣、二〇〇五年）。情報公開手続のオンライン化については、宇賀・同書一〇一頁以下および溝口賢一「情報公開手続のオンライン化のための整備」季報情報公開一三号二頁以下（(財)行政管理研究センター、二〇〇四年）を参照。

＊21　「平成一六年度における情報公開法の施行の状況について（概要）」季報情報公開一八号五八頁以下（(財)行政管理研究センター、二〇〇五年）、宇賀・前掲**＊20**書一～八頁参照。

情報公開制度に関する判例の動きは、まず、知事交際費の開示問題については、一連の最高裁判決によって、個別的な支出項目について具体的な基準が明らかになってきたということができる。また、情報公開条例の改正で議会や警察機関が新たに実施機関となったことにより、警察本部職員の食糧費や報償費支出に関する文書、地方議会議員の食糧費や旅費に関する文書、その他、国においては、司法改革や高等検察庁の調査活動費に関する資料の請求事件等が、最近では目につくようになっている。[*22]

*22 最近の判例の動きについては、宇賀・前掲*20書四二頁以下および季報情報公開（財）行政管理研究センター）の各号の（解説）「判例・審査会答申の動向」が参考となる。

3　情報の自由な流れとプライバシーの保護

◉「自己情報コントロール権」と個人情報保護制度

コンピュータや情報・通信技術の発達・普及にともない、今日の情報社会における情報の流通・蓄積は膨大なものとなり、それらのなかには、多くの個人情報が含まれている。そして、そのような個人情報は、いまや、個人の意に反して、マス・メディアや電気通信、インターネットを通じて伝達・利用される状況にあり、プライバシー侵害や個人情報保護の問題を提起している。

一九世紀末、アメリカ合衆国で生まれたプライバシー権は、「ひとりで放っておいてもらう権利」として出発したが、一九六〇年代になると、「自己情報コントロール権」という、より積極的な権利として、社会に受け入れられることになった。[*23] この自己情報コントロール権は、「個人、グループまたは組織が、自己に関する情報を、い

*23 堀部政男『現代のプライバシー』二〇〜五二頁（岩波新書、一九八〇年）を参照。

*24 堀部政男『プライバシーと高度情報化社会』二七頁（岩波新書、一九八八年）。

つ、どのように、また、どの程度に他人に伝えるかを自ら決定できる権利である。」[*24]といわれる。この権利は、わが国においても、憲法一三条の「幸福追求権」に基づくプライバシー権の一内容をなすものとして保障されている、と考えることができる。[*25]

　行政機関や民間企業のコンピュータによる情報管理は、合理性・効率性・利便性をもつ反面、無差別な情報収集、目的外利用、情報の漏洩など、情報の収集・処理・管理上のさまざまな問題を、私たちに提示することになった。このような状況への諸外国の対応は早く、一九七三年にはスウェーデン、一九七四年にはアメリカ合衆国、一九七七年には西ドイツ（現ドイツ）、一九八四年にはイギリスが、プライバシー保護法やデータ保護法を制定している。[*26] わが国の改正前の旧個人情報保護法、すなわち「行政機関の保有する電子計算機処理に係る個人情報の保護に関する法律」の制定は、一九八八年である。

　また、一九八〇年にOECDによって採択されたプライバシーの保護等に関する理事会勧告八原則や、一九九五年のEU個人情報保護指令の制定は、その後の各国のプライバシー保護・個人情報保護関連法の制定や改正に大きな影響を与えた。これらの勧告や指令は、加盟国内外における「情報の自由な流通」や「個人データの自由な流通」を前提として、プライバシー保護・データ保護とのバランスをとることを目的として採択・制定されたものである。各国におけるプライバシー保護・データ保護関連法も、ほぼ同じ趣旨で制定されている。[*27]

　アメリカ合衆国のプライバシー法二条は「プライバシーの権利は、合衆国憲法によ

＊25　芦部・前掲**＊12**書一一八頁、奥平・前掲**＊14**書一〇八頁参照。

＊26　総務庁行政管理局情報システム参事官室編『世界の個人情報保護法』六七頁以下（ぎょうせい、一九八九年）参照。

＊27　OECDの「プライバシー保護と個人データの国際流通についてのガイドラインに関する理事会勧告」は、収集制限の原則、データ内容の正確性などの原則、収集目的明確化の原則、利用制限の原則、データの安全保護の原則、公開の原則、個人参加の原則、データ管理者の責任の原則、について定めている。これらの勧告、指令の本文については、さしあたり、松本恒雄・木下智史他編『個人情報プライバシー六法（二〇〇五年版）』六二二頁以下（民事法研究会、二〇〇五年）を参照。

り保護される個人の基本権である」と規定し、また、ドイツの一九九〇年以後の改正連邦データ保護法は「自己情報決定権」の考え方を採用し、個人情報・データを利用する方向に法の目的が一方的に傾かないようにバランスをとっている。イギリスのデータ保護法や以下においてとりあげるわが国の個人情報保護関連法は、この種の権利規定等をもたないが、個人情報・データの収集・利用などを制限する具体的な規定のなかで、個人やデータ主体の「自己情報コントロール権」を認めていると解することができる。[*28]

◉個人情報保護制度の充実と課題

わが国は、二〇〇三年五月、「個人情報の保護に関する法律」(以下、「個人情報保護法」という)、「行政機関の保有する個人情報の保護に関する法律」(以下、「行政機関個人情報保護法」という) など、個人情報の保護に関する法律等関連五法を成立させた。[*29] これによって、わが国の個人情報保護体制が一応かたちを整えた。

個人情報保護法は、第一章から第三章において、公的部門、民間部門に共通する個人情報保護の基本理念・方針、国・地方自治体の義務・施策を定め、第四章以下で、個人情報の保護に関し、民間部門の事業者 (小規模事業者等を除く) に適用される具体的な義務等について規定している。一方、行政機関個人情報保護法は、国の行政機関が保有する個人情報の保護に関するもので、前記の一九八八年の旧個人情報保護法を改正したものである。地方自治体については、今日 (二〇〇五年四月現在)、四七の都

＊28 ドイツの連邦データ保護法については、Frank Fechner, Medienrecht, 5. Aufl. Rdnr 454、イギリスのデータ保護法については、飯塚和之「イギリスの個人情報保護制度」堀部政男編『情報公開・プライバシーの比較法』一五三頁以下・一五九頁 (日本評論社、一九九六年) を参照。

＊29 関連五法とは、さらに、「独立行政法人等の保有する個人情報の保護に関する法律」「情報公開・個人情報保護審査会設置法」「行政機関の保有する個人情報の保護に関する法律等の施行に伴う関係法律の整備等に関する法律」を加えたものである。

道府県全部と市町村の九八・〇％の自治体において、個人情報保護条例が制定されている。[*30]

個人情報保護法第四章以下では、まず、個人情報取扱事業者の義務について、利用目的の特定・制限（一五条・一六条）、個人情報の適正な取得（一七条）、データ内容の正確性の確保（一九条）、安全管理措置（二〇条）、従業者・委託先の監督（二一条・二二条）、第三者提供の制限（二三条）、保有個人データ事項の公表等（二四条）、本人情報の開示・訂正・利用停止等（二五条・二六条・二七条）、苦情の処理（三一条）などを規定している。また、これらの義務違反に対しては、主務大臣による報告の徴収・助言・勧告および命令（三二条・三三条・三四条）を定め、命令違反に対してはさらに罰則（第六章五六条以下）が用意されている。マス・メディアなどの扱いについては、表現の自由に関わることから、「報道の用に供する目的」（五〇条一項一号）の場合に限り、これらの義務規定が適用されないことになっている。さらに、個人情報の適正な取扱いを確保するため、政府による認定団体を設置するための規定が設けられ（三七条以下）、民間団体自らの手による自主規制の枠組みもそこには用意されている。[*31] 民間の個人情報取扱事業者にとっては、かなり厳しい内容となっていることがうかがえる。

行政機関個人情報保護法は、旧法の不備を修正し、電算処理に係る個人情報ファイルだけではなく、すべての個人情報を保護の対象とし、本人情報については、従来開示請求のみを認めてきたのに対し、訂止請求権および利用停止請求権を新たに認める

＊30　総務省「地方公共団体における個人情報保護条例の制定状況等」（平成一七年四月一日現在）を参照。

＊31　個人情報保護法のしくみ・解説等については、宇賀克也『個人情報保護法の逐条解説〔第二版〕』（有斐閣、二〇〇五年）、田島泰彦・三宅弘編『個人情報保護法――プライバシーと表現の自由を守るために――』（明石書店、二〇〇三年）などを参照。

ことになった。また、不開示処分などの情報公開・個人情報保護審査会によるチェック、行政機関職員などに対する罰則等についても定めている。しかし、民間事業者に課せられる情報の「適正な取得」について定めておらず、また、利用目的の変更や目的外利用・提供を広く認め、さらに、本人情報の開示・訂正権等についても、例外を多く認めるなど、国として民間より厳格な運用が求められるにもかかわらず、行政に比較的あまい規制となっている。また、EU個人情報保護指令に存するような思想・信条等に関わるセンシティブ情報の処理禁止規定がないことは、問題ともいえる。[*32]

とくに、行政機関等の保有する個人情報は、その処理・利用の仕方によっては、国民・住民を監視する手段ともなりうるものであり、住基ネットの今後のあり方も含めて、より一層の適正な取扱いが要請される。また、二〇〇一年五月に改正されたドイツの連邦データ保護法は、「現代的なデータ保護法」の諸原則として、データ回避やデータ節約のための規制、技術によるデータ保護、データ保護・セキュリティ改善のためのデータ保護監査について定めている。[*33] これらはわが国においても、早急に導入を検討されるべき課題といえる。

4　情報通信技術の高度化と法の変容

◉インターネット上の表現の自由と規制

インターネットの発達は、社会に大きな利便性をもたらし、すでに述べたように、

＊32　行政機関個人情報保護法については、総務省行政管理局監修『行政機関等個人情報保護法の解説』(ぎょうせい、二〇〇五年)を参照。EU個人情報保護指令八条一項は、センシティブ情報の処理禁止について、「加盟国は、人種、民族、政治的見解、宗教、思想、信条、労働組合への加盟に関する情報を漏洩する個人データの処理、もしくは健康または性生活に関するデータの処理を禁止するものとする」と定めている。

＊33　米丸恒治「グローバル化と個人情報保護法制の課題――ドイツ個人情報保護法制の到達点を中心に――」中谷義和・安本典夫編『グローバル化と現代国家』一五四頁以下(御茶の水書房、二〇〇二年)参照。

私たちを「情報の発信者」へと復活させた。人びとは、インターネットというツールを得ることによって、今日、よりいっそう憲法で保障された表現の自由を享受できるようになった。しかし、同時に、その表現の自由の行使によって、他者の権利を侵害し、また違法な行為が多発するようになった。

ホームページの掲載内容などによる権利侵害や違法行為は、具体的に、他者に対する肖像権侵害、プライバシー権侵害、パブリシティ権侵害、名誉毀損、信用毀損のほか、侮辱罪、わいせつ物公然陳列罪、児童ポルノ頒布等処罰罪、風俗営業法違反、著作権侵害などを構成する。[*34] 肖像権は広くプライバシー権に含まれると考えることができるが、このプライバシー権は、前記のとおり、憲法上の権利である。パブリシティ権侵害や信用毀損は個人や企業の経済的利益に損失を与えるものであり、また、名誉毀損、侮辱罪、わいせつ物公然陳列罪は、刑法上の犯罪である。わいせつ物公然陳列罪について、二〇〇一年、最高裁は、わいせつな画像を記憶・蔵置したホストコンピュータのハードディスクを、刑法一七五条にいう「わいせつ物」にあたるとしたが、たとえば、E‐メールに添付されたファイルに「わいせつ情報」が含まれる場合などは、最高裁のこのような考え方では説明しにくい。[*35]

また、プライバシー権侵害と名誉毀損は、私法上の不法行為を構成し、損害賠償を要求されるなど、むしろ民事責任を問われる場合が多い。最近では、損害賠償額の高額化により、表現者の発言を過度に萎縮させる効果をもつことが問題となっている。[*36]

児童ポルノの発信については、一九九九年一一月、「児童買春、児童ポルノに係る行

＊34 これらの問題については、さしあたり、大阪弁護士会知的財産法実務研究会編『デジタルコンテンツ法（上巻）』一三八頁以下（商事法務、二〇〇四年）などを参照。

＊35 最判平成一三・七・一六判時一七六二号一五二頁。メールの添付ファイルの問題については、同一五一頁解説参照。

＊36 拙著「名誉毀損訴訟と損害賠償の高額化問題」法律時報七四巻一二号六七頁以下（二〇〇二年）参照。

為等の処罰及び児童の保護等に関する法律」が施行され、ホームページ上の児童ポルノ掲載には重い罰が科せられることになった。インターネット上のわいせつ画像の送信については、刑法一七五条による規制のほか、「風俗営業等の規制及び業務の適正化等に関する法律」の改正（一九九九年四月、改正法施行）によって、映像送信型性風俗特殊営業に関する規定が設けられ、有料ポルノ映像提供者または送信装置を提供するプロバイダーは、そのようなわいせつ映像の送信を防止する義務を負うことになった。プロバイダーに対しては、さらに、二〇〇二年五月に施行された「プロバイダー責任制限法」によって、ネット上の表現行為による権利侵害一般につき、損害賠償免責とひきかえに、侵害情報の削除等の努力や発信者情報の提供が求められるようになった[*37]。表現の自由に関わる領域で、このような方法で制度のしくみをつくることが、はたして適切といえるのか、この法律は、少なからず問題を含んでいるように思われる。

著作権の保護は、他者による著作物の利用を制限し、著作物利用者の表現の自由を制約する側面をもっている。しかし、著作権は、もともと、著作者の著作者人格権や著作財産権を保護することによって、著作者本人に著作へのインセンティブを与え、表現の自由を行使することへの意欲を高めてきた。この意味では、著作権は、表現の自由の一態様として、憲法上再構成され得る可能性をもっている。このような特徴をもつ著作権と著作物利用者の表現の自由との関係をどのように考えるべきか、理論的に検討する必要がある[*38]。

＊37　「プロバイダー責任制限法」の正式名は、「特定電気通信役務提供者の損害賠償責任制度及び発信者の情報の開示に関する法律」である。「特定電気通信役務提供者」には、ＩＳＰのほか、電子掲示板・ウェブホスティングの管理者・加入制限のないメーリングリスト・メールマガジンの管理者等も含まれるといわれる。前掲**＊34**書・『デジタルコンテンツ法（上巻）』一二〇頁参照。

＊38　このような著作権の問題に関連しては、中山信弘「著作者保護と情報の利用・流通促進の基本的視点」ジュリスト一〇五七号四九頁以下（一九九四年）、同『マルチメディアと著作権』（岩波新書、一九九六年）などを参照。

インターネット上の表現による名誉毀損などに対しては、「対抗言論」(モア・スピーチ) によることがしばしば主張される。これは、言論による批判に対しては言論で対抗すべきとするものである。このような考え方は、ネット上の一定の論争の場において人格攻撃などを含む議論がなされる場合は、とくに有効と思われる。[*39] 上記規制法等の運用については、インターネットの特性を活かし、表現の自由を最大に尊重するよう、配慮されなければならない。また、これまでの法の枠組みでは解決できない部分が出てきていることも、認識すべきである。

*39 「対抗言論」の考え方については、高橋和之「インターネット上の名誉毀損と表現の自由」高橋和之・松井茂記編『インターネットと法〔第三版〕』五九頁以下(有斐閣、二〇〇四年)を参照。

◉通信・放送の融合と通信回線のブロードバンド化

放送法は、一条二項で、「放送による表現の自由の確保」について定め、二条一号では、放送を「公衆によって直接受信されることを目的とする無線通信の送信」と定義している。放送は、今日、社会において表現活動の重要な部分を担い、このように、憲法二一条の「表現の自由」のもと、「放送の自由」を保障されている。しかし、放送は、これまで、周波数帯の希少性とその「社会的影響力」を理由に、表現内容におよぶ規制を受けてきた。

放送規制は、電波法と放送法に基づいて行なわれ、放送局を開設するためには、「無線局の免許」が必要であり、また、「技術基準に適合すること」「周波数の割り当てが可能なこと」のほか、「放送局の開設の根本的基準」[*40] に合致することが要請される。さらに、マス・メディアの集中排除原則に従うことや、番組基準の設定、番組審

*40 この「根本的基準」は、「放送番組の編集及び放送」について、「(1)公安及び善良な風俗を害しないこと、(2)政治的に公平であること、(3)報道は、事実をまげないですること、(4)意見が対立している問題については、できるだけ多くの角度から論点を明らかにすること」を求めている。

議会の設置なども義務づけられる。ケーブルテレビについては、別途、有線テレビジョン放送法による規制が用意されているが、番組内容等に関しては放送法の準用がある。このように、放送には、印刷メディアにはない、厳しい制限が加えられている。

一方、通信には、憲法二一条二項および電気通信事業法三条・四条によって「検閲の禁止」「通信の秘密」が保障され、同事業法自体に通信内容を規制する観点は存在しない。同法にいう電気通信事業は、電気通信役務を他者に提供する事業であり、許可等を受けた電気通信事業者は、通信手段を提供するのが目的で、通信内容に関与することはできず、基本的に、その内容について責任を問われることもない。[*41]

このように、通信と放送は、これまでまったく別の法制度をもち、それぞれ異なる前提のもとに、法的な規制を受けてきた。しかし、インターネットが発達・普及し、通信回線等のブロードバンド化、放送のデジタル化の進展により、最近では、その通信と放送の境界領域が曖昧となり、相互に重なる部分がでてきている。すなわち、「通信と放送の融合」である。今日、この融合は、「サービスの融合」「伝送路の融合」「端末の融合」「事業体の融合」という、四つの局面で語られることが多い。

サービスの融合は、インターネット上のホームページ・電子掲示板（BBS）、インターネット放送などの「公然性を有する通信」や、データ放送などの「特定性を有する放送」にみられる。伝送路の融合としては、CSを利用した放送やケーブルテレビネットワークを利用したインターネット接続サービスなどがある。端末の融合は、インターネットでテレビ放送を受信できる場合やテレビでインターネット接続が可能な

＊41　電気通信事業法については、堀部政男「情報通信法」石村・堀部編・前掲＊15書五一頁以下参照。

場合など、一つの端末が通信と放送の両方に共用できるサービスにみられる。事業体の融合は、通信事業と放送事業を兼営するケースである。[*42] これは、今日では、通信事業者の放送事業への参入、放送事業者のブロードバンド・コンテンツ産業への事業拡大という状況のなかにあらわれている。

通信回線等のブロードバンド化に関しては、二〇〇四年には、高速インターネットの利用可能世帯が、DSL三、八〇〇万世帯、ケーブルインターネット二、三〇〇万世帯となり、超高速インターネットの光ファイバー利用可能世帯が、一、八〇六万世帯に達し、二〇〇五年までの e-Japan 戦略の当初の目標（高速・三、〇〇〇万世帯、超高速・一、〇〇〇万世帯）を短期間で大幅に上回ることになった。また、放送のデジタル化については、一九九六年のCS（Communications Satellite）放送に始まり、順次、ケーブルテレビ、BS放送へと広がり、地上放送についても、全国の都市部で二〇〇六年末までに実現することになっている。[*43]

◉通信・放送の融合をめぐる法の動きと情報の自由な流れ

一九八九年の電波法・放送法の改正によって、放送事業に「ソフト／ハード分離方式」が導入されたが、これは、CS放送、すなわち、通信衛星を所有・運用する受託放送事業者（衛星事業者）と、その通信衛星を賃借して放送サービスを行なう委託放送事業者による放送を認めるものである。これによって、放送設備を所有しない放送事業者が誕生することになった。

＊42　総務省編『平成一三年版　情報通信白書——特集　加速するIT革命——』三一頁（二〇〇一年）参照。

＊43　総務省編『平成一六年版　情報通信白書——世界に拡がるユビキタスネットワーク社会の構築——』四頁（二〇〇四年）、前掲＊8・『平成一七年版　情報通信白書』二二五頁、武井一浩・豊田祐子「ブロードバンド時代の通信と放送の融合」西村総合法律事務所ネット・メディア・プラクティスチーム編著『IT法大全——ビジネス・ローのIT対応と最先端実務——』四三五頁（日経BP社、二〇〇二年）などを参照。

また、二〇〇一年六月には、電気通信役務利用放送法が成立した。同法は、通信と放送の伝送路の融合の進展に対応したもので、CS放送および有線テレビジョン放送の設備利用の規制緩和を行なうものといわれる。これによって、CS放送の受託放送事業者は、これまでの放送用周波数の規制が緩和され、「需要に応じた通信用・放送用設備の提供」等が可能になった。電気通信事業者の設備を利用して行なうケーブルテレビについては、同法に基づき、電気通信役務利用放送事業者として総務大臣の登録を受ければ、別に有線テレビジョン放送法による許可を受ける必要はなくなった。[*44]

CS放送およびケーブルテレビに関するこのような動きは、近年のデジタル技術などの高度化により、通信衛星や光ファイバーなどによる電気通信回線の広帯域化が進んだことによって、電気通信事業者の広帯域の電気通信回線を放送にも利用することが可能になったことによるものである。一九八九年の「ソフト／ハード分離方式」の導入は、放送事業への参入を容易にしたが、一連のこれらの動きは、事業者の多様化や多彩な番組の提供を可能とするものである。

さらに、二〇〇三年七月、「電気通信事業法及び日本電信電話株式会社等に関する法律の一部を改正する法律」が制定された。この改正法は、一種・二種電気通信事業区分の廃止、電気通信事業への参入・事業内容の変更に係る許可制の廃止、登録制・届出制への移行、サービス提供条件の原則自由化、利用者保護ルールの整備、電気通信事業者のインフラ整備等係る公益事業特権の認定制度の導入など、について定めている。これらの改正は、通信と放送の融合に直接関わるものではないが、電気通信事

＊44　総務省編『平成一四年版　情報通信白書――特集IT活用型社会の始動――』二五一頁（二〇〇二年）、武井・豊田・前掲＊43論文四四〇頁以下参照。

業分野へ競争原理を導入し、利用者利便の増進をはかるものとして、注目されるべきものである。[*45]

以上、通信と放送の融合をめぐる動きをごく断片的にとりあげたが、そこでは、通信・放送分野における規制緩和が着実に進行していることがわかる。これらの動きによって、事業者の増加や事業内容の多様化が実現され、そこに競争原理がはたらき、利用者にとって安価で利便性に富む質の高いサービスが提供されることになれば、素晴らしいことである。しかし、たとえば、電波を使用しないケーブルテレビに、有線テレビジョン放送法によって、放送法の番組基準に関する規定が準用されるように、電気通信役務利用放送事業者にも、同じことが電気通信役務利用放送法によって行なわれている。確かに番組調和原則は除外されているが、今日、膨大なチャンネルを確保できる電気通信役務利用放送に番組規制はしっかりと組み込まれているのである。[*46]

また、電気通信役務利用放送法の施行によって、事業者の増加、事業内容の多様化が期待できるとしても、通信と放送の融合のなかの「事業体の融合」が進めば、結果は、少なくとも事業内容の多様化が「多彩な放送番組」の提供には結びつかないことを、私たちは知っておかなければならない。総務省は、二〇〇三年六月には、BSデジタル放送事業者の経営基盤を強化し、番組制作力の向上等をはかる目的で、また、二〇〇四年三月には、地上デジタル放送の推進、放送事業者の経営基盤強化のため、関係省令の改正を行ない、マスメディア集中排除原則を緩和した。[*47] この集中排除原則は、放送による表現の自由を保障するために、一の者が支配可能な放送事業者の数等

＊45　前掲＊43・『平成一六年版情報通信白書』二一一頁以下参照。

＊46　有線テレビジョン放送法一七条および電気通信役務利用放送法一五条、武井・豊田・前掲＊43論文四四〇頁以下参照。

＊47　前掲＊43・『平成一六年版情報通信白書』二一六頁参照。

を制限するものである。同改正によって、一部、出資比率規制に関する「議決権保有禁止」の緩和と役員兼務制限の不適用等が実施されることとなった。この時期に、本原則のこのような緩和が、長期的にみてはたして適切であるのか、情報の多様性と自由な流れを確保する観点から、今後ともチェックしていく必要がある。

★より理解を深めるために

石村善治・堀部政男編『情報法入門』法律文化社、一九九九年

「高度情報通信社会」のかかえる法的、社会的、経済的問題について、「歴史」「法と情報」「メディア論」「外国のメディア」の四つの領域に分け、現状分析と問題点の整理、将来展望を行なうものである。

濱田純一『情報法』有斐閣、一九九三年

情報に関わる法の問題状況を概観し、「情報の自由」という観念を基本に据えながら、「情報法」の体系化を試みるものである。同時に、情報に関する立法論・政策論も展開する。

松井茂記『情報公開法〔第二版〕』有斐閣、二〇〇三年

情報公開の意味、歴史、情報公開法の基本的な考え方について述べ、さらに情報公開法が定める内容・手続等について、地方自治体の情報公開条例やアメリカ合衆国の情報自由法と比較しながら解説するものである。

宇賀克也『個人情報保護法の逐条解説〔第二版〕』有斐閣、二〇〇五年

個人情報保護法、行政機関個人情報保護法など個人情報保護関係五法全体について解説を行ない、わが国の個人情報保護法制の全体像を示すものである。とくに、個人情報保護法については、解釈上の論点や運用上の問題について、詳細な解説を行なっている。

西村総合法律事務所ネット・メディア・プラクティスチーム編著『IT法大全——ビジネス・ローのIT対応と最先端実務——』日経BP社、二〇〇二年

IT時代におけるビジネス法関連のさまざまな問題・事象について解説するものである。IT時代の立法、電子商取引法、知的財産法、不正アクセス規制などのほか、IT時代のメディア法の論点に関しても整理を行なっている。

大阪弁護士会知的財産法実務研究会編『デジタルコンテンツ法（上巻）』商事法務、二〇〇四年

デジタル化社会・ユビキタスネットワーク社会におけるデジタル情報（コンテンツ）の適正な保護と公正な利用を確保するという観点から、コンピュータ社会の法的諸問題、デジタルコンテンツの保護に関する法的規制をとりあげ論じている。

総務省／ユビキタスネット社会の実現に向けた政策懇談会共編『よくわかるu-Japan政策：二〇一〇年ユビキタスネット社会実現のための工程表』ぎょうせい、二〇〇五年

ユビキタスネット社会の実現に向けた政策懇談会が、二〇〇四年一二月にまとめた、報告書『u-Japan政策〜二〇一〇年ユビキタスネット社会の実現に向けて』の内容と資料（一部）を公表するものである。

【松井　修視】

◆コラム◆　氏名、住所、電話番号などについても自己情報コントロール権を承認

最高裁は、二〇〇三年九月一二日、早大名簿提供事件判決（民集五七巻八号九七三頁、判時一八三七号三頁）のなかで、「学籍番号、氏名、住所及び電話番号は、」「単純な情報であって、その限りにおいては、秘匿されるべき必要性が必ずしも高いものではない。」「しかし、このような個人情報についても、本人が、自己が欲しない他者にはみだりにこれを開示されたくないと考えることは自然なことであり、そのことへの期待は保護されるべきものであるから、本件個人情報は、上告人らのプライバシーに係る情報として法的保護の対象となるというべきである」と述べて、氏名、住所および電話番号などの個人情報がプライバシーとして保護される情報であることを判示した。

本件は、早稲田大学が、中国国家主席江沢民の講演会を学内で開催したおりに、参加申込みをした学生の名簿を事前に警視庁に提供したことに対し、三人の学生がプライバシー権を侵害されたとして、損害賠償などを請求した事件である。

従来、プライバシー権は、「私生活をみだりに公開されない権利」などとして、自己の生活空間・親密行動、前科や犯歴など、とくに他者に知られたくない事柄について認められてきた。しかし、最近では、情報通信技術の高度化による情報社会の進展により、氏名、住所および電話番号などいわゆる「単純な情報」であっても、取扱い方によっては個人の人格的な利益を損なうおそれがあり、保護する必要性がでてきた。

最高裁は、また、本判決のなかで、一九六四年の「宴のあと」事件で採用されたプライバシー侵害の三要件、すなわち、開示された内容が、①私生活上の事実または事実らしく受け取られるおそれがあること、②一般人の感受性を基準にして、当該私人の立場に立った場合、公開を欲しないであろうこと、③一般の人びとに未だ知られていないこと、による審査を必ずしも要請せず、「本件個人情報を開示することについて上告人らの同意を得る手続を執ることなく、上告人らに無断で本件個人情報を警察に開示した同大学の行為は、上告人らが任意に提供したプラ

イバシーに係る情報の適切な管理についての合理的な期待を裏切るものであり、上告人らのプライバシーを侵害するものとして不法行為を構成するというべきである」としている。これは、情報開示につき、情報主体の「同意」が必要なことを説き、任意提供の情報に対する適切な管理への期待を保護利益として、不法行為の成立を認めるものである。

最高裁のこのような立場は、今日の個人情報保護制度の基本的な考え方に従うものであり、名前、住所、電話番号など個人の基本的な情報についても、「自己情報コントロール権」を承認する見地から、プライバシー権を認めるものである。

【松井　修視】

第2講　高度技術社会と自己決定権

1　自己決定権とは何か

◉はじめに

「自分のことくらい自分でしなさい」とは、親が子どもを躾《しつ》けるときによく使われる言葉である。そして、いざ「自分のこと」をしようという段階になると、これまた親が、「今すぐしなさい」であるとか「とっとと済ませなさい」と子どもを叱り、これに対して子どもが、「今やろうと思ったのに」と答えるシーンなどは、アニメでもみられるし、現実の生活でも、経験した人が多いのではないだろうか。ここで、子どもの側からみれば、自分のやることからその時期まで親によって決められてしまっていることになる。

同じような状況は、一時期問題となった、中学校や高校などにおける「管理教育」でもみられる。そこでは、程度の差こそあれ、服装・髪型から廊下の歩き方まで、自分のやるべきこと・やってはならないこと、やるべき方法など、学校生活に関わるほとんどすべてのことが予め校則で定められ、「生徒指導」のもと、生徒の自由はほとんど存在しえない。また、学校の外に出ても「生徒指導」の目が光っており、私生活にまで拘束が加えられている。

これらは、ほんの一例にすぎず、生活全般で、多かれ少なかれ、自分の自由がまったくといってよいほど認められないという状況があるのではなかろうか。

◉自己決定権の意味

そこで近年話題にのぼってきたのが自己決定権という考え方である。これは、簡単にいえば、人が生きてゆくうえで自分のことは自分で決める自由というものである。このように、自己決定権の問題は、自らの生活にとっても、非常に身近なものであるといえる。ところが話はそう簡単ではない。

人間の生活領域は多岐にわたるものであるから、一口に自己決定といっても、生活全般で何らかの決定を行なわねばならないことになる。そうであるから、自己決定権を、何の境界画定も内容の明確化もなく用いれば、憲法上明文で定められた具体的な人権は不要ともなりかねない。それゆえ、右に述べたような、自己決定権についての何らかの概念を規定する必要、つまり人権としての独自性・特質を見出す必要がある。

◉自己決定権とプライバシー権

自己決定権と密接な関連を有するのがプライバシー権である。プライバシーの権利は、「ひとりで放っておいてもらう権利」としてアメリカの判例で発展してきた。避妊具の使用を禁ずる州法律の合憲性が争点となった一九六五年のグリズヴォルド対コネティカット（Griswold vs Connecticut）事件判決、人工妊娠中絶を禁じた州法律の合憲性が争われた一九七三年のロー対ウェード（Roe vs Wade）事件判決、このいずれの判決でも、合衆国連邦最高裁判所によって、当該州法律は、アメリカ合衆国憲法の保障するプライバシー権侵害ゆえに憲法違反とされた。

日本では「宴《うたげ》のあと」事件（東京都知事選挙に立候補した原告をモデルとする小説、三島由紀夫著『宴のあと』が、原告のプライバシーを侵害するか否かが争われた事件）の東京地裁一九六四年九月二八日判決は、プライバシー権の侵害を認めた。[*1] ここでは、プライバシーは、「私生活をみだりに公開されない法的保障ないし権利」として定義され、この私法上の権利（人格権）は個人の尊厳を保ち幸福の追求を保障するうえにおいて必要不可欠なものであるとされ、それが憲法上基礎づけられた権利であることが認められた。そして、この「私生活をみだりに公開されない法的保障ないし権利」という意味におけるプライバシー権は、最高裁判所によっても、「法的保護に値する利益」として、判例上認められている。[*2]

ところで、プライバシーを、「ひとりで放っておいてもらう権利」として定義づけた場合、自己決定権とオーバーラップすることになる。これでは、プライバシー権自体の意味があいまいとなるし、後述するように自己決定権の意味も不明確となる。そこで、この意味を限定し、これを、「自己の存在に関わる情報を開示する範囲を選択できる権利」としてとらえ、これを「情報プライバシー権」[*3] としてよぶというのが近

＊1　この判決では、公開された内容が、①私生活上の事実または事実らしくうけとられるおそれがある事柄であること、②一般人の感受性を基準にして当該私人の立場に立った場合、公開を欲しないであろうと認められる事柄であること、③一般の人びとにいまだ知られていない事柄であること、という三要件が、プライバシー権侵害の要件として示された。なお、事件自体は二審継続中和解が成立した。

＊2　たとえば、最判昭和五六・四・一四、最判平成六・二・八、最判平成一五・三・一四。

＊3　情報プライバシー権という点からは、憲法一三条により、「個人の私生活上の自由の一つとして、何人もみだりに指紋の押なつを強制されない自由を有する」とした最

時の傾向である。それでは、自己決定権は、いかなるものとして定義づけられるのか。

◉広い意味の自己決定権と狭い意味の自己決定権

人間の生活全般において何らかの「決定」がなされるため、そこに「決定」の自由が存在するということは、すでに述べた。とすれば、憲法が保障する権利の背後には、常に自己決定権が存在しているともいえる。したがって、フランス人権宣言四条の掲げた定式、「自由は、他人を害しないすべてのことをなしうることに存する」、すなわち他人の自由を侵害しないかぎりで個人には自由が保障されることになる。その結果、自己で決定をなすことが憲法上保障され、これを侵害することは、憲法上許されないことになる。

しかし、この定義は、広きに失する。そこで、このような決定権（広い意味の自己決定権）から情報プライバシー権を除いたものが、狭い意味の自己決定権として定義づけられる。[*4]

2 自己決定権をめぐる憲法学上の論議

◉幸福追求権と自己決定権

日本国憲法においては、人権に関する規定のどこを探しても、「自己決定権」という権利についての具体的な定めは存在しない。すなわち、思想・良心の自由や表現の

高裁判決（最判平成七・一二・一五）、大学主催講演会参加者の氏名・学籍番号などを大学が警察へ開示したことをプライバシー権侵害とした最高裁判決（最判平成一五・九・一二）、自己情報コントロール権をプライバシー権の一内容と認め、住民台帳基本ネットワークからの離脱（原告についてのデータの利用差止めおよび削除）を認めた地裁判決（金沢地判平成一七・五・三〇）が注目される。

＊4　初宿正典『憲法2　基本権』二〇九頁（成文堂、一九九六年）。

＊5　最大判昭和四四・一二・二四。本件では、デモに参加していた学生を、警察官が撮影したところ、この学生が撮影に抗議しこの警察官に対し暴行を加え傷害を与えた

自由、財産権というような文言のような形では、自己決定権や自己決定の自由という文言が憲法の条文に書かれているわけではない。しかるに、結論を先取りしていえば、今日では、自己決定権の根拠としては、「すべて国民は、個人として尊重される。生命、自由及び幸福追求に対する国民の権利については、公共の福祉に反しない限り、立法その他の国政の上で、最大の尊重を必要とする」と定める憲法一三条があげられる。

　ところが、日本国憲法施行後十数年間、憲法一三条は、具体的な特定の権利または自由に関する規定ではなく、憲法一四条以下に列挙された個別の人権を総称したもので、そこから具体的権利を導き出すことのできない倫理的意味をもつ規定、いわば「国家の心構え」を定めたものにすぎないというのが通説であった。

　しかしながら、一九六〇年代に入ると学説の状況に変化が起こる。今日、憲法一三条は具体的な権利を保障する規定であると解されるようになった。これによって保障される権利は、幸福追求権とよばれる。その内容についてみれば、一九六〇年代以降の社会・経済変動によって生じた諸問題に対して、法的に対応する必要性が増大したため、憲法一三条の保障する幸福追求権は、憲法の個別の人権条項に列挙されていない新しい人権の根拠となる一般的かつ包括的な権利であり、このような幸福追求権によって基礎づけられる権利は、裁判上の救済をうけることのできる具体的権利だというのである。最高裁判所も、憲法一三条が具体的な権利を保障するものであることを認めた。*5

ために傷害罪および公務執行妨害罪で起訴された。そこで起訴された学生は、警察官の行為は、憲法一三条によって保障された肖像権を侵害する違法なものであって、公務にあたらないと主張した。これに対し、最高裁判所はつぎのように述べた。すなわち、憲法一三条の規定は、「国民の私生活上の自由が、警察権等の国家権力の行使に対しても保護されるべきことを規定しているものということができる。そして、個人の私生活上の自由として、何人も、その承諾なしに、みだりにその容ぼう、姿態（以下「容ぼう等」という。）を撮影されない自由を有するものというべきである。これを肖像権と称するかどうかは別として、少なくとも、警察官が、正当な理由もないのに個人の容ぼう等を撮影することは、憲法一憲法上の根拠という第一のハードルは、このようにして越えたことになる。ところが、この幸福追求権の性格・守備範囲をめぐっては、学説のうえで争いがある。これが、自己決定権を考察するに際しては、第二のハードルとなる。そこで、つぎにこの問題について考えてみる。

◉人格的利益説

一つに、人格的利益説とよばれる学説がある。この学説によれば、幸福追求権とは、人格的生存にとって必要な利益を包括的に保障する権利である。この説によれば、憲法一三条後段の幸福追求権は、前段の「個人の尊重」原理をうけて、人格的生存にとって必要な利益を包括的に主観的権利として保障するものと解される。[*6] 問題となるのは、私的事柄とは何か、人格的生存にとって不可欠な事柄とは何か、ということである。これは、この説をとる論者が認めているように、かなりの難問である。[*7]

さて、憲法一三条の定める「生命」、「自由」、「幸福追求」、というおのおのに対する権利は、区別する理由も乏しく、また、区別することも困難であるから、統一的に「人格的利益に関わるもの」として把握すべきだということになる。そして、幸福追求権の内実として自己決定権が認められる。[*8] この説によれば、個人は、一定の重要な私的事柄について、公権力から干渉されることなく、自ら決定する権利を有すると解されるが、憲法の保障する「実定法的権利」ないし「具体的権利」としては、その事柄のうち重要な事柄のみがその対象となる。すなわち、私的事柄に関し、かつ人格的

三条の趣旨に反し許されないものといわなければならない」。総論では、このように、最高裁判所は、憲法一三条の権利性を認めたものの、この事件の撮影行為には合理的根拠があるものとして、これを適法・合憲であると結論づけた。

*6 佐藤幸治「第一三条〔個人の尊重・幸福追求権〕」樋口陽一・佐藤幸治・中村睦男・浦部法穂『注解法律学全集1・憲法I』二五四頁（青林書院、一九九四年）。

*7 佐藤・前掲*6論文二九七頁。同二六四頁によれば、「人格的生存に不可欠」という要件は、歴史的経験のなかで検討確定されてゆくものとされている。

*8 佐藤・前掲*6論文二七六頁。佐藤教授によれば、幸福追求権の内実である人格的利益は、その対象法益に応

生存にとって不可欠のもので、憲法の個別的規定によってカバーされえないものが幸福追求権の内実をなすものとして保障されることになる。*9

この説の特色のもととなるのは、個人のとらえ方である。すなわち、憲法一三条にいう「個人」とは、単純に個人性ないし個性というような意味ではなく、「人格」概念との結びつきにおいて理解される必要がある、*10 ということになる。

この説に対して、一般的自由説とよばれる学説が存在する。これは、人格的利益説に対する批判となるものでもある。そこでつぎに、一般的自由説について述べる。

◉一般的自由説

一般的自由説とよばれる考え方をとる説によれば、幸福追求権の射程は、個人の現実における行為一般にまで及ぶことになる。

すなわち、憲法一三条の規定は、「全体を優先させた戦前の体制」の否定であり、個人の尊重を原理としているものである。それは、第一に、個人主義原理の宣言、第二に、人間の尊厳、つまり、人権の基礎にある人格と結びつき、理性的な人格を備えた個人の自律的自由の保障を優先するとともに、すべての人びとに個人の自律的で理性的な人権行使を尊重することを求めている。したがって、個人の尊重は、人間の理性的で自律的生活のうちに最も重要な意義を見出すものだということになる。加えて、一般的自由説は、第三の意義として、憲法一三条は、個人が人格的で自律的に生きることのみを保護しているとみるわけにはいかないと説く。なぜなら、個人の実際の生

じて、①身体の自由（生命を含む）、②精神活動の自由、③経済活動の自由、④人格価値そのものにまつわる権利、⑤人格的自律権（自己決定権）、⑥適正な手続的処遇をうける権利、⑦参政権的権利などに類型化することができる。

＊9 佐藤・前掲＊6論文二九五～二九七頁。

＊10 佐藤・前掲＊6論文二四八頁。

き方はさまざまであり、個人は一生の間常に人格的な生活を送り続けるわけでもないし、現実の社会には自律的に生きることができない人びとも存在しており、そのような人びとを保護することを憲法が意図しているからである。それゆえ、個人の尊重の原理は、個人に究極の価値をおき、理性的で自律的な個人の行為に特別の配慮をしつつも、すべての個人の現実の生活を保障し、個人の存在それ自体を保護すべきことを宣言していると解される。[*11]

この第三の点が、人格的利益説と異なる点であり、それに対する批判となりうる主張である。しかし、この説に対しても人格的利益説から批判がなされる。それによれば、幸福追求権から導き出される種々の自由・権利について、明確な基準もなく裁判所が憲法上の権利として承認すると、裁判所の主観的判断によって権利が創設されるおそれがでてくる。また、幸福追求権という観念が包括的で外延も明確でないだけに、その具体的権利性の基準をルーズに考えると「人権のインフレ化」を招くおそれもある。そこで必要要件を厳格にしぼる必要がある。憲法上の権利といえるかどうかは、それが個人の人格的生存に不可欠であることのほか、その権利が長期間国民生活に基本的なものであったか、多数の国民がしばしば行使しており、もしくは行使できるものか、他人の基本的人権を侵害するおそれがないかなど、種々の要素を考慮して決定されねばならない。[*12]

この批判は、一般的自由説が個別多様性への配慮の必要を強調する点には共感するが、人間存在の共通性の面をまったく拒否していかに「基本的人権」という価値規範

＊11　戸波江二「幸福追求権の構造」日本公法学会編『公法研究』五八号八～九頁（有斐閣、一九九六年）。

＊12　芦部信喜『憲法〔新版〕』一一六～一一七頁（岩波書店、一九九七年）。

概念を導き出すことができるのかという疑問が残るとし、また、人間の理性の働きを過大評価する危険には十分警戒しなければならないが、人間の道徳的・理性的能力を否定してすまされるのか、人間の道徳的・理性的要素を否定してどうして自由のための権力と法の創設は可能なのか、という疑問を提示している。[*13]

◉二つの学説の相違と自己決定権との関係

このように、二つの学説の相違点は明らかになった。一般的自由説が、個人の現実の生活全般に幸福追求権の適用を求めるのに対し、人格的利益説によれば、幸福追求権は、あらゆる権利自由を保障するものではなく、憲法一三条前段の個人主義哲学を基礎として、その枠内で、個々人がかけがえのない自律的人格の主体として自らの生を自由のなかで追求してゆくために必要かつ不可欠な権利・自由を保障する規定と解される。[*14]この二つの学説の差異は、ありのままの個人そのものと、一定の価値原理を前提とした理念的人間像のいずれに出発点をおくかの違いであるといえよう。

このような基礎のうえに生ずる二つの学説は、それぞれ幸福追求権の内容である（狭い意味の）自己決定権についても差異をもたらすのだろうか。

幸福追求権について、一般的自由説と人格的利益説とを参照すれば、ある具体的利益が、前者では憲法上の保障対象となり、後者では憲法上保障された利益とまではいえないとされる場合があるのは当然という指摘があり、また、個人主義の原型しだいによって、憲法の人権保障の具体的なあり方についての理解に微妙な影響を及ぼすか

＊13　佐藤・前掲＊6論文二五一頁。

＊14　初宿・前掲＊4書一九二頁。

もしれないという指摘もある。[*15] ただ、一般的自由説と人格的利益説のいずれをとっても、国政参加権など特定の問題を別にすれば、実際上の違いはそれほど大きくないともいわれる。[*16] ということになれば、具体的なケースをみてゆくことによって、自己決定権という具体的な権利がどのような役割を果たすのかについて考察せねばなるまい。

3 自己決定権に関する具体的事例

◉自殺する権利

自己決定権のなかでも、最も重要なのは、自己の生命・身体に関わる問題である。自己の生命が他者によって脅かされてはならないということは、生殺与奪権が他者に属さないということを意味する。ところで、自らの手によって自らの生命を絶つ、すなわち自殺の権利は、自己決定権として認められるであろうか。確かに、「生きるべきか、死ぬべきか」ということは、人生における最大の悩みであり、本人にとってみれば、それについての決定はきわめて重要な意味をもつはずである。この自殺の権利を憲法上の権利として認めることについては、一般的自由説がこれを例外的なものとして肯定するのに対し、人格的利益説は否定的である。[*17]

刑法上、自殺自体は、その未遂も含め、処罰対象となってはいない。しかし、他者の自殺に関与することは、刑法によって処罰の対象とされている。[*18] これをもって、自

*15 前者の指摘は、初宿・前掲*4書一九一頁。後者の指摘は、佐藤・前掲*6論文二五三頁。

*16 佐藤・前掲*6論文二五三頁。

*17 一般的自由説の戸波・前掲*11論文一八頁はこの権利を認める。初宿・前掲*4書一九三頁は、人格的利益説の立場からこれを認めない。この問題については、竹中勲「『安楽死』と憲法上の自己決定権」法学教室一九九号八四頁以下（一九九七年）参照。人格的利益説に立つ同八五頁も、自殺の権利は否定する。

また、佐藤・前掲*6論文二九〇〜二九八頁参照。

*18 刑法二〇二条「人を教唆し若しくは幇助して自殺させ、又は人をその嘱託を受け若しくはその承諾を得て殺した者は、六月以上七年以下の懲役又は禁錮に処する」。

殺自体は違法な行為であるということができるのだろうか。これを肯定する見解によれば、自殺は違法な行為であり、自殺の権利は認められないことになる。[*19] しかし、この論者によっても、つぎの点が示唆される。すなわち、「生命の権利の尊重」が憲法の要請であるとすれば、自殺のようにいったん自己決定してしまえばもはや逆戻りできない事柄については、パターナリズムによる制約が援用されざるをえないという点である。[*20] つまり、ここでは、人間は誰でも本当は生命を維持し続けたいはずだという前提がある。

自殺を助長するつもりではないが、本当に、人間は、誰しもいかなる状況でも、生命を維持し続けたいと望むものであろうか。逆に、このような前提を肯定することは、過酷な状況におかれた人間に、生きることを義務づけることになりはすまいか。今日の高度技術社会におけるストレスを原因とする自殺の増加傾向をみるにつけ、この疑問は大きくなる。ゆえに、自己の生命の存続に関する事柄は、やはり自己決定に委ねるべきではなかろうか。また、この問題は、つぎに述べる延命医療拒否にもつながる。

*19　初宿・前掲＊4書二一〇頁。

*20　初宿・前掲＊4書二一〇頁。

◉患者の自己決定権としての延命医療拒否

医療の現場においては、個人が、自らの生命・身体について、合法的な形で、他者である医師の手による関与をうける。患者と医師の関係は、法的には対等なものであり、医師は診療行為を行なうにつき、患者の同意を必要とする。したがって、ここで、患者自身の意思がいかほどに尊重されるのかという点が問題となる。

とくに問題となるのは、尊厳死である。尊厳死とは生命維持行為としての延命治療を中止することによって「人間らしい品位のある死に方」を求めることである。とりわけ、高度技術社会のなかで医療技術の進歩した現状において、生命維持装置によってたんに生命を維持するだけにとどまるような、自己の意に反する延命治療の中止を要求する権利は重要な意味をもつ。学説は、広くこの権利を認めており[*21]、これを認める判例もある[*22]。

なお、安楽死は、第三者（主に医師）に対し、生命を消滅させる積極的行為を求めるものであって、生命維持行為の中止を求める尊厳死とは区別されるべきものである[*23]。

◉臓器移植

一九九七年一〇月一六日、臓器移植に関する法律、いわゆる「臓器移植法」が施行された。これにより、今後、従来は行なえなかった、臓器移植[*24]による治療が可能となった。この法律では、臓器の提供が、あくまでも、提供者自身の決定によるものでなければならないと定めている[*25]。そして、同法は、臓器移植およびそのためだけに適用される脳死基準の承認についても、臓器提供者の意思の確認の必要性を詳細に定めている[*26]。この点、臓器提供者の自己決定権は、一応保障されたものとなっている。

ただ、この法律には、問題が残っている。臓器移植法二条一項は、臓器提供者本人の生存中に示した意思が「尊重されるべきである」としておきながら、同法六条一項は、臓器摘出の要件として、「遺族が当該臓器の摘出を拒まないとき」という定めを

＊21 初宿・前掲**＊4**書二一〇頁、戸波・前掲**＊11**論文一八頁。

＊22 患者の宗教上の信念から無輸血手術を行うとの合意に反し、手術において医師が輸血を行なった事件で、東京高裁は、手術についての患者の「同意は、各個人が有する自己の人生のあり方（ライフスタイル）は自らが決定することができるという自己決定権に由来する」、「人はいずれは死すべきものであり、その死に至るまでの生きざまは自ら決定できるといわなければならない（たとえばいわゆる尊厳死を選択する自由は認められるべきである。）」と述べた（東京高判平成一〇・二・九）。上告審では、自己決定権や尊厳死にはふれず、宗教上の信念に基づく輸血拒否の意思決定を人格権の一内容と認めるにとどまった（最判平

置いている。家族が臓器提供者本人の自己決定を覆すことを認めているこの規定は、臓器提供者の自己決定権の観点から疑問の余地がある。

また、臓器の提供を受ける者の意思がどれほど尊重されるのかという点についての詳細な規定はなく、わずかに、医師の説明についての努力義務を定めているにすぎない点[*27]も問題である。高度技術社会の波は、当然医療技術にも及ぶ。一つの疾病に対する治療方法は日進月歩で発達するが、それは同時に、より専門的・高度なものとなり、患者にとっては理解困難なものとなる。そのような状況で、患者の立場におかれた個人が、自己の病状・治療方法につき十分に理解したうえで、つまりたとえば、臓器移植の必要性の有無、そのリスク、代替的治療措置の可能性の存否について十分把握したうえで、自己に対する治療行為についての決定を下すことは、現実に可能であろうか。今後の制度運用に注目したい。

◉出産の自由

もともとアメリカではプライバシー権は、私生活への侵入と私事の公開を排除する「ひとりで放っておいてもらう権利」として発展し、個人の人格的生存に必要不可欠なものと解され、とくに子どもをもつかどうかなど家族のあり方を決める権利を中心として発展してきた（避妊具の使用、人工妊娠中絶）こと、したがって、広い意味のプライバシー権には自己決定権とよばれるものが含まれてきたことは、前述のとおりである。また、この権利は、性行為の自由を促進するものである。その意味で、出産す

成一二・二・二九）。

＊23 竹中・前掲＊17論文八六頁以下参照。

＊24 臓器移植法五条「この法律において『臓器』とは、人の心臓、肺、肝臓、腎臓その他厚生省令で定める内臓及び眼球をいう」。

＊25 臓器移植法二条一項「死亡した者が生存中に有していた自己の臓器の移植術に使用されるための提供に関する意思は、尊重されなければならない」。二項「移植術に使用されるための臓器の提供は、任意にされたものでなければならない」。

＊26 臓器移植法六条一項「医師は、死亡した者が生存中に臓器を移植術に使用されるために提供する意思を書面により表示している場合であって、その旨の告知を受けた遺族が当該臓器の摘出を拒まないとき又は遺族がないと

るか否か、またそもそも懐胎するか否かを決定する自由は、自己決定権の原型の一つともいえる。

日本では、人工妊娠中絶が法律によって禁止されてはおらず、もちろん避妊具の使用が禁じられているなどということはない。さらに、一九九九年六月一六日、厚生大臣は、経口避妊薬の低容量ピルを医薬品として承認した。ただ、低容量ピルには、血栓、心臓発作、肝機能障害、乳癌などの副作用の存在が指摘されているため、薬局での購入時には医師による処方箋が必要とされることになった。ともあれ、これは、出産に関する自己決定権にとって一つの前進だと評価できる。

ただ、人工妊娠中絶には、胎児の立場からみると問題が残らないわけではない。すなわち、胎児の生命の問題である。医学の進歩によって可能となった、遺伝子レベルにまで及ぶ出産前診断による「産み分け」の可能性を考えると、これは今後考えるべき課題となるだろう。

◉髪型の自由などその他の権利

他者の手による、個人の自由な決定に対する制限は数多くみられ、ライフスタイルに関するさまざまな権利が主張されている。その一例をとりあげる。

学校の校則が、生徒の自由を著しく拘束するものであることは先に述べた。とくに、問題となったのは、髪型規制である。丸刈りを義務づけた公立中学校の校則が問題となった事件において、裁判所は、この校則が校長の有する生徒規律権に基づいており、

きは、この法律に基づき、移植術に使用されるための臓器を、死体（脳死した者の身体を含む。以下同じ。）から摘出することができる」。二項「前項に規定する『脳死した者の身体』とは、その身体から移植術に使用されるための臓器が摘出されることとなる者であって脳幹を含む全脳の機能が不可逆的に停止するに至ったと判定されたものの身体をいう」。三項「臓器の摘出に係る前項の判定は、当該者が第一項に規定する意思の表示に併せて前項による判定に従う意思を書面により表示している場合であって、その旨の告知を受けたその者の家族が当該判定を拒まないとき又は家族がないときに限り、行うことができる」。

＊27 臓器移植法四条「医師は、臓器の移植を行うに当たっては、診療上必要な注意

また教育目的による校則は著しく不合理であるとはいえないとして、これを違法でないとした。[*28] もっとも、本件においては、憲法一三条に基づく自己決定権侵害の主張はなされておらず、当然裁判所もこの点についてはふれていない。そのため、本件では、この点を主張すべきであったという指摘もある。[*29] ところで、学説においては、髪型の自由について、これを自己決定権に含ましめるか否かについては、人格的利益説と一般的自由説との間で争いがある。髪型の自由に対する規制に対して、憲法上の保護を及ぼすべきだという点では一致している。[*30] ただ、人格的利益説を徹底してゆけば、髪型の自由をはじめ、ライフスタイルに関わる多くの制約は、憲法上の自己決定権侵害の問題とされない傾向があることは確かである。[*31]

4　今後の議論に向けて

ここまでみてきた諸事例から、一般的自由説の方が人格的利益説よりも、自己決定権の射程を大きくとっていることが認められる。ただ自己決定権が「相手」としなければならない事柄が、あまりにも多すぎ、また、とりわけ高度技術社会においてはつぎつぎと新たな問題が生起してくることが明らかである。そこで、個人の生活を脅かす新たな事態が起こるであろうことは想像に難くない。ために、個々の事例を検討してゆくだけでは、対症療法、つまり「その場しのぎ」にとどまらざるをえない。この点を考慮すれば、自己決定権について、適用可能な具体性をもった、確たる外延と内

を払うとともに、移植術を受ける者又はその家族に対し必要な説明を行い、その理解を得るよう努めなければならない」。

*28　熊本地判昭和六〇・一一・一三。

*29　初宿・前掲*4書二一一頁。

*30　浅利祐一「公立中学校における髪型の規制」別冊ジュリスト一三〇号『憲法判例百選Ⅰ〔第三版〕』四七頁（一九九四年）。

*31　佐藤・前掲*6論文三〇〇頁。

包・内実を示すことは、切実な課題である。

ただ、「生きる」という点について道徳的な方向性を強調しすぎれば、そのことはかえって、個人に一定方向の道徳律に従って生きる——「善く」生きる——ことを義務づけることにもなりかねないのではないか、という懸念も残る。このことは、人格的利益説が、自己決定権の権利性承認の要件として、「長期間国民生活に基本的なものであった」こと、「国民の多数による行使」をあげていることからして、少数者の「独特な」生き方は、常に異端的なものとして、権利性を認められないということにも連なるであろう。かといって、個人の個別性・生活の多様性を顧慮すればするほど、自己決定権は希薄なものとならざるをえない。ここにこの問題のジレンマがある。この点を考慮し、今後の議論に期待したい。

★より理解を深めるために

山田卓生『私事と自己決定』日本評論社、一九八七年

日本において私的領域における自己決定権の問題を扱ったパイオニア的著作。ライフスタイル、危険行為、生死と自己決定という諸問題について、主として英米の議論を参照しつつ論ずる。

芦部信喜『憲法学Ⅱ　人権総論』有斐閣、一九九四年

基本的人権の歴史・理論を体系的にまとめあげた一冊。幸福追求権についての記述も豊富であり、問題の理解を深めることができる。

日本公法学会編『公法研究』五八号、有斐閣、一九九六年

「幸福追求権の構造と展開」をテーマとしたもので、本文でも引用した戸波報告のほか、幸福追求権に関する諸報告がおさめられている。一一四頁以下の「討論要旨」は必読。

『岩波講座　現代の法14　自己決定権と法』岩波書店、一九九八年

患者の自己決定権、生殖の自由、家族形成と自己決定権、民族的マイノリティの権利等、自己決定権に関するさまざまな問題を扱った書である。

棟居快行・赤坂正浩・松井茂記・笹田栄司・常本照樹・市川正人『基本的人権の事件簿〔第二版〕』有斐閣、二〇〇二年

基本的人権に関わる具体的な裁判例を素材として、問題を考察してゆく形をとった好著である。自己決定権に関する多くの事例もとりあげられており有益。

【苗村　辰弥】

◆コラム◆　臓器移植法の今後に思う――一個人のたんなる杞憂

一九九七年一〇月一六日、「臓器移植法」が施行された。確かに、この法律自体、まだまだ見直してゆくべき問題点は残しているにせよ、これで、日本においても、従来は行なえなかった臓器移植手術が可能となった。しかし、この制度の運用・実施についての今後を考えると、いくつか考えなければならない点があることに気づく。

第一に、この法律によって、いわば死についてのダブルスタンダードが設けられた点が気になる。臓器移植法では、臓器提供に同意した者に限り脳死を死と認めている。この場合、脳死が人の死となる。しかし、そうでない場合、従来の基準が用いられ、当然のことながら、脳死は死でないことになる。死についての二重の基準、つまり二つの死が並存する状況というのは、それ自体ささいなことなのかもしれないが、何やら違和感が拭えないし、また、

自分でそのいずれかを選択しなければならないのかと思うと頭が痛い。

第二に、臓器提供の意思表明を拒絶できなくなる雰囲気が形成されるのではないかという懸念が残る。臓器移植法が施行されたといっても、臓器提供者の人数は決定的に不足しているのが現状であり、そのため、各種啓蒙活動が行なわれ、ドナーカードの普及が課題とされている。確かに、臓器の提供を待ち望んでいる患者の方がたは多く、そのためには、臓器提供者を数多く確保しなければならないことは必然であると思うし、個人的には、その要請に応えることはよいことだと思う。しかし、臓器提供に応ずることが当然であり、絶対的な善であるという風潮、逆にいえば、それに応じないことは絶対的な悪であるという風潮が広まれば、「道徳的」あるいは「人倫的」・「倫理的」に「善く生きる」ためには、すすんで臓器移植に応じなければならないようになりはしないか。この場合、法律上は「尊重されなければならない」個人の意思が軽視され、「任意」でなされるはずの臓器提供が、一種義務的なものになってしまう。これでは、自己決定権は自己決定義務へと転化してしまう。これは杞憂であってほしい。

第三に、第二の懸念とも関係するが、臓器提供者と非提供者との間の公権力による差別的処遇、さらに進んで臓器提供が法律上義務づけられることになりはしないかということも気がかりである。つまり、臓器提供者が予定どおりに確保できない場合、公権力が、その確保のために、臓器提供の意思を示した者を優遇し、示さない者を冷遇するといった事態が考えられる。それは、たとえば、公務員就任の条件として臓器提供の意思表示を付したりすることによってなされるのかもしれない。究極的には、有無をいわさず、国民すべてに、臓器提供が、生まれながらにして、義務づけられることになるかもしれない。これでは、現行の臓器移植法が示す個人の意思尊重という精神はおろか、憲法侵害のおそれも出てくることになろう。

いささか逆説的ではあるが、第二および第三の懸念が現実のものとならぬためにも、そして、臓器提供を待ち望む人びとのためにも、今後臓器移植というシステムが定着し、現実に実効的なものとして、機能してゆくことを切に望む。しかし、何よりも、このような制度ができたことによって、自分自身、死ということについて改めて考え直さなければならないと痛感している。自分の死の時点をいつにするのか、これについて、冷静にまた現実の問題として日常的に考えることができるのであろうか。私自身、そのようなことを、自律的に決定する能力は、第一の疑問の最後に述べたところからすると、臓器移植法施行から一〇年近く経過した現時点においても、残念ながらない。さて、読者の皆さんはどうであろうか。

【苗村　辰弥】

第3講　環境と人権

1　人・社会・環境の接点

◉環境は誰のものか――諫早湾干拓問題――

有明海北西部の諫早湾（長崎県）における国（農水省）の干拓事業は、完成が間近に迫っている。一九九七年四月一四日に潮受け堤防が閉め切られ、堤防内の広大な干潟は、乾陸化と調整池の淡水化により、消失した。この干潟を残すべきかどうかをめぐっては、大きな議論が展開されてきた。[*1]

干拓を実施すべきかどうかの判断は、干拓のもたらす利益と干潟の環境上の機能や価値との慎重な比較の上に成り立つもの、といえる。しかしながら、干潟の価値といった環境上の利益には、従来必ずしも十分な配慮が払われてこなかった。その理由の一つは、これまでの法制度が、環境そのものや生態系の機能に、法的な価値をあまり与えてこなかったことにある。確かに、今日、環境上の利益を、ある人の人格上あるいは財産上の利益として把握することができる場合には、環境上の利益の調整を法的判断の場にのせることは可能となる。[*2] しかし、干潟のように、直接的には誰にも帰

*1　従来干潟は、陸上に生活する者にとっては、あまり価値のない地帯であり、陸に変えることによって、人びとに大きな恩恵をもたらすと考えられてきた。しかし、干潟は、多様な生物が生息し、生産力も高く、魚の生育にも重要な場所であり、水産資源としての価値も大きく、中継基地として渡り鳥を養うだけの力ももち、さらには、巨大な水の浄化機能も備えるなど、生態系の重要な機能を担っていることが、近年強く認識されている。

*2　有明海の漁業者は、漁業被害を理由に干拓工事の中止を求める訴訟等を提起している。しかし、公害等調整委員会の原因裁定は、工事と漁業不振との因果関係を肯定していない（公調委平成一七・八・三〇）。また、工事差止めの仮処分申請も、最高裁に

属しない環境上の利益については、法の保護に値しないものとして扱われてしまいがちである。[*3]

このようななかで、市民が、環境上の利益を法の保護すべき利益として扱うべきである、との主張を展開するようになったのであるが、環境権の現代的意義はこの点にあるように思われる。

◉環境問題の多様化

環境問題の原点は公害である。環境破壊のもたらす不利益がとりわけ社会的弱者に押しつけられるという構造は、公害でも今日の環境問題でも共通している。しかし、今日の環境問題には、現象面において多様な側面がみられる。

第一に、加害者と被害者の関係の複雑化である。かつては加害企業と市民の被害者という単純な構図であったが、最近では、自動車や廃棄物問題のように、市民は被害者であると同時に加害者でもある。さらに、先進国の市民の享受する豊かさや環境は、発展途上国の市民の犠牲や負担の上にも成り立っている。

第二に、環境被害の多様化がある。人の生命や健康、人に帰属する環境に関わる権利や利益の侵害に加えて、病気と健康の境目、有害性の不確かな物質の低濃度長期曝露の影響、アメニティ、自然や野生生物の保護、生態系の保全などをどう位置づけるかという問題である。

第三には、その空間的・時間的広がりである。たとえば、越境大気汚染、有害物質

より退けられている（最決平成一七・九・三〇）。

＊3　環境上の利益を理由に「諫早湾自然の権利訴訟」（ムツゴロウ訴訟）が、工事差止めを求めて提起されたが、裁判所は訴えを退けている（長崎地判平成一七・三・一五）。

の国際取引、事業活動の海外進出にともなう環境汚染、地球温暖化などの国際・地球環境問題の出現である。そこではまた、現在の活動が、次世代に悪影響を及ぼすという、世代を超える環境問題も認識されている。

2 公害・環境被害の救済――公害環境訴訟――

◉公害賠償訴訟

公害・環境被害の救済は、裁判が重要な役割を果たしてきた。一九七〇年代前半の四大公害判決において、加害企業の被害者に対する損害賠償責任が肯定されて以来、判例・学説を通じて民事上の損害賠償請求訴訟（公害賠償訴訟）の理論が発展してきた。公害の賠償責任は、おもに民法の不法行為として構成され、過失・受忍限度（違法性）・因果関係の立証などが主要な争点を形成してきた。

過失については、結果（被害）の発生を予見できたのに行為に及んだ場合に過失ありとする予見可能性説と、結果を予見できたうえで、さらに結果の発生を回避できたのに回避しなかった場合に過失ありとする結果回避義務説（判例）とがある。ただ、結果回避義務を厳格にとらえるならば両者の差は縮まることになる。健康被害の場合には、判例は加害者に高度な注意義務を課しており、また、立法も大気汚染防止法二五条や水質汚濁防止法一九条において無過失賠償責任を規定している。

受忍限度を超える行為かどうかの判断は、利益衡量論に立脚して、加害者側の事情、被害者側の事情およびそれを取りまく事情を総合的に勘案して個別具体的に判定される。その際、加害者側の事情は社会的有用性あるいは公共性という形で考慮される。しかし、健康被害の場合には、判例は、加害者側の事情をあまり重視しない態度をとっている。

因果関係は、一般に被害者が、原因行為と被害との間に「高度な蓋然性」が存在することを証明しなければならない。公害の場合に、一般市民に公害被害発生の科学的なメカニズムを厳密に証明させることは公平ではないため、判例も、この証明責任をいくぶん緩和する傾向がある。[*4] 被害の原因が複数考えられるような場合には、因果関係の立証はいっそう困難さが増す。

*4 判例には、間接反証説や疫学的因果関係の考え方を参考にして因果関係の判断を行なうものが存在する。

◉国家賠償訴訟

国や地方公共団体の賠償責任は、国家賠償法が規律する。国が汚染を引き起こすことはあまり考えられないが、国が規制権限を行使せずに汚染等を放置し、被害を拡大させた場合に、行政の不作為の責任が問われうる。関西水俣病訴訟の最高裁平成一六年一〇月一五日判決は、公務員の規制権限の不行使は、権限を定めた法令の趣旨・目的、権限の性質、具体的事情のもとで、許容される限度を逸脱して著しく合理性を欠くと認められるときは国賠法一条の違法となる、とした。そのうえで、最高裁は、当時の水俣病事件の状況を検討し、昭和三五年以降、国は水質二法（水質保全法・工場排水規制法）に基づく、熊本県は漁業調整規則に基づくそれぞれの規制権限を行使しなかったことが違法であるとして、未認定患者である原告らに対する、国と熊本県の責任を認めた。

◉差止訴訟

健康被害を考えればわかるように、事後的な損害賠償では公害・環境被害の根本的な救済をはかることはできない。そこで、公害の原因行為の停止を求める民事上の差止請求訴訟が提起されるようになった。

差止めの法的根拠については、①環境権説、②人格権説、③物権的請求権説、および④不法行為説の四つの考え方がある。環境権説以外の三つの説は、差止めの判断にあたり受忍限度論を採用し被害と加害行為との比較衡量を行なう。これに対して、環境権説は、受忍限度論を排し、環境権の侵害をもって直ちに差止めの効果が生ずるとする。裁判所は、差止めを肯定する場合には、人格権や物権的請求権に法的根拠を求めることが多い。

差止訴訟の受忍限度については、差止めは加害行為の停止という強力な効果をもつことなどから、損害賠償の受忍限度よりも高く設定されるとする考え方（違法性段階説）が一般的である。[*5] そこでは、損害賠償と比べ、加害行為の社会的有用性あるいは公共性が高く評価されやすくなり、そのため相対的に差止めが認められにくくなる傾向がある。

物権的請求権説は、環境被害を土地などの所有権等に対する侵害と構成するため、

＊5　最高裁は、国道四三号線・阪神高速道路公害訴訟判決（平成七・七・七）において、差止めと賠償との相違に対応して、違法性の各判断要素の重要性の程度は異なるから、差止めと賠償とで違法性の判断に差異が生じても不合理とはいえない旨述べている。つまり最高裁は、違法性段階説とは異なる立場をとるものととらえることができる。ただ、差止めの受忍限度は、賠償のそれとは区別されるという点では同じであり、両者の考え方は、実際の機能という点ではそれほど異ならないと考えられる。

土地の所有等が差止請求の前提となる。他方、人格権説では、自然人に対する侵害が前提となる。人格権は、生命・身体・健康・自由・プライバシーなど、人格に由来する重要な利益に対する権利であり、憲法上基本的人権に位置づけられるとともに、私法上の権利としても承認されている。

人格権を根拠に差止めを肯定した著名な例としては、大阪空港騒音訴訟控訴審判決（昭和五〇・一一・二七）がある。そこでは夜間（午後九時から午前七時まで）の民間航空機の離着陸の差止めを認めた。しかし、その上告審である最高裁（昭和五六・一二・一六）は、控訴審判決をくつがえし、国営空港に対する民事差止訴訟は不適法であるとして却下の判決を下した。[*6]

道路大気汚染公害においては、浮遊粒子状物質（ＳＰＭ）と沿道のぜん息被害との因果関係を認め、受忍限度を超えているとして、道路管理者である国などに対してＳＰＭを一定濃度以下に抑える内容の差止めを認めた一審判決が存在する。[*7]

地域の景観を損なうとして、マンション建設の差止め（高さ二〇メートルを超える部分の撤去）と賠償（慰謝料）が争われた事例では、最高裁は、良好な景観の恵沢を享受する利益（「景観利益」）は法律上保護に値するが、「景観権」の存在は認められないとした上で、景観利益の侵害が不法行為となるには、侵害行為が、刑罰法規や行政法規の規制違反、公序良俗違反、権利濫用など社会的に容認された相当性を欠くことが必要であるが、本件はそれにはあたらないとして、差止めおよび賠償の請求を退けた。[*8]

＊6　最高裁は、空港の離着陸に関する運輸大臣（当時）の権限には、私法上の空港管理権と公法上の航空行政権とがあるが、この二つの権限は不可分一体に行使されており、差止請求は不可避的に航空行政権の行使の取消変更ないしその発動を求める請求を含むことになるので、行政訴訟により請求できるかどうかはともかくとして、民事差止めは許されないと判示した。この最高裁判決には批判的な学説が多い。

その後、最高裁は自衛隊機の騒音につき、行政の公権力の行使を左右するので、民事差止めは不適法であるとの判決を下している（厚木基地騒音訴訟、最判平成五・二・二五）。

＊7　名古屋市南部大気汚染公害訴訟（名古屋地判平成一二・一一・二七）、尼崎大気

3　環境権

環境権とは、その提唱者*9によれば、「……環境を破壊から守るために、われわれには、環境を支配し、良き環境を享受しうる権利があり、みだりに環境を汚染し、われわれの快適な生活を妨げ、あるいは妨げようとしている者に対しては、この権利に基づいて、これが妨害の排除または予防を請求しうる権利がある……」とされる。

この環境権には、良き環境を享受しうる基本的人権という意味での、憲法上の権利の側面と、快適な生活を妨げる行為の差止めを求めることができるという意味での、私法上の権利の側面がある。

◉基本権としての環境権

憲法上の権利としての環境権は、明文による規定はなく、また、それを明確に認めた判例もないが、今日多くの学説によって承認されている。その根拠については、一三条の幸福追求権と二五条の生存権の両者によって保障されているとする見解が一般的である（二重包摂）。しかしながら、学説は、憲法上の環境権には個人が裁判を通じて争うことのできるような具体的権利性はない、とするのが支配的である。

環境権が抽象的な権利にとどまるとしても、憲法上の基本権として承認されるのであれば、国家は、国民に対して基本権としての環境権の実現をはかってゆく責務を負

汚染公害訴訟（神戸地判平成一二・一・三一）。

＊8　国立市大学通り高層マンション訴訟（最判平成一八・三・三〇）。

＊9　わが国における環境権論の提唱は、一九七〇年三月に東京で開かれた公害国際会議の宣言にさかのぼるが、法的見地から「環境権」という権利が主張されたのは、同年九月の日本弁護士連合会第一三回人権擁護大会における仁藤、池尾両弁護士の報告が最初である。そこで提唱された環境権は、その後両弁護士の所属する大阪弁護士会環境権研究会により『環境権』（日本評論社、一九七三年）という書物にまとめられている。

うことになろう。つまり、立法および行政は国民の良好な環境の享受に配慮する責務があり、また、環境影響評価をはじめ環境行政への住民の手続的な関与や参加が要請されることになろう。その意味で、憲法上の環境権のもつ役割は決して小さくない。

一九九三年に制定された環境基本法には、環境権の規定は盛りこまれなかったが、環境権と目的を共通にするような内容の規定がおかれている。*10

◉私法上の権利としての環境権

環境権にはその提唱の当初より、環境被害を差し止めるための私法上の新しい手段としての意味がこめられてきた。環境権の提唱者は、環境共有の法理および環境支配権という考え方を基礎に据え、*11環境破壊行為に対して、地域住民は良好な環境が害される段階で差止めを求めることができるとしている。しかも、差止めの判断にあたっては、受忍限度論に基づく加害行為の態様（公共性）の考慮はなされるべきではないとする。

私法上の環境権を肯定する判決はいまだに存在しないが、その理由には、つぎの三点があげられている。第一に、環境権が根拠とする憲法一三条および二五条は抽象的権利を定める規定であり、これらから具体的請求権は導き出せないこと、第二に、各個人の環境権の対象となる環境の範囲（内容、性質、地域的範囲）が明らかではなく、差止めを求めうる侵害の程度や権利者の範囲も限定しがたいこと、第三に、環境権が、具体的被害の発生前に個々人の法益を超えて環境破壊を阻止するものであるならば、

＊10　環境基本法（環境の恵沢の享受と継承等）三条「環境の保全は、環境を健全で恵み豊かなものとして維持することが人間の健康で文化的な生活に欠くことのできないものであること及び生態系が微妙な均衡を保つことによって成り立っており人類の存続の基盤である限りある環境が、人間の活動による環境への負荷によって損なわれるおそれが生じてきていることにかんがみ、現在及び将来の世代の人間が健全で恵み豊かな環境の恵沢を享受するとともに人類の存続の基盤である環境が将来にわたって維持されるように適切に行われなければならない」。

＊11　それによれば、「大気や水・日照・通風・自然の景観等という自然の資源は、人間の生活にとって欠くことのできないものであり、……万

それは私法的救済の域を越えるので、実定法上の明文の根拠が必要となること、である。

環境権を私法上の差止請求権として構築する試みは、いまだ成功しているとはいえない。しかし、環境権は、もともと個人に還元される法益ではすくいきれない環境上の利益、たとえば、人格権の侵害（健康被害の発生）にまではいたらないような環境の悪化を防止するための権利として構想されてきたのである。環境権の理論構成は困難にならざるをえないが、そのもともとの発想からすると、むしろ環境権の機能を差止請求権に限定せずに、より多面的なものとしてとらえることに意味があると思われる。たとえば、環境アセスメントや住民の関与といった手続的な側面が不十分であることを考慮して、差止めを認容した裁判例が存在すること[*12]から、このような裁判例の考え方を発展させることによって、環境権を手続的な権利として構想することができるとの指摘がなされている。

人に平等に分配されねばならぬ資源であり、それは当然万人の共有に属すべき財産である……」から、環境に対する他の共有者の同意を得ない侵害は、それ自体違法であり、その侵害の排除・予防を請求しうる、とされる。

＊12　小牧・岩倉ごみ焼却場事件（名古屋地判昭和五九・四・六）、和泉市火葬場事件（大阪地岸和田支決昭和四七・四・一）。

4　自然の権利訴訟

一九九五年二月に、アマミノクロウサギが原告となって森林法に基づくゴルフ場の開発許可処分の無効確認および取消しを求める訴訟が、また、一九九六年七月には、ムツゴロウが原告となって諫早湾干拓工事の民事差止めを求める訴訟が提起された。この人間以外の主体、とりわけ動植物が訴訟を起こすという点で注目を集めている。

＊13　アマミノクロウサギ訴訟の訴状にはつぎのような考え方が示されている。すなわち、「従来は、自然及びその構成要素は固有の価値を有せず、原則的に単なる『もの』あるいは『人間の権利の客体』に過ぎないと考えられていた」。しかし、「自然の価値

ような訴訟は、個人の法益からは離れた自然や生態系そのものを保護するために、個人の原告適格の範囲を拡大したり、あるいは、自然それ自体に法的権利を享有する主体としての地位を与えようとする試みである。

　これらは、一見奇抜な訴訟であるが、その考え方は、要約すると、従来、法的に無価値であった自然に法的な保護を与え、それを権利として構成する。ただしそれは、特定の主体（人）に全面的に帰属するような権利ではなく、自然に固有の権利ととらえられる。そして、その侵害に対しては、自然自体に訴権があり、その訴権を市民が代理人として行使できる、というものである。[*13] したがって、以上の主張からは、自然・生態系の保全をはかるための真面目な思想がうかがえる。現実のその必要性とは裏腹に、このような訴訟をささえる実定法上の根拠が不十分であることが、最大の問題といえる。裁判所は、わずかな理解は示しつつも、いずれの訴えも退けている。[*14]

5　環境影響評価法

●環境影響評価

　環境影響評価（環境アセスメント）とは、環境に重大な影響をもたらすおそれのある事業活動につき、事前に、生じうる環境影響を調査、予測、評価し、影響を回避・軽減するための複数の代替案が検討され、これらの結果が公表され、住民や関係機関には意見表明等の関与の機会が与えられ、以上の諸結果を考慮したうえでその事業活動

は、それ自体法律上保護に値する利益である」。そして、自然保護のあり方は、「第一に、全体自然及び自然物、すなわち個々の生物、生物の種及び島、山、川、湖、湿地などの生態系の単位に、法的な権利を付与する」。「第二に、人間は、全体自然に対し、これを原則的に保護すべき全面的な法的義務を負う」。「第三に、人間自身も、自然及び自然物をその破壊から防衛することのできる固有の権利を有する」とすべきであると。

＊14　アマミノクロウサギ訴訟では、自然物原告の訴状は却下され、自然物の代弁者の原告適格は認められなかった（鹿児島地判平成一三・一・二二）。ムツゴロウ訴訟では、自然物原告には当事者能力が認められず、代弁者の訴えも不適法とされた（長崎地判平成一七・三・一五）。

を実施するかどうかの判断がなされる、という一連の手続である。

環境影響評価制度は、一九六九年にアメリカが国家環境政策法（NEPA）のなかにその規定をおいたのが最初とされている。わが国における国レベルの環境影響評価は、一九八四年の「環境影響評価の実施について」という閣議決定に基づいて行なわれてきたが、一九九七年に環境影響評価法が制定された。

◉環境影響評価法の内容

環境影響評価は次の二種類の事業に関して行なわれる。一つは、環境影響評価が必ず実施される「第一種事業」である。[*15] もう一つは、第一種事業に準ずる規模の「第二種事業」であり、これは、環境影響評価の実施が必要かどうかの判定がなされ（スクリーニング手続）、必要とされた場合に環境影響評価が実施される。[*16] この判定は、都道府県知事の意見を勘案して、国が行なうこととなっている。

環境影響評価の対象項目は、公害だけでなく自然環境や生物多様性も含まれ、広範である。効果的な影響評価を実施するためには、対象事業の特徴に合った環境影響評価の重点項目とその方法をしぼり込み選定する必要がある。これがスコーピング手続（方法書手続）であり、事業者は、評価の対象項目および調査・予測・評価の手法を記載した、環境影響評価方法書を作成する。

つぎに、事業者が作成した影響評価の草案ともいえる環境影響評価準備書とその要約書をもとに、事業者により、環境影響評価の本体が実施され、最終的に環境影響評

＊15 第一種事業は、法律の定める一三種類の事業類型に該当し、許認可、補助金、実施主体といった点で国が関与するもので、かつ、事業の規模が大きく環境影響の程度が著しくなるおそれのあるものとして政令で定めるものである。

＊16 スクリーニング手続の意義の一つは、アセス逃れの防止という点にある。

価書が作成される。

方法書と準備書の段階には類似する手続がおかれている。すなわち、方法書も準備書も公告・縦覧に付され、環境保全の見地から意見を有する者は意見書を提出することができる。[*17] 都道府県知事は、方法書あるいは準備書について意見を述べる。事業者は、都道府県知事の意見を勘案しまた住民の意見に配意したうえで、方法書を確定し、または、環境影響評価書を作成する。また、準備書の手続においては、事業者に説明会の開催が義務づけられている。

作成された環境影響評価書は、事業者により許認可官庁に送付される。評価書はさらに環境大臣に送付され、環境大臣は必要に応じて意見を述べることができる。

以上が、環境影響評価法の基本的手続である。[*18] このほか、事業者は評価書が公告されるまでは、対象事業を実施してはならないとされている。また、許認可官庁は、許認可の審査に際し、評価書などに基づいて、対象事業につき環境保全の適切な配慮がなされているかどうかを審査しなければならないとされており、環境影響評価の結果を許認可の判断に反映させるためのしくみが設けられている（横断条項）。

*17 住民意見の提出に関しては、住民の地域的範囲の限定はない。また、意見提出の機会も、方法書段階および準備書段階と二回存在する。

*18 環境影響評価法には、代替案の検討については必ずしも明確な規定はおかれていない。

6 循環型社会の形成に向けて

◉循環型社会形成推進基本法

廃棄物処理法の目的は、当初は廃棄物の適正処理だけであったが、一九九一年の改正で、廃棄物の発生抑制および分別や再生が新たに加えられた。一九九三年の環境基本法は、環境への負荷の少ない持続可能な社会を目標に据えており（四条）、一九九〇年代にはいくつかのリサイクル法が制定されるなど、わが国も循環型の社会をめざして舵を切り始めた。この動きを明確化したのが、二〇〇〇年の循環型社会形成推進基本法（以下、循環基本法という）であり、同法のもとに廃棄物処理法およびリサイクル関係法が体系づけられている。

循環基本法によると、循環型社会とは、廃棄物の発生抑制、循環資源の循環的利用および廃棄物の適正処理が確保され、それにより天然資源の消費を抑制し、環境への負荷ができるだけ低減される社会、とされている（二条一項）。同法はまた、循環資源や廃棄物は、技術的・経済的に可能な限り、①発生抑制、②再使用、③再利用、④熱回収、⑤適正処分の優先順位で扱われるよう求めている（三条・五～七条）。循環型社会の目的は持続的な発展が可能な社会の実現にあるので、リサイクルに過度な期待が寄せられるべきではない。リサイクルは循環型社会を構成する一つの要素にとどまるのであり、発生抑制や天然資源の消費の抑制こそがより根源的な目標といえるのである。

◉廃棄物処理法

廃棄物とは、廃棄物処理法上「不要物」とされているが、不要かどうかの判断には主観がともなうため、不要物を客観的に特定することはむずかしい。現在は、占有者の意思等を総合勘案して判断がなされている。その際、対象物が有価物か無価物かが、判断の有力な指標となっている。

廃棄物には、事業活動から生じかつ政令で指定されている産業廃棄物と、それ以外の一般廃棄物がある。一般廃棄物には、家庭ごみと事業系一般廃棄物（事業活動から生じるが政令の対象外の廃棄物）とがある。[*19] 産業廃棄物は、排出者が処理責任を負うが、排出者は、産廃処理業者に処分を委託できる。一般廃棄物は、市町村が一般廃棄物処理計画を立て、処分の責任を負う。廃棄物の処理には、焼却・破砕・乾燥などの中間処分と埋立ての最終処分とがある。廃棄物の収集・運搬・処分の業を行なう場合および処分施設を設置する場合にはそれぞれ許可が必要とされている。産業廃棄物の収集・運搬・処分は、不法投棄の防止と処分の確実な実施を目的とするマニフェスト（廃棄物管理票）によって管理される。

◉容器、家電および自動車に関するリサイクル法

ここでは、リサイクル関係法のうち、容器包装、家電および自動車に関するリサイクル法をとりあげる。[*20]

容器包装リサイクル法（一九九五年）は、ガラス、ＰＥＴ、プラスチック、紙の容器・包装を対象に、市民が分別排出をし、市町村が分別収集を行ない、事業者が再商品化を実施するしくみをとっている。市町村による分別収集は効率的であるが、市町村がその費用を負担する分、事業者の負担が軽減されている。また、同法は、分別収

＊19 爆発性、毒性、感染性のある危険性の高い廃棄物は、特別管理産業廃棄物および特別管理一般廃棄物として区別され、通常の廃棄物より厳しい管理のもとにおかれる。

＊20 このほか、資源有効利用促進法（二〇〇〇年）、食品リサイクル法（二〇〇〇年）、建設リサイクル法（二〇〇〇年）、グリーン調達法（二〇〇〇年）がある。ちなみに、資源有効利用促進法は、事業者を対象に、製品の製造段階における使用済物品・副産物の発生抑制や再生資源・再生部品の利用促進をはかることを目的とし、そのための事業者の「判断の基準」を定める。また、製品のリサイクル表示や事業者による自主的なパソコンのリサイクル・システムはこの法律に基づいている。

集を市町村の義務とはしていないため、分別収集を計画・実施しない市町村については、リサイクルが機能しないこととなる。

家電リサイクル法（一九九八年）は、現在、エアコン、テレビ、冷蔵庫、洗濯機を対象としている。消費者から出される廃家電につき、小売業者・製造業者は引取義務を、また、製造業者は再商品化義務を負う。排出者（消費者）は、排出時にリサイクル費用の支払いを求められる。このような後払方式は不法投棄を招きやすい。

自動車リサイクル法（二〇〇二年）は、次のようなしくみをもつ。使用済自動車は所有者から引取業者に引き渡される。使用済自動車はさらに、フロン回収業者と解体・破砕業者に引き渡され、再資源化およびフロン、エアバック、シュレッダーダストの分別が行なわれる。自動車製造業者は、この三種の分別物の引取と再資源化義務を負う。リサイクル費用は、自動車所有者が負担し、新車購入時（既販売車についてはつぎの車検時）に支払われ、再資源化預託金として資金管理法人が管理する。

これらの三つのリサイクル法は、引取や再資源化に関し一定の義務を事業者に課している。また、費用負担についてみると、容器包装には排出者（消費者）負担はなく、市町村と事業者が負担している。他方、家電と自動車は、それぞれ後払いと前払いの排出者（消費者）負担であり、事業者の負担には消極的である。事業者による費用負担は、確かに事業者にとって重荷であり、また、伝統的な思考方法からも導き出しにくい。しかし、そこには、環境に優れた廃棄物の出にくい製品開発のインセンティブがあること、その費用は製品の価格に上乗せが可能であり、最終的には消費者が負担する点では異ならないこと、また、事業者は技術革新によるコスト削減を通じて競争力を高める可能性もあることからすると、持続可能な社会を念頭においた場合には、事業者の費用負担も考慮に値しよう。以上の点に関しては、近年、「拡大生産者責任」（ＥＰＲ）の概念が提唱されている。それによれば、生産者は、自ら生産する製品について、使用され廃棄物になった後でも、引取・リサイクルと費用負担に一定の責任を負うべきである、とされている。

7　地球温暖化の防止

◉京都議定書の概要

化石燃料の使用にともなって発生する二酸化炭素等の温室効果ガスの増加は、地球の気候を変動させる可能性があるといわれている。ＩＰＣＣの予測が正しいとするならば[*21]、地球温暖化は、人類が地球環境と文明に対してもたらす史上かつてない危機といえるのではないだろうか。

一九九二年に「地球サミット」（ＵＮＣＥＤ：国連環境開発会議）が開催され「リオ宣言」が採択されているが、同年に「気候変動枠組条約」も採択された。この条約は、温暖化問題への取組みの枠組みを定めたものにとどまり、具体的な対応策は、そのものとの議定書、すなわち一九九七年の「京都議定書」（二〇〇二年日本批准、二〇〇五年発効）に委ねられた。

＊21　ＩＰＣＣ（気候変動に関する政府間パネル）が二〇〇七～〇八年に公表した第四次報告書は、気候システムの温暖化には疑う余地がなく、二〇世紀半ば以降に観測された世界平均気温の上昇のほとんどは、人為期限の温室効果ガスの増加によってもたらされた可能性がかなり高いとし、地球全体の気温は、二一〇〇年までに一・一℃から六・四℃上昇することが予測されるとしている。

京都議定書は、はじめて温室効果ガスの具体的な排出削減を国家に義務づけ、先進締約国と旧社会主義国（附属書I締約国）は全体で、一九九〇年を基準に二〇〇八年から二〇一二年までの平均値で、五%の削減をすることとされた。削減数値は、国別に差異化が認められ、日本六%、米国七%、EU八%の減少とされている。[*22] 対象となる温室効果ガスは、二酸化炭素のほかメタンや亜酸化窒素など六種類のガスとされた。削減数値の達成方法は、自国内の温室効果ガス排出の削減以外にも考えられ、それらは「柔軟性措置」として議定書に盛り込まれた。たとえば、①一九九〇年以降新たに増加した森林を吸収源とすること、②附属書I締約国間で、共同で事業を実施し、生じた排出削減量を相手国と配分すること（共同実施）、③附属書I締約国が途上締約国の排出削減を支援し、生じた排出削減量を支援した締約国が利用すること（クリーン開発メカニズム、CDM）、④排出削減数値を割り当てられた締約国は、相互に温室効果ガスの排出量を取引することができること（排出量取引）、などがある。このうち②③④を指して「京都メカニズム」とよんでいる。柔軟性措置は、国内における温室効果ガスの排出を実際に削減しなくとも議定書の削減数値を達成しうる方法であり、排出削減が厳しい締約国には利用価値が高い。しかし、このような方法は、今まで温暖化を加速してきた既存の排出源の縮小には必ずしも結びつきにくいという点で、大きな限界がある。

二〇〇一年に京都議定書の運用ルールが採択された（マラケシュ合意）。そこでは、①途上国支援のための三基金の設立、②京都メカニズムの補足的活用と排出量取引の

＊22　米国は、二〇〇一年三月以来、京都議定書からの離脱を表明している。また、京都議定書は今のところ途上国に削減義務を課していない。米国もこの点を批判するが、現在の温暖化の危機を引き起こしたのは今日の先進国の行動であることを考えるならば、まずは先進国が意味のある排出削減の実行に着手することが、途上国を説得する第一歩であろう。

売りすぎ防止、および、共同実施とCDMでは原子力の使用を控えること、③既存の森林管理を吸収量として認めること、[*23] ならびに、④削減数値の不遵守は、未達成分の一・三倍が次期削減量に上乗せされること、などが定められた。

◉わが国と京都議定書

わが国における京都議定書の実施は、「地球温暖化推進大綱[*24]」および「地球温暖化対策推進法[*25]」を基礎に進められているが、二〇〇五年には「京都議定書目標達成計画」が策定されている。この計画によれば、一九九〇年比六％削減の内訳を、温室効果ガスの排出を〇・五％減、既存の森林吸収源により三・九％減、「京都メカニズム」により一・六％減の、計六％としている。ここには吸収源としての既存の森林と京都メカニズムに五・五％を頼る構図があるが、長期的展望に立てば、国内における温室効果ガスの排出削減に真正面から取り組むことがよりよいアプローチのように思われる。現時点での排出量は一九九〇年比の約六・五％増に達しており[*26]、合計一三％の削減が必要とされるのであるが、その達成の道のりは容易なものとはいえないであろう。

★より理解を深めるために

阿部泰隆・淡路剛久編『環境法〔第三版〕』有斐閣、二〇〇四年

環境法全般を一つの法領域として体系化することをめざしてつくられたスタンダードな教科書。外国の環境法制度などにもふれられている。

＊23 わが国国内の既存の森林につき、約三・九％分の吸収量が認められた。しかし、既存の森林を吸収源として認める科学的根拠はないことに注意が必要である。

＊24 この大綱は、①環境と経済の両立、②ステップ・バイ・ステップ・アプローチ、③各界各層一体の取組み、④国際的連携を、基本的考え方に据えている。

＊25 京都議定書の国内実施法としてのこの法律は、温室効果ガスの排出削減につき、①国に、排出削減の基本方針、抑制実行計画、実施状況の策定や公表を義務づけ、②事業者には、取組みの促進や抑制計画の策定・公表を求め、③国民には排出抑制や施策への協力を求めている。

＊26 二〇〇六年のわが国の温室効果ガス排出の速報値は、一九九〇年比でプラス六・

四％とされている（二〇〇七年環境省発表）。

交告尚史・臼杵知史・前田陽一・黒川哲志『環境法入門』有斐閣、二〇〇五年

環境法の全体像がコンパクトに凝縮されている。国内環境法と国際環境法がバランスよく配置・融合されている点に特徴がある。

中山充・横山信二編著『地域から考える環境法』嵯峨野書院、二〇〇五年

環瀬戸内海の大学の研究者が共同で執筆したユニークな教科書。市民と地域の環境の関係が意識され、具体的でわかりやすい内容となっている。

大塚直・北村喜宣編『環境法学の挑戦』（淡路剛久教授・阿部泰隆教授還暦記念）日本評論社、二〇〇二年

環境法の主要な論点について、過去・現在・未来を考察することを目的に、詳細な法理論的な検討が加えられている論文集。

中西準子『環境リスク学』日本評論社、二〇〇四年

将来生じるかもしれない環境被害の可能性、すなわち、環境リスクを、われわれの社会はどのように評価してゆくべきかが、深く考察されている。

【一之瀬高博】

◆コラム◆　予防的アプローチ

「予防的アプローチ」あるいは「予防原則」とは、環境に重大な損害が生じるおそれがある場合には、原因行為と損害との因果関係につき十分な科学的証拠がなくとも、損害防止のために措置を講じるべきである、とする考え方である。

従来は、環境損害を引き起こすような行為を禁止したり規制したり、あるいは、そのような行為に責任を課したりするには、行為により損害が引き起こされることが予め知りうること、言い換えると、原因行為と損害の因果関係が科学的に証明されることが必要である、と一般に考えられてきた。これは、活動の自由を尊重するわれわれの社会の帰結でもあった。しかし、このような理解は、ひとたび破壊されると取り返しがつかない地球環境問題には、妥当しえない。この点、リオ宣言原則一五は、「重大または回復不能な損害の脅威が存在する場合には、完全な科学的確実性の欠如が、環境悪化を防止するための費用対効果の大きな対策を延期する理由として使用されてはならない」と規定している。

「予防的アプローチ」の考え方は、ドイツの一九七四年の「連邦イミシオーン保護法」にその起源をもつといわれる。近年では、国際社会において、気候変動枠組条約や生物多様性条約がその趣旨に言及し、ロンドン海洋投棄条約の一九九六年改正議定書もこれに立脚する規定が設けられ、制度的にも少しずつとり入れられている。しかし、他方、「予防的アプローチ」は、活動の自由に抵触するものとされ、その一般的導入には強い反対がある。わが国の環境基本法は、「科学的知見の充実のもとに」未然防止がなされるべきとするが（四条）、ここに「予防的アプローチ」の採用を読み取ることは難しいといわれている。

しかし、リオ宣言原則一五も、技術的な可能性（各国の能力に応じた）、発生しうる損害の重大性の程度、費用対効果の大きさ、といったことに言及していることからすると、そこには多様な措置が予定されているように思われる。「予防的アプローチ」の意義は、重大な損害をもたらす可能性がありながら、その危険性が明らかでないために対策が講じられずにきたものについて、徹底した措置をとってリスクをゼロに近づけるというよりは、リスクの大きさに応じた合理的で柔軟な措置をとることにより、リスクの効果的な低減をはかることにあり、そのための制度が求められているのではないだろうか。その際には、不確実な危険性とそれに対する措置の関係を検討するプロセスが重要となろうが、そこでは、市民の手続参加の観点が忘れられてはならないであろう。【一之瀬高博】

第4講 子どもの人権

1 子ども観の変化——保護から権利へ——

◉いまの子どもたちがおかれている状況

中学三年生で不登校を決意した生徒は、手記に「学校へ行かないということは、高校への進学、大学、そして将来への不安とつながり、一度におそいかかって来るのです。気が狂いそうでした。何故学校に行くと『自分が腐る』、そう思ったか、今にしてみればはっきりわかります。……大半の教師の授業を受けていると自分も腐るのではないか。……生徒を殴る教師。罵声をあびせる教師。そして友人関係への不満。……将来への重すぎる不安で『自分がつぶれる』、そう思ったのです。学校へ行けば腐る。[*1] ……」と書いた。子どもはいま、家庭や学校において、そのままの素直な自分をうけとめてくれるような人間関係を奪われているのではなかろうか。「常に他人と比較されて評価されることへの嫌悪感、いつも正しい答えが求められていて失敗や間違いが許されないというプレッシャー。さらに、生徒によるいじめの対象となってしまったこと、また、いじめが当たり前のこととして起こる生徒間関係への恐怖感」か

＊1 市民・NGO報告書をつくる会編『〝豊かな国〟日本社会における子ども期の喪失』二五頁（花伝社、一九九七年）。

ら学校に自分の居場所がなくなって子どもは登校拒否、不登校にいたる、[*2]と指摘されている。

旧文部省は、不登校を、「『学校ぎらい』を理由に年間三〇日以上の欠席をした児童、生徒」と定義し、九六年度の調査によるとその数は小学校では一万六五六九人、中学校では六万五〇二二人、計八万一五九一人にのぼると公表しており、小六で五二〇六人、中一で一万四五五三人、中二で二万三一六八人と学年があがるにつれて増加し、この二〇年間でその実数は六倍に増加している、[*3]という。同省が組織した「学校不適応対策調査研究協力者会議最終報告」（一九九二年）も、登校拒否・不登校がどの子にも起こりうると指摘し、かつての個人の精神疾患という見方から、学校教育の問題と深い関係を有する問題であると認識するにいたっている。

二〇〇五年度学校基本調査によると、全国の小・中学生の不登校総数は、前年度比二九〇九人減の一二万三三一七人で、三年連続して減少したという。割合でいえば、全小学生の〇・三二%、全中学生の二・七三%で、小学生の三〇九人に一人、中学生の三七人に一人（中学不登校生総数は一〇万七人）という。原因では、情緒的混乱（三〇・六%）、無気力（二一・七%）の、心因的理由が半分以上にのぼり、また、東京都教育委員会の二〇〇四年度調査によると、都内全公立小・中学校児童・生徒の「問題行動」中、いじめは九四八件、不登校は八六九六人、暴力行為は三三八校で、いずれも減少とはいうものの、中学校での不登校数は全生徒数に占める割合が七年続けて三%超という。[*4]かけがえのない大切な人生が、学校という場で、人生を歩み始めた矢

＊2　前掲＊1書九八～九九頁。

＊3　前掲＊1書九七頁。

＊4　朝日新聞（東京版）二〇〇五年八月一一日朝刊。

先に挫折させられている。一二万人強の人生に、痛みを覚える。

連日の報道によって伝えられる子どもの痛ましい行動は、いじめにあい、体罰を受けて自殺したり、シンナー、覚せい剤や援助交際に走ったり、登校拒否や家出、あるいは親を殺し、逆に親に殺されたり、また勉強のできるよい子もブリミア（拒食、過食症）や過呼吸症に陥ったり、暴走族などの非行に走り、少年院に収容されたり、と枚挙にいとまがない。そのたびに社会に衝撃を与え、ついには神戸の事件にみられるような、中学生が小学生を殺すばかりでなく、その遺体を加工し衆人の眼にさらすという残虐な行為にまでいたっている。

◉子どもは保護の客体か、権利の主体か

児童福祉法は、家庭の崩壊した子どもに対する保護法として重要な役割を果たしてきたのであるが、「児童が心身ともに健やかに生まれ、且つ、育成される」こと（一条一項）、「愛護され」ること（同二項）をその理念とし、子どもを保護の客体として位置づける。民法も、親権者は子どもに対して「監護」・「教育」権を有し、同時に義務を負う（八二〇条）と定め、監護、教育の対象として子どもをとらえている。このようにわが国の子どもに関する法体系のなかには、子どもの権利主体性を明言した法令は一つもない。[*5] 成人とは区別して、子どもを保護の対象とする見方は、戦後わが国で長い間標準的な憲法の教科書と目されてきた書のなかにも、[*6] みることができる。

子どもが、子どもであるがゆえの特性から一定の場合には〝保護〟を名目として、

＊5　前掲＊1書二二頁。
＊6　宮沢俊義『憲法Ⅱ』二四〇頁（有斐閣、一九五九年）。

その権利行使の制限が認められている。「子どもは、完全な意味で人間であ」るとし、そのうえで発達途上にある子どもには、成人とは異なる権利保障が要請され[*7]、おとなと違った扱いをすること、保護を与えることが正義にかなう面がある、とするのも同旨であろうし、判例もこの視点を共有している[*8]。しかし、いかに〝保護〟を名目にするにしても、子どもの人権、とりわけ、精神的自由権や自己決定権に対する制限を、どのような根拠で、どの範囲で認めるかが問題となろう。

最近の報道によると、二〇〇五年上半期に刑法犯で逮捕などの少年は五万八七九五人、うち中学生は一万七九一二人、いわゆる凶悪事件では七四七人（殺人―三二人、強盗―六〇一人、放火―四八人、強姦―六六人）であり、刑法犯検挙者に占める少年の割合は約三一・四％である[*9]。実際には一九七九年以降で最低数なので、はたして「凶悪」化かは一概にはいえない。ただ、少年に適用される少年法は、「凶悪」化を懸念する世論等に押されて二〇〇〇年九月二九日に改正（二〇〇一年四月一日施行）されている。その内容は、刑罰適用範囲の拡大（一六歳以上から一四歳以上に引下げ）、審判手続の改善（一六歳以上の少年による故意犯で被害者死亡の場合、刑事処分以外の措置を適当と認める場合を除き、検察官送致とすること、家裁が検察官関与を認めた場合の、審判での検察官の出席、国選付添人の付与等）である[*10]。少年非行には「他人に対する侵害性」と、少年自身の利益が損なわれること＝自損性の二要素が関わり、成人犯罪者と比べた場合の、少年の可塑性や、性格の矯正や環境の調整による改善可能性が大きいと見込まれるところから、刑事処分とは異なる「保護処分」（保護観察、児童自立支援施設等への送致、少

＊7　奥平康弘『憲法Ⅲ』四二頁（有斐閣、一九九三年）。
＊8　中学校内申書事件、最判昭和六三・七・一五。バイク三ない校則事件、高松高判平成二・二・一九。
＊9　朝日新聞二〇〇五年八月二四日朝刊。
＊10　澤登俊雄『少年法入門〔第三版〕』二四二～二四三頁（有斐閣、二〇〇五年）。

年院送致）が科せられる。非行少年の暦年齢、実際の成熟度、改善可能性等の点から、「処分」と「保護」との調整が求められる。この点につき、「保護」の側面がより強化されなければならないはずの「児童虐待」の分野では、その防止法がようやく二〇〇〇年五月に成立し、そのもとでの二〇〇五年上半期の虐待事件数は一〇五件、一〇八人、うち二二人が死亡したという。[*11]要ば、「保護」すべき分野での対策遅れと、「権利」保障の見地での見直しの不十分さがある。

*11　朝日新聞二〇〇五年八月五日朝刊。

◉「人権の主体としての子ども」という考え方への流れ

人権の尊重と主権の所在は切っても切り離せない関係にあり、試行錯誤の結果、人権の尊重は各自が主権者として行動する決定に委ねられることになった。ところが従来は、その人権享有主体を「国民」（一〇条）に限定し、そこから一定の距離をおくものとして、外国人や天皇・皇族・あるいは未成年者などが扱われてきた。しかし考えてみれば、未成年者は必然的に次代の国民であって、この人権と主権との相関関係を考えればまぎれもなく人権享有主体としての「国民」と位置づけられなければならない。というのも、来たるべき時代に自律・自立する「国民」として成長していなければ、主権者たる「国民」としての内実をともなわないことになってしまうし、人権享有主体の意識も希薄になってしまうからである。したがって、次代の「国民」の育成のためにも、教育が重要なものとなる。

教育基本法は、教育の目的として「人格の完成」とともに「国民の育成」を掲げる。

個人の人格の完成とともに国民の育成を教育の目的とし、そのため「良識ある公民たるに必要な政治的教養」の尊重（八条一項）と、教育の政党的中立性（八条二項）を定めている。それにもかかわらず、現実には、高校生に対して「生徒会活動等の教科以外の教育活動も学校の教育活動の一環であるから、生徒がその本来の目的を逸脱して、政治的活動の手段として、これらの場を利用することは許されない」（文部省初中局長通達昭四四年一〇月三一日）としている。政党的・党派的活動ならばいざしらず、「政治的活動」一般を禁止する趣旨であるとしたら、およそ教育基本法八条一項にいう「政治的教養」は育たないのではなかろうか。政治的教養のない国民は、必然的に経済的なアニマルへと向かわざるをえない。現在その教育基本法「改正」が、「愛国心」、責任、義務の強化の方向で企図されている。

2　学校教育と子どもの人権

◉教育と人権のあゆみ

憲法二三条は、精神的自由権の一つとして学問の自由を保障する。明治憲法下では、京大・滝川事件（一九三三年）や天皇機関説事件（一九三五年）などによって、学問や学説が国家権力によって弾圧された。その歴史をもつわが国には、とくにこの自由を保障する意味がある。国家権力と学問との関係を考えれば、学問の自由は、研究の自由、研究発表の自由、および教授の自由をその内容とする。最高裁は東大ポポロ事件[*12]

*12　最大判昭和三八・五・二二。

において前二者を容認しつつも教授の自由について、大学においては教授その他の研究者がその専門の研究結果を教授する自由が保障されるとして、学問（大学における）の自由、教授・教育の自由と、高校以下の教育機関におけるそれとを分断する解釈をした。その後、旭川学力テスト（学テ）事件[*13]において最高裁は、普通教育においても「一定の範囲における教授の自由が保障される」としたが、教育の機会均等と全国的な教育水準確保の要請などから普通教育における教師に「完全な教授の自由を認めることは、とうてい許されない」と判示し、教育内容について「必要かつ相当と認められる範囲において」国家が決定することを認めている。

この、教育内容を決定する権限の帰属をめぐって争われてきたのが教育権論争であり、教科書検定制（学校教育法二一条・四〇条・五一条、教科用図書検定規則、教科用図書検定基準）が、憲法二一条二項の検閲の禁止、同一項の表現の自由、二三条の学問の自由、二六条の教育をうける権利、ならびに教育基本法一〇条の教育行政の各規定に反するのではないかとして、法廷で争われてきた。一九六五年の第一次（国賠請求）をはじめとして、第二次（検定処分取消請求、一九六七年）、第三次（国賠請求、一九八四年）にわたり提訴された家永教科書検定訴訟は、三二年間争われ続けてきた。この訴訟は、戦後最大の憲法事件といわれる。

第一次訴訟最高裁判決[*14]（一九九三年）は、検定制度が憲法に反しないとしたが、ただ「原稿の記述内容又は欠陥の指摘の根拠となるべき学説状況（検定当時の学界における客観的な学説状況）、教育状況についての認識や、旧検定基準に違反するとの評価等

＊13　最大判昭和五一・五・二一。

＊14　最判平成五・三・一六。

に看過し難い過誤があって、文部大臣の判断がこれに依拠してされたと認められる場合」には、文部大臣の裁量権の逸脱（行政事件訴訟法三〇条）となり国家賠償法上の違法となる旨判示した。この判断に従って三次訴訟の最高裁判決（一九九七年八月二九日）が、四か所の記述について文部大臣の裁量権の逸脱という違法を認め、四〇万円（利息分を含めて七二万円）の賠償を認め、家永教科書訴訟は幕を閉じた。[*15]

教育基本法一〇条が、「教育は、不当な支配に服することなく、国民全体に対して直接に責任を負」（一項）うとし、「教育行政は、……教育の目的を遂行するに必要な諸条件の整備確立を目標として行われ」（二項）るべきとしている点を手がかりとして、憲法の諸規定の解釈とも相まって、戦後の教育裁判は、国民、教師、教科書執筆者の学問・教育の自由をめぐる、自主性擁護のための教育裁判を中心に展開されてきた。そのなかで教育制度を、右の教育基本法一〇条を根拠にして、教育内容に関わる部分＝教育の内的事項と、教育の条件整備＝外的事項に区分する考え方が提唱され、内的事項の決定権の帰属をめぐって論じられてきた。さらには、憲法二六条の解釈をめぐり、教育を子どもに施す側の視点に加え、教育をうける子どもの側の学習権[*16]の概念が提唱されるにいたった。最高裁も前記旭川学テ事件において「国民各自が、一個の人間として、また、一市民として、成長、発達し、自己の人格を完成、実現するために必要な学習をする固有の権利を有すること、とくに、みずから学習することのできない子どもは、その学習要求を充足するための教育を自己に施すことを大人一般に対して要求する権利を有するとの観念が存在している」と学習権を認めている。

＊15　ただし、いわゆる横浜教科書訴訟（一九九三年六月一一日横浜地裁に提訴）の最判平成一七・一二・一では、原告敗訴である。

＊16　第二次教科書検定訴訟一審（杉本）判決、東京地判昭和四五・七・一七。

◉教育をうける権利の中核としての子ども

教育をうける権利の保障の中核には子どもがすえられ、子どもの学習権を充足する意味で、子どもを取りまく親、教師、学校、教育委員会、教育行政当局の権利・権限と義務、役割が検討されなければならなくなる。したがって、これまでの教育裁判の推移をみると、六〇年代の教育の自主性擁護のための裁判、七〇年代の教育条件整備のための教育裁判から、八〇年代以降の教育是正のための教育裁判（子どもの人権裁判）へと変化してきていることが指摘されている。[*17] こうして子どもの一般人権をめぐる教育裁判が、学校における体罰、いじめ、校則、教育措置処分、および教育情報をめぐって争われているのが現在の状況である。子どもを中心に、教育内容決定の帰属を争った際にみられた「子ども＝親＝教師」対「教育行政当局」という法関係のほかに、「子ども＝親」対「教師＝学校」という法関係と、さらには「子ども＝教師＝学校」対「親」という法関係も法的な検討に際して射程に入れられなければならない。

こうして、わが国においても、学校教育における子どもの人権を中心にして、子どもの権利全般が検討される必要が認識され、時を同じくして一九八九年一一月二〇日に国連総会で「子ども（児童）の権利条約」が採択された。わが国は一九九四年に一五八番目の締約国となったが、同条約が発効するのは、子どもの人権侵害状況の深刻さを考えれば、半ば必然的であった。[*18]

＊**17**　日弁連子どもの権利委員会・子どもの権利通信七七号二八頁・三九頁（一九九七年）。

＊**18**　一九九七年二月二六日付でスイスが批准し、一九〇か国となった。未締結国は、アメリカ合衆国ほか二か国である。アメリカ合衆国が未批准である理由について、福田雅章「豊かな国、日本社会における『子どもの期の喪失』」《特集・子どもの権利をめぐる現状》法時六九巻八号六～七頁（一九九七年）、子どもの人権連四九号二三頁（一九九七年）参照。

3　子どもの人格的「自立」・「自律」

◉子どもの権利条約のインパクト

八〇年代以降、学校におけるいじめ、体罰、校則、生徒間暴力、対教師暴力などが社会問題となり、子どもの人権が憲法上の論点として浮上してきた。現在、子どもの人権について考える場合、子どもの権利条約をぬきにしては語れない。一八歳未満の子どもに対して包括的・具体的な権利保障を定める同条約と比較すると、一九四七年施行の日本国憲法には、一五条三項「成年者」、二六条二項「子女」、二七条三項「児童」と、子どもについて語るところが少ない。しかしその憲法は、「国政」の「福利は国民がこれを享受」することを「人類普遍の原理」（前文一段）とし、基本的人権が「侵すことのできない永久の権利として、現在及び将来の国民に与へられる」（一一条）とする。この憲法の趣旨からは、子どもにも当然に人権享有主体性が認められることになる。そのうえで、子どもの自己決定がその子どもに酷な結果責任を招来しないかぎり、自己決定を尊重すべきということになる。子どもには、一方では保護をうける権利を保障すると同時に、他方では、子どもの自己決定を制限しうるだけの政策目的およびそのための権利規制手段、規制の程度の妥当性、規制目的と規制手段との合理的関連性の存否といった諸点について検討が求められる。要は、人権の性質、規制手段、成熟度などを個別・具体的に当該事件の脈絡で検討することである。[*19]

＊19　佐藤幸治『憲法〔第三版〕』四一一頁（青林書院、一九九五年）、中村睦男『論点憲法三〇講』三七頁（青林書院、一九八四年）。

子どもの属性について、ⓐ人格主体としての未成年者、ⓑ未成熟かつ成長途上の存在としての未成年者、ⓒ将来の成人としての未成年者、に三分し、ⓐでは真に普遍的な人権、たとえば生命・健康を害されない権利、拷問されない権利、酷使や虐待されない権利、差別されない権利が保障されることの確認をし、ⓑでは、これを成長段階に即して五期に分け、①誕生から小学校入学までの幼年期、②小学校期＝少年前期、③中学校期＝少年後期、④高校期＝青年前期、⑤高校卒業から成人まで＝青年後期として、保護と自律とを衡量すべきである、とする。とりわけⓑのうち、少年後期と青年前期では衡量が難しく、髪型・服装の自由、校則、生徒の表現の自由と学校側の校内秩序維持権とが衝突する場合、子どもの最善の利益（子どもの権利条約三条）を発見し実現するための手続的保障の整備と、そのための子どもの意見表明権（同一二条）の活用をはかることが求められる。[*20] ⓒの側面では親や社会、国家との関係が問題となり、民法八二〇条の親の子どもに対する監護・教育権はむしろ現在では子どもに対する責務と解釈できようし、社会、国家との関係では「社会一般の利益のため、もしくは国家的必要から、現在の成人が将来の成人たる未成年者のあるべき姿を決定する点において、未成年者の権利は徹底して成人の権利に従属させられているといってよく、「未成年者の人権制約の正当化根拠として立ち現われることが多い」」がゆえに、未成年者の自由な発達権を強調する必要が大きい。[*21]

同条約によれば、子どもの成長段階に応じて、まず親が子どもの扶養・教育の第一次的責任を負い、かつ権利を有し（一八条・三二条）、つぎに親などが責任を果たさない

＊20　芹沢斉「未成年者の人権」芦部古稀記念『現代立憲主義の展開（上）』二二七頁（有斐閣、一九九三年）。

＊21　芹沢・前掲＊20論文。

場合には国＝政府が親子関係に介入するという三面的な法関係が成立する。国家の介入は、ある場面では積極的に、他の場面では消極的であることが要請されている。たとえば子どもの虐待、放置の場面では、子どもの最善の利益を擁護するために親に対峙する関係に立ち、子どもが非行に走り更生を願う親と対立する場合には親と同調して子どもに対峙する関係に立つこと（ただし、少年司法では、「子ども＝親」対「国家」という場合もある）になろうし、義務教育段階で子どもを通学させない親に対しては、国家は子どもの側に立って親を処罰する立場（学校教育法二二条・九一条）に立つし、逆に学校が子どもの権利を侵害する場合には「子ども＝親」対「国家」という関係図式となる。現在のわが国の学校に「子ども＝親」対「学校」という形での紛争が潜在しているならば、これを子どもの権利概念を用いて整理し、法関係を顕在化させたうえでこそ、お互いの権利・義務のあり方、およびその限界を学ぶことができるのではないだろうか。

◉体罰・校則の問題

たとえば体罰について考えてみる。学校教育法は校長および教員が「教育上必要があると認めるとき」懲戒を加えることができる（一一条）と規定し、他方で体罰を明確に禁じている。同法施行規則（文部省令）一三条二項は校長による退学、停学、訓告の処分を定め、ただし退学および停学については学齢児童・生徒への不適用を定めている（同三項・四項）。法律上禁止の体罰について、一九五五年の大阪高裁判決[*22]は、

*22 大阪高判昭和三〇・五・一六。

「殴打のような暴力行為は、たとえ教育上必要があるとする懲戒行為としてでも」違法性は阻却されず、許されないとして明確に禁止していた。しかるに水戸五中事件東京高裁判決[*23]が、「有形力の行使と見られる外形を持った行為は学校教育上の懲戒行為として一切許されないものとすることは、本来学校教育法の予想するところではない」として、有形力の行使でも法律上禁止される体罰にあたらない場合もあるとしたことから、学校関係者の間に一時的な動揺がみられた。しかし最近の東久留米中央中事件（東京地判平成八・九・一七）では、「教師による体罰は、生徒・児童に恐怖心を与え、現に存在する問題を潜在化させて解決を困難に」し、「生徒・児童に対し、暴力によって問題解決を図ろうとする気質を植え付ける」ものであるとして、当該行為が教師による生徒に対する「暴行」にあたるとして、五〇万円の損害賠償を認めた。こうして、体罰禁止は、現在では判例上確立したとみることができる。

とすると、学校現場では手続保障の観念がいまだに浸透していないようにみえる。このような行政手続法（三条一項七号・　一号）次元で適用除外とされている場合にこそ、憲法三一条の適正な法の手続に基づく手続保障および子どもの権利条約にいう「学校の規律が子どもの人間の尊厳に適合する方法」（二八条二項）が検討されねばならない。子どもの懲戒処分全般に対して、その意見表明権を保障し、子どもに意見を「聴取される機会」（一二条一項・二項）を与えなければならない。[*24]

かつて男子中学生の丸刈りを定める校則について、中学校長の専門的・技術的な判断を尊重し同校則は不合理ではないとした判決[*25]があったが、最高裁は、入学予定の中

＊23　東京高判昭和五六・四・一。

＊24　前掲＊1書六四〜六六頁。

＊25　熊本地判昭和六〇・一一・一三。

学校の頭髪の丸刈りや学校外での制服着用を定めた校則について、「生徒の守るべき一般的な心得で、個々の生徒の具体的な権利義務を定めるなど法的効果を生じない」[*26]と述べている。地域の父母、市民団体や弁護士会などによる学校への働きかけで、かつて県庁所在地のうち福島市と鹿児島市では公立の男子中学生への丸刈り強制が一〇〇％であったところ、前者では約三年半をへて丸刈り、おかっぱの強制が全廃され、愛媛県下の公立中学、高校での丸刈りも廃止されるにいたっている。[*27]

◉公教育と子どもの精神的自由権

子どもや親の信教の自由と公教育とが抵触する場合、学校側は政教分離原則を主張し、宗教的中立性（教基法九条二項）を前面に出して、子どもや親の主張を退けようとする。日曜日授業参観訴訟[*28]ではこの主張が認められたものの、神戸工業高専生剣道実技拒否訴訟[*29]において最高裁は、実技拒否を理由とする二回の原級留置処分＝退学処分を校長の裁量権の逸脱と認め、退学処分を取り消すにいたっている。

また教育情報の開示請求事件では、自殺した女子中学生（公立校）の親が、学校がその生徒の死後に他生徒に書かせた作文を開示請求したところ、東京地裁は、子に関する固有情報であってもその情報を家族が管理することが社会通念上必要と認められる場合には家族の固有情報とみなすことができ、自殺した子の親に原告適格を認めている（しかし、開示そのものは否定した。平成九年五月九日）。すでに東京都では個人情報保護委員会が、未成年者が死亡した場合の個人情報の公開請求を親に認めていた（同

＊26　最判平成八・二・二二。

＊27　日弁連子どもの権利委員会・子どもの権利通信七七号二八頁・三〇頁（一九九七年）。

＊28　東京地判昭和六一・三・二〇。

＊29　最判平成八・三・八。

年三月二一日）が、M市教育委員会は、当該作文が公文書たることを認めたものの、親への開示を拒否していたのであった。二〇〇三年にいわゆる個人情報保護法などが制定されているが、この点に関しては、教育情報に関する親、子どもの権利について定める「家族の教育上の権利とプライバシーに関する法律」を備えて法的に保障しているアメリカ合衆国の法制度[*30]が参考になる。一九九九年の国旗・国歌法の制定後、二〇〇三年一〇月の東京都教育委員会通達により都内公立小・中・高等学校では、卒業式・入学式等での国旗掲揚、国歌斉唱が強化され、これに従わない多数の教員を懲戒処分としている。地方公務員法上の職務命令（三二条）違反を理由とする処分であるが、それを通しての子どもへの特定の価値観の注入ではないか、と懸念されている。また、いわゆる北九州ココロ裁判福岡地判（二〇〇五年四月二六日）[*31]も同種の事案である。最近のこうした動向から、わが国でも、国家との関係を基軸に構成される成人の人権に対して、子ども＝未成年者は、親、保護者を介在させたうえでの、国家との関係に位置づけられることを改めて認識し、その問題の検討が深められなければならない。その際には、子どもの権利条約が強力な指針となるであろう。

＊30　拙稿「教育記録と生徒・親のプライバシー権」今橋盛勝ほか編『内申書を考える』八五～九九頁（日本評論社、一九九〇年）、拙稿「教育情報にかかわる『知る権利』と『情報プライバシー権』」星野古稀記念『平和と民主教育の憲法論』三七三～四〇七頁（勁草書房、一九九二年）。

＊31　西原博史・ジュリ一二九四号一〇〇頁。

★より理解を深めるために

青木宏治・川口彰義監訳『生徒の権利——学校生活の自由と権利のためのハンドブック——』教育史料出版会、一九九〇年

アメリカ自由人権協会（ACLU）が発行している在監者、女性、障害者などの社会における種々の

立場におかれている人の権利について概説するシリーズの一冊である。同国での日常生活に憲法上の人権保障がいかに深く関わっているかを理解すれば、おのずとわが国における人権保障の意義を再認識することになろう。

牧柾名ほか編著『懲戒・体罰の法制と実態』学陽書房、一九九三年

一九七〇年代末から八〇年代はじめにかけて吹き荒れた校内暴力への対応として、学校が生徒への管理強化のために校則によるしばりや体罰に頼った時期があった。体罰問題への歴史的比較法制的検討のみならず、本格的な意識調査も行なって、子ども、親、教師の体罰に関する認識を明らかにした先駆的研究書である。

高橋哲哉著『教育と国家』講談社現代新書、二〇〇四年

憲法「改正」と連動する教育基本法「改正」のめざすものが何か。「愛国心」「道徳心」「宗教的情操」の育成と日の丸・君が代の強制とを対比して、現在進められようとしているものを呈示する。

松尾尊兊著『滝川事件』岩波現代文庫、二〇〇五年

学問の自由、大学の自治が戦前どのように形成され、軍国化の下でどのようにつぶされていったか。この後に続くのが、止めを刺した、天皇機関説事件である。

保坂渉著『虐待』岩波現代文庫、二〇〇五年

二〇〇〇年五月の児童虐待防止法により防止対策が徐々に本格化すると同時に、虐待数も「急増」しているが、その背景にあるわが国における「家族病理」を分析する。

藤川洋子著『少年犯罪の深層』ちくま新書、二〇〇五年

少年犯罪の「増加」、「悪化」と一般にいわれるものの、その実態を家裁調査官の立場で冷静に分析する。

【片山　等】

◆コラム◆ 学力低下問題からニート、フリーターの問題まで

親の年収が一千万円以上の家庭でないと、東大入学は難しいといわれて久しい。報道によると小・中・高校生の学力低下が指摘され、果ては「漢字能力調査」では、その正答率について中学生七八・五%、高校生五九%、社会人六〇・七%に対して、大学一年生が三九・八%であったという（朝日新聞二〇〇五年一〇月四日夕刊）。若者の就労状況では、ニートが二〇〇五年労働経済白書によると約六四万人という。フリーターの若者（一説に三～四〇〇万人）の声に耳を傾ければ、過酷な労働環境が浮かび上がってくる。O君は、調理師免許をもち、二〇〇四年東京の大手ホテルのレストランで、朝五時半から一五時間も毎日拘束をうけ、月給の手取りは一三万円前後、半年で新入社員の三人に一人がやめる職場で、自身も精神安定剤を飲みつつ働いたが、一年で辞めざるをえなかったという（しんぶん赤旗日曜版二〇〇五年九月四日）。

OECDの調査による貧困率（全国民の平均所得の五〇%以下の所得層が全体に占める割合）が、日本は一五・三%で第五位、先進国中ではアメリカ・アイルランドに続く第三位で、一〇年前の約二倍に悪化している。その原因の一つにフリーター、パートタイマー、派遣社員＝非正規社員数の増加があげられ、背景としては、先進国と比較した最低賃金額の低さ、ならびに生活保護制度の機能不全があげられている（朝日新聞二〇〇五年八月一日夕刊）。したがってまた、国連の二〇〇五年版「人間開発報告書」によると、人間の豊かさを測る開発指数では、わが国は一七七か国、地域中一一位（前年は九位）とダウンしている（同九月八日夕刊）。

総務省統計研修所は、失業とニートとの相関関係について、職探しが四年間でもだめだった場合には職探しをあきらめてしまう傾向があると指摘している（同九月一四日夕刊）。他方、全国の刑務所では、「集団生活になじめず、懲罰覚悟で一人の世界に逃げようという受刑者」＝独居房収容者が増加している（同）。中・高校に比べて成長初期の公立小学校でのみ、二〇〇四年度、校内暴力行為が一八九〇件、前年度比一八%増で、とくに対教師暴力は三

三六件の過去最多で三三％の増加であるという（同九月二三日朝刊）。若者に希望や未来への展望を与えられない社会は、いずれ沈滞・下降・衰退に向かわざるをえないであろう。「試験順応型教育」（ショッパ著『日本の教育政策過程』V頁、三省堂）にとらわれない、本当の「学力」観や「能力」観が、いま切に求められている。

【片山　等】

第5講　女性の人権

1　はじめに

現在、憲法をはじめ法制度上は男女の形式的な平等が実現している。日本国憲法は、すべて国民は「個人として尊重される」（一三条）ことを人権の理念の基本とし、女性も男性も性別にかかわりなく個人として尊重されることを原則としている。そこから、すべての人間はその人格的価値において等しいという理念を前提に、法の下の平等を保障し、そのなかで性別による差別の禁止も明らかにしている（一四条一項）。これらの規定をうけて、さらに憲法二四条は家庭生活における個人の尊重と両性の平等を規定している。また、成年者による普通選挙（一五条三項）、議員および選挙人の資格に関する性別による差別の禁止（四四条但書）、ひとしく教育をうける権利（二六条一項）も定められている。

これらの憲法上の平等規定から、男女の普通平等選挙、教育における男女の機会均等なども、公職選挙法や教育基本法のなかで規定され、労働基準法（以下、労基法という）においても、男女同一賃金原則が定められた。また、民法も憲法二四条をうけて戦後改正され、旧法の下での、男女不平等を含む家制度[*1]、妻の財産取引上の無能力、夫による妻の財産の使用収益権、長男の家督相続、父のみの親権行使などの男性優位の法制度が廃止され、原則として家庭生活のうえでの男女の地位は平等なものとなった。その後も、両性の平等の観点から、国籍法改正による国籍取得要件の男女平等化、厚生年金法の改正による年金受給年齢の男女平等化などが行なわれた。さらに、一九七九年国連総会で採択された女性差別撤廃条約[*2]をうけて、一九八六年には募集・採用から定年・退職にいたる雇用の全段階における女性差別禁止をうたった男女雇用機会均等法[*3]（以下、均等法という）が施行された。

このように、男女の平等化のための立法措置がなされた結果、いくつかの男女を異なって取り扱う規定（民法における男女の婚姻適齢格差や女性のみの再婚禁止期間、労働基準法における女性労働者のみを保護する旧規定など）[*4]が若干残ったとはいえ、今日、個人の権利、義務に関する法規はほとんど男女を区別していない。この意味で、男女平等の原則は法律上は大きく実現されているといってよい。

しかし、このように法律上で平等が実現したとしても、それが実際どのように現実化しているかは別問題である。現実はつぎのようである。近年、女性労働者の平均賃金額（所定内給与額）は、格差が少しずつ縮小しているとはいえ、二〇〇四年時点でなお、男性労働者の六七・六％にとどまり、また、女性雇用労働者の半分以上がパート、アルバイト、派遣労働者などの非正規雇用労働者である（二〇〇五年で、全女性雇用労働者の五一・六％、男性雇用労働者の場合は一六・四％）。さらに、婚姻するにあたっ

＊1　明治民法において、家族法の基本とされていた制度。原則として男性である戸主が、家族全員に対して、婚姻、養子縁組、分家などの同意権や、居所指定権という家族を統制するための強大な権限をもっていた。

＊2　「女性に対するあらゆる形態の差別撤廃に関する条約」。

＊3　「雇用の分野における男女の均等な機会及び待遇の確保等女子労働者の福祉の増進に関する法律」。一九九七年の改正で「女子」は「女性」と改められた。

＊4　これらは、いずれも、男女の差異を根拠に規定されたものだが、これまでは合理的な理由がある差別であり、男女平等には反しないとされてきた。しかし、今日では、これらの規定はまさにその合理性が疑われているものである。

て夫と妻のいずれの姓でも婚姻上の姓として選択しうるにもかかわらず、女性のほとんど（九七・三五％）が改姓を余儀なくされている。さらに、社会生活において、性別を基準に個人の能力や役割などが判断されることも依然として多い。これらの事実にわが国における男女平等の現実が如実に反映されている。法制度上の形式的平等と実態にはまだまだギャップがある。

そこで、雇用における男女平等を中心に、男女平等の現実とそれを克服するための法制度上の男女の取扱いのあり方を検討してみよう。

2　憲法における平等と男女平等

◉憲法における平等とは

雇用における男女平等を検討するには、まず、憲法では平等をどのように規定しているのかをみる必要がある。

日本国憲法一四条は「法の下の平等」を定めるが、ここでの「平等」とはいっさいの異なる取扱いを許さない絶対的平等なのか、あるいは事実の違いに応じて異なる取扱いを容認する相対的平等を意味するのかが問題となる。

この相対的平等か絶対的平等かの問題に関しては、もともと、近代憲法のもとでは、「平等」が、すべての人間の人格的価値の平等という理念に基づく原理であることから、原則として、例外なく均一に取り扱うことが要請された。

しかし、現実の社会では、人間はいろいろの違いをもって存在している。この事実上の差異をまったく無視して均一に取り扱えば、場合によってはかえって不平等な結果を招くことにもなる。このような理由から、現在では、日本国憲法の定めている平等は、考慮に値する事実上の差異に応じて法律上異なった取扱いを認める、相対的平等を意味すると解されている（通説・判例）。すなわち、「等しいものは等しく、等しからざるものは等しからざるように」という意味での平等を保障するものであって、そこでは合理的理由に基づく異なった取扱いは認める趣旨である。それゆえに、法律は政治的、経済的、社会的などの種々の関係において、ある事項に関して各人の間に区別（異なった取扱い）を設けることがあるが、区別があることだけでは「不平等」の問題が起こるわけではなく、その区別に合理的理由が欠如している場合に「不平等な取扱い」として禁止されるのである。

したがって、憲法一四条一項後段では性別による差別を禁止しているが、男女の区分も合理的理由があれば許容され、その取扱いに合理的理由がない場合は禁止されることになる。

◉性別による区分を合理化する男女の差異は何か

このように、男女を区分しても合理的理由があれば平等原則には反しないことになるが、その合理性は男女を区分せざるをえないだけの男女の差異があるということがその根拠となる。そこで、これまで、①男女の肉体構造（染色体や所有器官の相違、女

＊5　この再検討に関しては、性別による区分の理由を上述のように三つに整理したうえで、男女の肉体構造上の差異（生物学的性差）以外の理由に基づく男女の区分の合理性を否定する横田説やほぼそれと同趣旨の金城説が妥当性を有しているであろう。

すなわち、上述の各差異を根拠とする男女の区分の合理性を検討すればつぎのようになる。

男女には生物学的に性差があるので、①を直接の理由とする区分は原則的に合理的である。この生物学的性差を無視して、男女を均一に取り扱うことは、かえって不平等な結果をもたらす。しかし、②の特性はその多くが男女の差異というよりは個人差の問題であり、たとえ男女にそのような特性上の差異があるとしてもそれは量的差にとどまり、

性のみが妊娠・出産・授乳する）、②男女の行動様式・性格・気質上の特性（たとえば、男性らしさ、女性らしさ、男性は、身体が大きく、力も強く、性格的に理性的で自立的、積極的であり、女性は、身体が小さく、力も弱く、性格的にみると感情的、情緒的、受動的だが、繊細な感受性をもっているなどといわれる）、③男女の役割（たとえば、男性は外で労働し、女性は家庭で家事・育児に従事するのが適している、とされる）などで男女には差異があるとして、法律上いろいろな男女の区分がなされてきた。しかし、今日的にみれば、そこで区分の理由とされている男女の差異のなかには、男女の本質的に固有な差異といえるのかが疑問なものも含まれている。したがって、これまでの男女の区分が合理的か否かを検討するために、そのような区分を正当化しうる男女の差異は何かを再検討[*5]する必要がある。

　この点について男女は本質的に平等であるという観点から検討すれば、従来の男女の差異とされるもののうち男女の本質的な固有の差異といえるのは、①肉体構造の差異（生物学的性差）のみである。このようにとらえるかぎり、男女の生物学的性差を理由として両性を区分することには原則的に合理的理由があるが、②男女の行動様式・性格・気質上の特性、および③男女の役割の相違を理由とする区分には合理性はないことになる。

◉男女の実質的平等をはかるための措置の必要性

以上のように、男女の区分を合理化する男女の差異を肉体構造の差異（生物学的性

質的な相違ではない。また、それらの特性は社会的・文化的・歴史的に形成されてきたものにすぎない。したがって、これらの差異を理由として男女を区分することは、本質的に等しいものを等しくなく取り扱った差別として合理性はない。また、③の男女の役割の相違も、男女の肉体構造の差異や男女の気質などの特性を根拠にして、社会的・文化的・歴史的に形成された観念にすぎない。しかも生物学的性差と女性が家庭維持・家事・育児の役割を負うこととは本質的な関連性はないし、気質などの特性も男女の本質的な差異ではない。したがって、役割の相違は本質的な固有の男女の差異とはいえないので、その相違を理由として男女を区分することには合理性がない。しかも、それを理由として、男女を区分するこ

差）に限定して、それ以外の理由による男女の区分を認めないことは、男女の異なった取扱いを最小にすることである。しかし、それを現実に適用することは、男女平等の達成という観点からみれば必ずしも合理的とはいえない。それは、これまで女性は、性別役割に関する固定観念などによってさまざまな差別をうけてきたが、その過去の差別の歴史が社会構造のなかに繰りこまれて、今なお女性は男性より不利な立場におかれているからである。男女間には過去の差別の歴史から形成された構造的歴史的差別が存在しているのが現実である。男女の区分を最小にすることは男女を可能なかぎり形式的に平等に扱うことになるが、このような現実の歴史的構造的差別をまったく無視して男女を形式的に平等に取り扱えば、結果的に男女の実質的不平等を再生産するだけである。スタートラインが異なるものを均一に取り扱っても、最初から不利な立場にあるものはますます不利になる。

この現実を直視するならば、男女を可能なかぎり形式的に平等に取り扱うだけでは不十分であり、性差別の解消のためには、男女を実質的に平等な立場におくための積極的な措置も必要となる。すなわち、女性を実質的に男性と対等な立場にするために、とくに女性に配慮する積極的差別解消策が要請される。かくして、米国においては、原則として男女の区分を最小化する一方、「過去より続く性差別を解消する目的のために、性を考慮に入れた積極的努力」たるアファーマティヴ・アクションとよばれる政策が、とりわけ雇用関係およびその前提となる教育過程において、一九六〇年代後半より登場することになった。[*6] このアファーマティヴ・アクションは、「機会の平等」、とは、結果的には歴史的に形成された性別役割分業をかえって固定化することになる。

＊6　アメリカでは、人種、性別、言語、宗教等を理由として歴史的に差別をうけてきたグループ、とくにアフリカ系アメリカ人と女性に対し、大学入試や雇用等につき、立法等によって特別枠を設け、優先的な処遇を与える措置がとられたが、これは機会の平等を回復するための合理的措置として認められている。このような公権力による積極的差別解消策がアファーマティヴ・アクションである。ポジティヴ・アクションともよばれる。なお、女性差別撤廃条約も、男女平等を促進するための暫定的な特別措置は、かりに女性を男性より優遇するようにみえても、差別とみなしてはならないとして、アファーマティヴ・アクション

「形式的平等」を実質的に保障するための措置である。

しかるに、この積極的差別解消策は、男女を区分して、女性のみにとくに配慮するものなので、形式的には男女を不平等に取り扱うことになり、逆に憲法の平等原則に反しないかという問題が生ずる。しかし、男女が過去の差別の結果実質的に同一の立場にないという現実を克服しない以上、真の男女平等は達成できない。したがって、そのような構造的歴史的差別が解消されるまでの過渡的・暫定的措置として、一定の積極的差別解消措置も合理的差別の範囲内として憲法上許容されるであろう。憲法一四条一項の平等は、本来形式的平等を意味するが、実質的平等の実現のための形式的には不均等な取扱いでも合理的理由のある差別として正当化しうるという意味で、実質的平等＝結果の平等の観念も含んでいると解されうるからである（通説）。

3　雇用と男女平等

◉性別役割分業構造と女性労働

わが国における女性労働の現状をみれば、その就労形態は依然としてM字型[*7]をとっているが、パート労働者の増加（二〇〇四年には全女性雇用労働者の三九・九％）とともに、既婚女性雇用労働者が増大（一九九四年には既婚者が全女性雇用労働者の三分の二を超える）し、従来の「若年未婚短期雇用労働者型」が「若年未婚短期雇用労働者と育児終了後の中高年女性パート労働者型」に変化している。しかし、この現状の背景には、

を認めている。後述のように、改正均等法も、事業主によるアファーマティヴ・アクションを奨励し、国によるそれへの支援を定めている。

＊7　M字型就労　わが国における女性労働の特徴の一つは、女性の就労がM字型就労形態となっていることである。年齢階級別に女性の労働力率（一五歳以上の人口に占める労働力人口の割合）の変化をグラフ化すると、労働力率は、学校卒業とともに上昇し、二五～二九歳層でピークに達した後、結婚・出産期にしだいに低下し、育児期にあたる三〇～三四歳層でボトムとなり、子育て終了後再び上昇するM字型のカーブを描くのである。近年、未婚率の上昇や少子化、就労形態の多様化による女性の就業機会の拡大、女性労働力活用のための制度的整備による女性の雇用

男性が基幹労働者として勤務し、女性は主に家事・育児を担うという性別役割分業構造が横たわっている。

つまり、既婚女性労働者がいったん退職し、育児が一段落した時点で再就労するという M字型就労をとるのも、その役割分業により女性が家庭責任を負担するからである。そして、このように女性は結婚・妊娠・出産期に退職することが多いので、すぐやめる者を男性と同じように取り扱えないし、教育訓練するのも無駄だ、ということから女性を補助的労働者として位置づけ、雇用の全段階で性別の人事管理が行なわれる。

しかも、女性が再就労する際の勤務形態は家庭責任と両立できるパート労働を選択せざるをえない。それは、パート労働は都合のよい時間だけ働けるので、家庭責任を担っている既婚女性には好都合な働き方であるし、また、就労を中断した中高年の女性が再就労するにしても、ほとんどの場合、専門知識や技術、経験を必要としない補助的で低賃金の職種やパート労働しかないからである。一方、企業にとっても、パートは、安い賃金でしかも必要な時に必要な人員だけ雇うことができるし、雇用調整も容易なので、好都合な雇用形態である。

また、男女間には賃金格差が存在しているが、この格差も性別役割分業構造に由来する。就労の中断によって勤続年数が短いこと、育児終了後の再就労がパートなどの非正規労働や低賃金職種とならざるをえないこと、企業内で十分に教育訓練をうけないために女性の昇進・昇格が少ないことなどが賃金格差の大きな要因ともなっている

継続の促進などにより、M字の底が上がっていく傾向が示されているが、依然として女性のM字型就労形態は続いている。

からである。

結局、働く既婚女性が増大しても、性別役割分業構造は存続するばかりでなく、従来の「男性は仕事、女性は家事・育児」という性別役割分業から、「男性は仕事、女性は仕事と家事・育児」という働く女性にとって二重の負担となる「新・性別役割分業」に変化しただけである。このように、性別役割分業構造が雇用の場面での男女差別を再生産しているのである。

◉均等法の制定とその問題点

高度経済成長期ごろから女性労働者による使用者の差別的労務管理に対する裁判がしだいに増えてきた。そしてそのことと国際婦人年を中心とする国際的な性差別撤廃の動き、およびその動きの成果として出てきた女性差別撤廃条約が大きな原動力となって、一九八五年五月に均等法が成立し、一九八六年四月から施行された。

その均等法は、事業主に対し、募集・採用・配置・昇進に関し均等な機会および待遇を与える努力を義務づけ、教育訓練・福利厚生・定年・退職・解雇に関して男子との差別的取扱いを禁止する。また、紛争が生じた場合の解決手段として、企業内の労使の代表によって構成される苦情処理機関による自主的解決、都道府県婦人少年室長による援助、および機会均等調停委員会による調停が定められていた。

しかし、均等法には、つぎのような問題点があったために、雇用における男女平等を実現するには不十分であった。

①　この法は、次世代を担う者を生育する役割を有する女性労働者の福祉の増進と地位の向上を図るという女性福祉法的性格と、「女性であることを理由と」する差別だけを禁止する、女性労働者のみを対象とする片面的性格を有していた。そこから、女性により多くの機会が与えられることや女性が有利に取り扱われることは、女性を差別するものではないので、女性のみを対象とする募集・採用・配置・昇進や女性のみに対する教育訓練などは問題ないとされた。

　また、募集、採用区分ごとに、配置・昇進、賃金その他の労働条件が異なっても、それは、あくまで募集・採用区分ごとの差別であり、女性であることを理由とする差別ではないので違法とはされなかった。この結果、施行後、コース別雇用*8*9やパート・有期契約社員・派遣労働者などの非正規雇用などの採用区分の相違を理由にする実質的な男女差別が拡大し、また、「女性のみパート募集」などにより、女性労働者が補助的定型的職種や不正規雇用へ固定化されていくこととともなった。

②　募集、採用、配置、昇進という、雇用のステージにおける最も肝心な行為に対する規制が企業の努力義務にすぎなかった。

③　調停を開始するには、他方関係当事者の同意が必要など紛争解決のための調停委員会が、ほとんど機能しないしくみであった。

④　均等法に違反しても、罰則がないため、実効性が弱かった。

＊8　コース別雇用管理制度
均等法施行を契機に、男女別雇用管理に代わる便法として、労働者を基幹的業務か補助的業務か、転勤・時間外労働の有無などの「雇用形態・就労形態の相違」を基準に、総合職と一般職のコースに区分し、各コースごとに採用、配置、昇進、賃金、昇給、教育訓練などについて異なった取扱いをするコース別雇用管理制度を導入する企業が増えた。大手企業の約半数がこれを採用している（二〇〇三年で五〇〇〇人以上規模の企業で四六・七％が導入している）。総合職は形式上男女を対象に募集・採用し、一般職は女性のみを対象に募集・採用する方法が一般的である。改正均等法でも、性別に中立な理由で区分している以上、雇用管理区分が異なる総合職と一般職とで労働条件を異にしても

◉均等法の改正

このような均等法の不十分性とそこから生じている女性差別の実態に対する批判が強かったために、均等法は一九九七年六月に改正され、同改正法は、一九九九年四月から施行されるに至っている。

改正のおもな内容は、以下の点である。

① 名称・目的から女性の「福祉増進」という表現をはずすことによって、女性を「弱者」とみる旧均等法の福祉法的性格が払拭された。その結果、女性の職域の固定化や男女の職務分離をもたらす弊害がある女性のみの取扱い（たとえば女性のみの募集）は、後述のアファーマティヴ・アクションを除いて、禁止されることとなった。しかし、女性に対する差別のみを問題とする片面的性格は残った。

② 従来努力義務規定であった募集・採用・配置・昇進などに関する事項を禁止規定に変更した。これらの事項が努力義務のままでは女性差別の克服に実効性をあげえないという批判に対応するものである。

③ 調停については、一方当事者の申請だけで開始され、他方当事者の同意は不要とし、開始要件を緩和した。これは、前述の紛争処理における制度上の欠陥を解消しようとするものである。

④ 事業主が男女の均等待遇の確保の支障となっている事情を改善するための措置（アファーマティヴ・アクション）を奨励し、国は、その措置に対する相談その他の援助を行なうことができることにした。

均等法には違反しないことになる。しかし、コース別雇用管理制度は、「雇用形態」、「就労形態」、「職種」、「転勤・時間外労働の有無」などの一見性別に中立な理由で分けられているが、実質的には男女を振り分ける手段となっている。一種の間接差別である。なお、コース別雇用差別管理について均等法改正後は違法となるとする判例もある（東京地判平成一四・二・二〇）。

＊9 間接差別　条件や基準自体が性別に中立的で、形式的には男女の異なった取扱いではないが、その適用の結果、一方の性に著しく不利益となるような取扱い。たとえば、「身長一七〇㎝以上」とか、「転勤可能な者」という採用条件をつける場合や世帯主のほとんどが男性なのに、世帯主にのみ家族手当を支給

⑤ 対価型と環境型の両方のセクシュアル・ハラスメント[*10]防止のための事業主の配慮義務を規定した。なお、この配慮義務の法的性質は、努力義務である。

⑥ 労働大臣は、禁止規定に違反する事業主が勧告に従わなかったときは、その旨を公表することができるという企業名公表制度を創設した。

◉改正均等法の問題点と再改正の検討課題

この改正によって、均等法は、募集・採用から退職・解雇に至る雇用の全ステージで、女性であることを理由とする男性と異なる取扱いをすることが禁止されることとなった。そして、この均等法の成立・改正が、企業側に明らかな差別的労務管理の自重を促し、かつ、結婚・出産退職制とか男女差別定年制など従来の制度的な男女差別を廃止させたし、また、女性の多様な職域への進出の促進や女性労働者の勤続年数の伸長をもたらし、その権利意識も高めた。このように、均等法が雇用における男女差別の解消に一定程度貢献したことは事実である。

しかし、改正法でも、なお、つぎのような問題点が残されている。

① 「女性であることを理由とする」差別のみ[*11]を禁止する片面的性格が維持された結果、女性であることを理由としない雇用管理区分ごとの差別的取扱いは違法とならないことである。男女の異なる取扱いかどうかの判断はあくまで同一の雇用管理区分ごとになされるのである。したがって、有期雇用、パート雇用、一般職に対する差別は、雇用管理区分が異なるので、差別是正の対象とはならない。これでは、均等法は

することなど。この間接差別は直接女性を差別するものではないので、均等法では排除されない。しかし、世帯主であること、転勤可能であることを条件とした年功的基本給の支給を違法とした判例もある（東京地判平成六・六・一六）。

＊10　セクシュアル・ハラスメント　セクシュアル・ハラスメントとは、「相手方の望まない、性的接近、性的行為の要求ならびに性的性質をもつ言動を行ない、①それに対する対応によって仕事をするうえで一定の不利益を与えたり、または、②それを繰り返すことによって就業環境を著しく悪化させること」と定義されている（労働省パンフレット）。①は対価型とよばれるもので、「いうことを聞かなければ辞めさせる」と性的行為を要求する場合などで

「雇用管理区分」ごとに男女を比較することを通じて、その区分内での男女差別を規制するだけの法だということになる。

② 間接差別禁止の規定がなく、差別形態の変化に対応できていない。現在における男女差別は、あからさまな「男女別」処遇によるものは少なくなり、「コースの違い」や「パート・契約社員、一般職等の雇用形態・就業形態の違い」などを理由とした差別処遇によって生じている。一見性別に中立な基準による差別が女性を低処遇に追いやっているのである。

③ アファーマティヴ・アクションが企業の自主性に委ねられ、強制力が弱い。

④ 均等法違反者への罰則規定も依然として設けられなかった。

均等法改正後の女性労働において、パート、有期雇用、派遣労働者などの非正規雇用労働者が増加し、その雇用形態の違いによる男女差別が拡大している。しかし、改正法は、以上のような限界、とくに、片面性の残存、間接差別禁止規定の欠如のために、差別の拡大に対応しえていない。そこで、二〇〇五年現在、均等法成立から二〇年経過したこともあって、均等法の再改正が検討されている。そこで検討されている課題は、男女双方に対する差別禁止法、すなわち男性を含む「性差別禁止法」への移行、間接差別禁止の明記、アファーマティヴ・アクションやセクシュアル・ハラスメント防止の使用者への義務づけ、妊娠出産を理由とする不利益取扱いの禁止などである。

ある。②が環境型とよばれるもので、性的うわさを流したりいやらしい冗談をいう場合などが該当する。その被害者は女性が圧倒的に多いという意味で、セクシュアル・ハラスメントは性差別といえる。環境型のセクシュアル・ハラスメントを認めた判例として、福岡地判平成四・四・一がある。それは、雑誌編集長が部下の女性について異性関係が乱脈であるなどの性的中傷を繰り返し、その女性が退職に追いこまれたという事例である。

＊11 雇用管理区分　職種、資格、雇用形態、就業形態の区分その他の労働者についての区分。

◉均等法と労基法における女性労働者保護規定

従来の労基法では、女性労働者についてのみ、一般的に女性であるということで保護する一般女性労働者保護（時間外労働の規制、休日労働の禁止、深夜業の禁止、坑内労働の禁止、危険有害業務の就業制限、帰郷旅費の支給、生理休暇）と母性を保護する母性保護（産前産後の休業、育児時間）を規定していた。こうした女性のみを保護する根拠としては、①女性は体力が男性より劣るので特別な保護が必要である、②劣悪な労働条件から母性を保護する必要がある、③女性は家事・育児の負担を担っており、そうした家庭責任の負担に配慮する必要があるといったことがあげられてきた。

この労基法の女性労働者保護規定も、均等法の制定と同時に改正され、母性保護とそれ以外の保護とに峻別されたうえで、前者については拡充をはかる一方、後者については部分的に廃止または大幅に緩和された。このように、均等法制定の段階では、現在の状態で女性労働者保護規定を撤廃すれば女性の働き続ける条件すら奪ってしまう（「保護なくして平等なし」）という批判が強かったために「緩和」にとどまっていた。しかし、均等法改正にともなう労基法の改正では、時間外・休日労働、深夜業に関わる一般女性労働者保護規定は、廃止された（一九九九年四月から施行）。

これは、性別による区分を合理化する根拠として、女性のみが妊娠し、出産するという男女の肉体構造の差異（生物学的性差）だけを認めるという観点から、母性保護を妊娠、出産、哺育（授乳）に直接関わるものに限定し、家庭責任は男女ともに担い、家庭責任を担うための保護は男性にも拡大するという国際的潮流[*12]をうけて、母性につ

＊12　男女の区別に関する国際的潮流　一九六六年の「国際人権A規約」（一九七九年、日本批准）は、男女の区分を合理化する男女の差異を妊娠・出産・授乳機能という「生物学的性差」のみに限定し、しかもその性差の存在を産前・産後の間だけ認めている。女性の家事・育児の役割とそれに対する「女性保護」は何ら考慮されていない。さらに、一九七九年の「女性差別撤廃条約」（一九八五年、日本批准）は、男女平等の達成のためには伝統的な役割分担の廃止が不可欠であるとの認識のもとに、より踏みこんで、妊娠・出産・授乳以外を理由とする男女の区分を否定し、子の養育は男女双方が負うべきものとする。このように男女の区分を合理化する男女の差異を生物学的性差に限定するのが国際的潮流となっ

いてはできるだけ保護するが、母性時以外については男女労働者をできるだけ均一に取り扱うべきであるという考え方に基づいている。

ている。

この一般女性労働者保護規定の廃止について、性別による区別の合理性についての前述の見解から検討すれば、妊娠・出産にかかる母性保護は男女の生物学的性差に基づくものであって、合理性を有する区別であるが、危険有害業務への就業制限、時間外労働の制限、深夜労働の禁止などの一般女性労働者保護規定は男女の特性、あるいは役割の相違を理由としており、男女を区別する合理的根拠を有しない。また、一般女性労働者保護規定には、危険であるとか、健康を損なうとして女性のみを保護するものもあるが、女性にそうであれば、男性にも同様であり、女性だけを保護することには合理性がない。このようにとらえるならば、今回の母性保護以外の一般女性労働者保護規定の撤廃は理論的にはやむをえないことであった。

◉男女共通の保護の必要性

しかし、日本における労働環境の現実にてらせば、一般女性労働者保護規定の撤廃は問題が大きい。日本における男性の年間平均労働時間はサービス残業を含めて平均二、五〇〇時間（日本政府は年間一、八〇〇時間への労働時間短縮を国際的に公約している）である。このように労働時間ひとつをとってみても、男性の労働条件は劣悪である。これを改善しないままで、女性労働者保護規定を一方的に廃止すれば、女性は、深夜労働、休日労働、長時間残業など男性同様に過酷な労働に従事しなければならなくなる。その結果、現実に家庭責任を負担している女性労働者は、仕事と家庭との両立が不可能になったり、健康や母性を害されることにもなる。その結果、働き続けることができないで退職した女性はますますパートなどの不正規雇用に追いこまれ、その労働条件も深夜パートなどいよいよ劣悪になる。

このような現実からみれば、女性のみの保護を撤廃して、男性の現実の基準に女性を合わせさえすれば男女平等が達成されるということにはならない。男女平等の観点からみて妥当でないのは、女性だけが保護されるということではなく、男性にも危険や健康破壊、家庭責任などについての保護がなされていないということである。したがって、求められることは、むしろ男性の労働基準を引き上げ、そのうえで、男女双方について深夜労働や無制限の残業・休日労働を規制するなど、女性のみの保護規定を、男女共通の、健康で安全に働けるより人間的な労働基準（男女共通規制）に組み替えることである。

しかし、この男女共通規制の法制化は、わずか時間外労働の限度に関する基準（告示）が出されただけで、現在まで不十分に終わっている。

4　おわりに

本講では雇用における男女平等のみを取り扱ったが、家庭生活における男女平等の問題も重要である。戦後の民法改正によって、家庭生活での男女平等は法制度上は大

＊13　民法改正法律案要綱　女性差別撤廃条約の批准によって、西暦二〇〇〇年に向けての「新・国内行動計画」が策定され、そのなかで、伝統的な性別役割分業、および民法の規定を見直すとされた。戦後の家族の変動をふまえつ

幅に達成されたが、実際には性別役割分業構造は厳然と残っている。しかも、前述のように、男女を区分している民法の規定が若干残っている。それらの規定による男女の区分のなかには、その理由として男女の生物学的性差を掲げながらも、実は男女の特性や役割の相違が根拠となっているものもあり、現在、女性差別撤廃条約に代表される、男女の区分に関する国際的潮流の影響などをうけてその合理性が疑われているものもある。そして、現に、法制審議会によって、それらの規定については再検討がなされ、民法改正案[*13]も提案されている。男女平等を考えるに際し、あわせて検討することを期待したい。

★より理解を深めるために

横田耕一「女性差別と憲法」ジュリスト八一九号（一九八四年）六九頁以下、同「性差別と平等原則」『岩波講座・現代の法（第一一巻）ジェンダーと法』（岩波書店、一九九七年）七一頁以下

男女の区分を合理化してきた「男女の差異」を整理・検討したうえで、その「男女の差異」を限定し、基本的には性別に基づく区分を否定する。そのうえで、男女間に歴史的差異が存在するにもかかわらず、区分を否定して、男女を形式的に平等に取り扱うことから生じる男女の実質的な不平等を解消するために、積極的差別解消策の必要性を説く。現在の男女平等論の到達点を知るのに意義がある。

浅倉むつ子『労働とジェンダーの法律学』有斐閣、二〇〇〇年

労働法を、ジェンダーの視座に貫かれた「女性中心的アプローチ」を中軸にした、「職業生活と家庭生活の両立」をめざす法体系に構築し直される必要があるとの観点から、均等法の制定・改正や女性労働者のみの保護規定見直しの過程などについて、理論的整理を行なっている。女性労働者の「保護と平

つ、家庭生活での男女平等のあり方について、条約の趣旨に沿って再検討するものである。このために、法制審議会民法部会は、主に、婚姻適齢、再婚禁止期間、夫婦の氏、裁判離婚の離婚原因、非嫡出子の相続分などを対象に、婚姻・離婚制度に関する検討を行ない、一九九六年二月に「民法の一部を改正する法律案要綱」を公表した。そこでは、婚姻適齢の男女同一化（一八歳）、再婚禁止期間の一〇〇日への短縮、選択的夫婦別姓制度の導入、非嫡出子の相続分格差の廃止などが提案されている。しかし、この改正案は、主に選択的夫婦別姓制度の採用について自民党内などの異論があり、二〇〇五年現在まで国会上程が見送られている。その異論は夫婦別姓にすれば家族の一体性が崩れるということにある。

等の関係」に関する理論的考察には有意義である。

金城清子『ジェンダーの法律学』有斐閣、二〇〇二年

男女の区分を合理化する「男女の差異」を生物学的性差に限定したうえで、家族、教育、雇用、社会保障、生殖と性における性差別の現状と男女平等の実現を説き、ジェンダー・バイアスのない社会の実現をめざす男女共同参画社会基本法の意義にふれる。とくに、社会権としての平等権という立場から、男女の形式的平等の実現のみならず、事実上の平等の実現を強調する。日本における男女平等の諸問題を深く考えるのに有益である。

辻村みよ子『ジェンダーと法』不磨書房、二〇〇五年

「女性の人権論」をとくにとり出して論じるのではなく、人権論一般の問題として構築し直すべきであるとの観点から、男女の人権の中核は、憲法一四条の平等原則ではなく、憲法一三条の個人の尊厳や幸福追求権に置かれるべきことを説く。さらに、生物学的性差さえも性差を男女に二元的に固定化するものだとして、社会的文化的性差と生物学的性差の区別そのものも問い直すべきであるとする。

【生野　正剛】

◆コラム◆　男女共同参画社会基本法

雇用の面のみならず社会のあらゆる領域で男女の事実上の平等を進めるために、一九九九年に男女共同参画社会基本法が制定された。そこでは、男女共同参画社会とは「男女が、社会の対等な構成員として、自らの意思によって社会のあらゆる分野における活動に参画する機会が確保され、もって男女が均等に政治的、経済的、社会的及び文化的利益を享受することができ、かつ、共に責任を担うべき社会」と定義されている。すなわち、基本法は、真の男女平等の達成のために、女性と男性が、ジェンダー（性別分担とか男らしさ・女らしさなど、男女の差異とされてきたもののうち歴史的、社会的、文化的、人為的に造られたもの）に縛られず、各人の個性に基づいて能力を十分に発揮できる社会の実現をめざすものである。

基本法はつぎの四つの理念を有している。①男女の人権の尊重。基本法ではその男女の人権として、(i)個人の尊厳、(ii)男女平等、(iii)個人の能力の発揮という三つを例示している。すなわち、性別による固定的な役割分担などのジェンダーが男女の社会における活動の選択に対して及ぼす影響をできるかぎり中立なものとすることを謳っている。③国等の政策や民間の団体における方針などあらゆる分野での立案・決定への男女の共同参画。④家庭生活と職業生活の両立。これからの家庭生活は、家庭は女性の責任という性別分担を変革して、社会の支援をうけながら、職業活動との両立をはかれるように男女共同参画の家庭づくりがなされねばならないことを示している。

そのうえで、基本法は、国および地方自治体に、さまざまな分野で、以上の理念に沿って、男女共同参画社会の形成を促進していくための施策を展開することを義務づけている。この施策のなかには、アファーマティヴ・アクションも含まれている。さらに、国民（事業者を含む）にも、理念に沿った男女共同参画社会の形成に寄与することをその責務として求めている。

このように、社会における制度や慣行を問題とし、アファーマティヴ・アクションまで認めていることからみて、この基本法は男女の事実上の平等まで達成しようとするものであるといえる。

【生野　正剛】

第6講 外国人の人権

1 外国人と国籍

◉さまざまな「外国人」

従来、外国人とは、外の国から来た人であり、やがては本国へ帰る人を中心に考えていた。そこで、若干の人権保障は、その国籍のある国の責任であると考えられてきた。しかし、今日では、今後も日本に定住する外国人も多く予想される。そこで、定住外国人[*1]に対しては、短期滞在の外国人とは違い、日本における国民に準じた特別な人権保障の必要性を認める学説が有力である[*2]。

そもそも、外国人とは、誰か。それは、日本国籍をもたない者であり、多くは外国籍をもっている。まれに無国籍者もおり、無国籍者の場合には、パスポートをはじめ、多くの不都合を余儀なくされる。日本の国籍は、血統主義が原則である。基本は、親が日本国籍をもっていたかどうかで決まる。しかし、例外的に、「父母がともに知れないとき」、日本で生まれていれば日本国籍を取得する生地主義を採用している（国籍法二条三号）。これは、無国籍者をできるだけなくそうとする立法政策に基づく。ア

＊1　三ないし五年の居住や永住者などの在留資格を目安にすることが多い。

＊2　定住外国人という発想のきっかけは、日本が難民条約に加入して外国人の社会権が認められ、つぎなる課題として、参政権に目が向けられたことにある。ヨーロッパでは、永住市民（denizen）という用語を用いて、従来の国民と外国人との二分法を見直し、参政権などの一定の市民権を国籍ではなく、事実上の永住権を根拠に認めつつある。

ンデレ事件[*3]において、この条文の解釈が問題となった。最高裁は、「父母がともに知れないとき」とは、「父及び母のいずれもが特定されないとき」をいうとして、日本国籍を認めた（最判平成七・一・二七）。無国籍者をなくすためには、この文言を「父母の本国の国籍法によって、子どもが国籍を取得しないとき」というように改正する必要もあろう。また、国籍法三条一項が、準正子、すなわち「父母の婚姻及びその認知により嫡出子たる身分を取得した子」の届出による国籍取得を認め、父母が内縁関係にある子の場合には、これを認めないことが不合理な差別として憲法一四条違反とした最近の東京地裁判決（東京地判平成一七・四・一三）が注目される。しかし、判決が根拠とした家族としての共同生活の成立について、これを認定する行政実務の基準づくりは容易ではないだろう。東京高裁判決（東京高判平成一八・二・二八）は、合憲とする異なった判断を示している。むしろ、非嫡出子については胎児認知にかぎり、生後認知では日本国籍の取得を認めていないこと自体に問題があり[*4]、多くの血統主義国と同様、生後認知の場合の国籍取得を認める法改正が望まれる。

◉人権と国民の権利の区別

外国人と国民の権利はなぜ違うのか。この根拠は、まず、一七八九年のフランス人権宣言[*5]が、人の権利と市民の権利とを分けており、市民の資格要件として国籍がつくられたことに求められる。後に、人権は、前国家的な性格を有するのに対して、市民の権利は、後国家的な権利であると説明されるようになる。明治憲法のもと、臣民は

*3 セシリア・ロゼテと名乗るフィリピン女性らしい母親が、出産入院の際に保証人となったアメリカ人牧師夫妻に、生まれたばかりのアンデレちゃんを預けたまま行方不明になった事件。フィリピン国籍も取得できず、無国籍と登録されたが、一審は日本国籍を認定した。しかし、二審は母がフィリピン国籍である蓋然性が高いとして日本国籍を否定した。

*4 この点、最高裁（最判平成一四・一一・二二）は「出生の時に父又は母が日本国民である」ことを日本国籍取得の要件とし、生後認知を除外する国籍法二条一項について、国籍の取得は子の出生時に確定することが望ましいなどの理由から合憲と判示した。しかし、五人のうち三人の裁判官は、補足意見において、最近の東京地裁判決につ

君主に忠誠を誓うのに対し、外国人は、他の君主に忠誠義務を負うため、臣民の権利をもちえなかった。しかも、植民地の臣民の権利は、内地とは別扱いにされた。一方、マッカーサー草案一六条によれば、「外国人は、法の平等な保護を受ける」とあり、同一三条によれば、「すべての自然人は、法の前に平等」とあるので、国籍による差別を禁じている。だが結局、これらの規定は、日本国憲法の採用するところとならなかった。そこで、当初、人権の規定のうち、「何人も」とあれば、外国人にも適用し、「国民は」とある場合は、国民に限定する文言説もみられた。

しかし、今日の学説は、とりわけ、マクリーン事件[*6]最高裁判決（昭和五三・一〇・四）以後、権利の性質上、国民のみに適用を限定すべき理由がないかぎり、外国人にもひとしく及ぶとする性質説でほぼ固まっている。その根拠は、人権の普遍性や日本国憲法の定める国際協調主義の理念に求められる。従来、性質上、国家の構成員たる国民にのみ認められる一連の権利のカタログを多くの教科書が掲げていた。入国の自由、社会権、参政権が外国人に認められない権利の御三家であった。[*7] しかしながら、近年、この状況が変わりつつある。

2　居住・移転の自由

◉入国の自由と出国の自由

憲法は、「何人も、公共の福祉に反しない限り、居住、移転」の自由を有し、また、

ながる国籍法三条一項の違憲の疑いを指摘していた。

*5　正式には「人および市民の権利」とある。当時の参政権は、教養と財産のある男だけの制限選挙であった。プープル（人民）主権に基づき普通選挙を求める声は、その後、財産・性別による差別をなくし、いま国籍による差別撤廃が定住外国人の参政権の要求となっている。

*6　アメリカ人の英語教師マクリーンさんが、ベトナム反戦運動を理由に、在留期間の更新を拒否された事件。この判例の積極面は、性質説により、外国人の人権を原則的に肯定した点である。消極面は、政治的表現の自由を外国人に否認したことである。

*7　一般に、後二者は、後国家的性質がその理由とされたが、同じく後国家的な性質をもつ裁判をうける権利が外

「何人も、外国に移住し、又は国籍離脱する自由を侵されない」と定めている（二二条一項・二項）。この点、外国人に対し、入国、出国、再入国、在留期間などの規制を国が行なうことが、憲法に反するかどうかが問題となる。

　判例は、入国の自由は、外国人には保障されないという。憲法二二条一項は、日本国内における居住・移転の自由を保障する旨を規定するにとどまり、外国人の入国の自由を保障するものではない。このことは、国際慣習法上、特別の条約がないかぎり、外国人を自国内にうけいれるか、その際、いかなる条件を付すかを、国家の自由裁量により決定できる（最大判昭和三二・六・一九およびマクリーン事件判決）。今日、欧米諸国を中心に査証（ビザ）免除協定が結ばれており、一般に、観光などを目的とした短期滞在（九〇日以内）の自由は、大幅に保障されている。しかし、就労などを目的とした、それ以上の滞在は、厳格な資格審査を必要とする。これらの条件を定め、公正な出入国管理を規律する法律として、出入国管理及び難民認定法（入管法）がある。これに加え、日本に居住する外国人の居住関係・身分関係を規律する法律が、外国人登録法（外登法）である。この二つの法律が外国人の生活をさまざまに規制する。入管法は、アメリカの移民国籍法をモデルとしてつくられた。しかし、入国の際に永住を許可される移民をうけいれる制度は日本にはない。期限つきの在留資格[*8]で入国した者のうち、一定期間の在留後、永住者となることができる。この点は、むしろヨーロッパ諸国と類似している。[*9]

　一方、出国の自由については、外国人にも保障された。憲法二二条二項の外国移住

国人にも保障されることを整合的に説明することは、困難である。

＊8　入管法別表第一は、在留期間と活動に制限のある資格として、外交、公用、教授、芸術、宗教、報道、投資・経営、法律・会計業務、医療、研究、教育、技術、人文知識・国際業務、企業内転勤、興業、技能、文化活動、短期滞在、留学、就学、研修、家族滞在、特定活動の二三種類を定める。別表第二は、活動に制限のない資格として四種類をおく。在留期間の更新を必要とする定住者、日本人の配偶者などおよび永住者の配偶者などがあり、在留期間に制限のない永住者がある。

＊9　しかし、永住許可を得るのに、原則として一〇年以上の在留を必要とする点に日本の厳格な行政実務の特徴がみられる。なお、かつて日本

の自由は、権利の性質上、外国人にかぎって保障しないという理由はない（最大判昭和三二・一二・二五）。おおむね、外国人の入国の自由の制限、および出国の自由の保障については、多くの学説と判例は、基本的には一致している。

◉再入国の自由と指紋押捺の拒否

しかし、再入国の自由、すなわち一時的海外旅行の自由については、争いがある。とりわけ、指紋押捺拒否を理由とする再入国不許可処分が、憲法の居住移転の自由を侵害するという学説が有力になっている。そもそも、外登法が、外国人の公正な管理のために、外国人の同一性の確認手段として、指紋押捺制度を定めていることへの批判は、大きかった。国際的人権保障の意識と法制が進展した一九八〇年代に、多くの押捺拒否者と反対運動の前に、いくたびか外登法の改正を余儀なくされた。当初、ほとんどすべての外国人は、一〇指の指紋押捺を在留期間の更新のたびごとに義務づけられていたのが、一九九三年からは、永住者を除く、一年以上の在留外国人に対し、最初の一回、一指のみの押捺義務を課すだけになり、二〇〇〇年からは指紋押捺義務は全廃された。

こうした経緯もあって、押捺を拒否した永住者が、海外渡航に際し、出国後、日本に再入国する許可を事前にうけることを拒否された事件が問題となった。日本人の配偶者が原告となった、キャサリン事件では、判例は、外国人には、憲法上、外国へ一時旅行する自由が保障されておらず、押捺拒否を理由とする法務大臣の不許可処分に、

国籍を有していた在日韓国・朝鮮・台湾人の子孫の場合、特別永住者（以下、この場合も永住者と表記する）として、出生とともに安定した居住権を保障されている。しかしながら、生地主義を採用するアメリカや、血統主義に加えて、生地主義や居住主義の要素を多くとりいれるヨーロッパとは違い、国籍取得が難しいことが日本の問題の特徴の一つである。

裁量権を濫用した違法はないという（最判平成四・一一・一六）。その後、在日韓国人が留学に際し、指紋押捺拒否を理由に再入国許可を受けることができず、出国した場合に、永住資格を失うことが問題となった崔善愛《チェソンエ》事件[*10]の最高裁判決（最判平成一〇・四・一〇）も、キャサリン事件と同様の判断であった。したがって、今日、外国人の再入国の自由を、判例は認めない傾向にある。これに対し、学説は、定住外国人の場合、再入国の自由を肯定する見解が有力である。

3 社会権

◉国際的な人権条約のインパクト

憲法二五条により、国民は、健康で文化的な最低限度の生活を営む権利を有し、国は、社会福祉、社会保障および公衆衛生の向上に努めなければならない。従来の通説は、社会権をその後国家性を根拠として、各人の所属する国によって保障されるべき権利とのみ解してきた。しかし、一九七九年に批准した国際人権規約と一九八一年に加入した難民条約が、社会権の内外人平等を掲げていたため、国民年金法、国民健康保険法、児童手当法、児童扶養手当法および特別児童扶養手当法から、国籍条項が削除された。そこで、近時の通説によれば、法律において外国人に社会権の保障を及ぼすことは、憲法上問題がない。そればかりか、日本に定住する在日韓国・朝鮮・台湾人については、その歴史的経緯および生活実態から、できるかぎり日本国民と同じ扱

*10　高裁判決は、憲法二二条二項が外国人の海外渡航の自由を保障するものではないと解しながらも、原告の、日本国民とほとんど異ならない地位を強調し、指紋押捺拒否を理由とした再入国不許可処分を、裁量権の濫用のゆえに違法とした（福岡高判平成六・五・一三）。なお、日本の裁判所は、国際人権規約（自由権規約）一二条四項の「自国に戻る」の定めは「定住国に戻る」ことの保障を含む趣旨に解しうることを一貫して否定している問題がある。

いをすることが憲法の趣旨に合致するという。今日残された課題は、主として国籍条項撤廃をめぐる具体的な取扱いの問題である。

判例によれば、かつて日本の軍人・軍属であった台湾人とその遺族に対し、戦傷病者戦没者遺族等援護法および恩給法の国籍（戸籍）条項により、障害年金・遺族年金および恩給が支払われないことは、憲法一四条に反する国籍差別にあたらない（最判平成四・四・二八）。ただし、同様の境遇にある日本人と比べて著しい不利益を早急に是正する必要が高裁判決で指摘されたこともあり、一九八八年に台湾人戦死者および重度戦傷者への弔慰金支給に関する法律が制定された。一方、韓国人の軍人・軍属に支払われない理由は、一九六五年の日韓協定により、両国の国民の間の請求権は解決済みとされ、判例も、合憲とした（最判平成六・七・一五）。二〇〇〇年には在日韓国人にも弔慰金等を支給する法律が制定されたが、重度戦傷病者に四〇〇万円、遺族に二六〇万円の一時金が支給されるだけで、日本人の戦傷病者の場合ならば、累計で八〇〇〇万円以上が支給されていることとの差は大きい。

◉国民年金・生活保護・国民健康保険・多文化教育

国民年金法改正以前に日本国籍を取得しても、一九五九年の失明当時、韓国籍であった塩見さんの場合は、障害福祉年金が受給できない。この塩見事件[*11]では、判例は、定住外国人の生存権を憲法二五条が保障しているかという論点に言及することなく、社会保障政策に対する広い立法裁量を確認したにとどまる（最判平成元・三・二）。こ

＊11　塩見さんの場合、一九三四年に大阪で「帝国臣民」として生まれ、五二年に一片の通達により「外国人」とされ、七〇年からは「日本国民」となっている。在日の国籍問題の不合理な取扱いを象徴する事件でもある。

のほか、改正当時、三五歳以上の外国人については、保険料を納付しても、老齢年金の受給権を得られないことが予想されるなど、国籍条項の撤廃の成果を享受できない者が多数存在しているという問題もある。[*12]

生活保護法は、もともと、明文の国籍条項を定めていない。そこで、「国民」という文言の解釈から、その適用対象者を日本国籍保有者に限定しつつも、外国人登録を行なっている者には準用し、医療扶助を実施してもさしつかえないとの厚生省社会局長の通知が出された。国がその費用を自治体に交付するため、実態は、生活保護法の直接適用とほとんど変わらなかった。ところが、一九九〇年の入管法改正にともない、厚生省は、生活保護の準用を別表第二にある永住者などに限定する指示を出すにいたった。このため、一部の自治体では、短期滞在または非正規在留者の場合には、行旅病人法[*13]の適用により、行き倒れの外国人の緊急医療費の負担を余儀なくされている。ただし、この制度は、住居を定めて就労する外国人には適用できない。そこで未払いの緊急医療費を補塡する制度を設ける自治体もある。

また、短期滞在の外国人の場合には、国民健康保険法の適用からも除外されている。すなわち同法五条が、市町村または特別区（東京二三区）に「住所を有する者」を被保険者とするものの、その施行規則によれば、一年未満の在留期間を有する外国人などを適用除外としているからである。同様に、厚生年金保険法および国民年金法の適用からも、短期滞在の外国人は、排除されている。

さらに、非正規在留者の場合には、国民健康保険法が適用されない。最高裁は、

＊12　在日韓国人の無年金高齢者の訴え（大阪地判平成一七・五・二五）と無年金障害者の訴え（京都地判平成一五・八・二六、大阪高判平成一七・一〇・二七）は、ともにしりぞけられている。一部には、何らかの救済措置がこうじられることが望ましいとのリップサービスがみられるものの、塩見事件と同様、社会保障制度における広範な立法裁量が合憲論の主要な根拠とされた。

＊13　本来は、旅行中の病人を対象としているため、日常生活をしている者への適用は困難である。そこで、未払い医療費に対する補償を自治体が行なうところも少なくない。

「安定した生活」を続けられるなどの条件をもとに適用を認めうるとの判断を示したが（最判平成一六・一・一五）、国民健康保険法施行規則の改正により、厚生労働省は、在留資格を有しない者を適用除外とした。これに対し、旧原爆医療法は、人道的な目的かつ国家補償的な性格を有するものであり、不法入国者であっても、適用が認められるとされている（最判昭和五三・三・三〇）。

なお、民族教育に関し、教育をうける権利の保障は、不十分である。在日朝鮮人の民族学校は、ほとんど公的助成がうけられない。[*14] しかしながら、近年、ポルトガル語などの教師の派遣に取り組んだり、バイリンガルの補習授業を開講する自治体もあらわれ、日本の多文化教育の芽も出てきた。

4 公務就任権と参政権

◉公務員に関する「新たな当然の法理」？と「想定の法理」？

憲法は、公務就任に関して国籍要件を定めていない。国籍要件を課す法律も、外務公務員法七条にかぎられる。公職選挙法一〇条が被選挙権を「日本国民」とし、憲法六七条が内閣総理大臣を国会議員のなかから指名する規定を加えても、一般の公務員については、憲法も法律も沈黙している。それにもかかわらず、一九五三年の内閣法制局および人事院の解釈として、「公権力の行使又は国家意思の形成への参画」に携わる公務員は、日本国籍を必要とすることが「公務員に関する当然の法理」と説明さ

*14 東京都の枝川の朝鮮学校の土地明渡等請求事件や、大阪府高槻市の多文化共生・国際理解教育事業縮小にともなう地位確認等請求事件では、民族教育をうける権利の保障が裁判で争われている。

れてきた。同様に、地方公務員についても、一九七三年の自治省の回答によれば、「公権力の行使又は地方公共団体の意思の形成への参画」に携わる職員には、外国人の受験資格を認めることが「できない」とされた。

しかし、国際的にも、特定の専門職の場合には、外国人の公務就任が当然とされている状況を反映してか、日本でも、門戸が開放されつつある。まず、一九八二年の国公立大学外国人教員任用法により、大学が門戸を開いた。ついで、一九八四年からは、医師や看護婦、外勤の郵便局職員も、外国人の国家公務員を認めるようになった。

一方、医師や看護婦などの技術職、バス運転手や造園作業員などの現業職には、国籍条項をなくす自治体も増えている。小・中・高校の教諭の道は、一九八四年に長野県で在日韓国人の教員採用内定が文部省の指導の結果取り消された事件を契機に、採用する県でも常勤講師にとどまっている。一般行政事務職も含め、全面的に国籍条項が撤廃された市町村は、一九九二年段階で約三〇%である。一九九六年からは、政令指定都市ではじめて川崎市が消防職を除く一般事務職にも国籍条項を撤廃した。同年一一月の白川自治大臣の談話により、当然の法理の解釈は、各自治体の裁量に基づくことになった。今日、すべての政令指定都市で国籍条項は撤廃されているが、管理職への昇進制限の問題が残っている。東京高裁は、外国人の東京都管理職選考試験受験拒否に対し違憲判決[*15]を下した（東京高判平成九・一一・二六）。しかし、最高裁は、国民主権原理にてらし、「原則として日本の国籍を有する者が公権力行使等地方公務員[*16]に就任することが想定」されており、公権力行使等地方公務員の職以外の管理職がある

＊15　高裁判決は、公務員を三種類に分けた。在日外国人が、国の統治作用を直接に行使する公務員となることは許されないが、補助的な事務に従事する公務員の場合は、許されるとした。両者の中間にあたる間接的に国の統治作用に関わる公務員については、職務内容、権限などに即して判断すべきであり、保健婦たる原告の課長級の管理職への昇任の途を一概に閉ざすことは、憲法の定める法の下の平等や職務選択の自由に反するとした。

＊16　最高裁によれば、公権力行使等地方公務員とは、「地方公務員のうち、住民の権利義務を直接形成し、その範囲を確定するなどの公権力の行使に当たる行為を行い、若しくは普通地方公共団体の重要な施策に関する決定を行い、又はこれらに参画するこ

としても、「人事の適正な運用」のため、管理職を日本国民に限定することも「合理的な理由」に基づくとして、合憲とした（最大判平成一七・一・二六）。このいわば「想定の法理」[*17]とでもよぶべき憲法解釈にはいくつかの疑問がある。

そもそも、有能な人材を幅広く集めるのが採用に関する原則である。居住および移動の自由の実質的な保障から、ヨーロッパの動向は、外交、軍事など特別な職務を除き、国籍要件を緩和することが公務員に関する「新たな当然の法理」となりつつある。公務就任権の本質は、公務員という職業を選択する自由にある[*18]。政治的な職務につくかぎりで、参政権的側面をおびるとみるほうが実情に即している。

◉参政権の判例と学説

外国人の参政権については、国政レベルと地方レベルで判例傾向が異なる。最高裁は、国会議員の選挙権を日本国民にかぎっている公職選挙法が合憲である旨を明らかにしたにすぎない（最判平成五・二・二六）。一方、一九九五年のキム地方選挙権訴訟判決では、永住者などの地方選挙権は、憲法が保障しないものの、禁止も、要請もしておらず、立法政策の問題とした（最判平成七・二・二八）。これは、憲法を改正しなくても、法律改正により永住市民の地方選挙権の導入が可能であるとのシグナルを国会に示す画期的な判決であった。被選挙権について、最高裁は、マクリーン事件判決とキム地方選挙権訴訟判決を引用するだけで、国政レベルも（最判平成一〇・三・一三）、地方レベルも（最判平成一二・六・二七）日本国民にかぎることを合憲と判示する

とを職務とするもの」をいう。

＊17　最高裁の「想定の法理」は、国民主権原理の解釈の射程を広くとらえすぎており、選挙で選ばれる公務員の担当する「統治」とは違い、公権力行使等の「行政」を担当する公務員を国民にかぎる根拠が薄弱である。また、従来の「当然の法理」とは違い、一定の公務員の職への外国人の任用を禁止する効果をともなうものではなく、すべて行政裁量に委ねられていると解する余地がある。さらに、高裁判決とは違い、職業選択の自由に関する判断を回避している点が不可解である。加えて、職種の性質にかかわらず、「人事の適正な運用」という行政の便宜を「合理的な理由」とする昇進差別の合理性は疑問である。とりわけ、特別永住者の被上告人の場合、国籍差別一般の問題ではなく、

だけである。

従来の通説は、全面禁止説であり、国も地方も、公務員の選定権としての参政権は、憲法一五条により、「国民」に限定されるという。この根拠は、国民主権（ナシオン主権）により、当然とされ、選挙権が権利と同時に公務であるという、いわゆる二元説から、説明されてきた。しかし、社会契約参加者の総体としての人民が主権者であると説く、人民主権*19（プープル主権）ないし権利説の立場からは、生活実態からして日本社会の構成員となっている定住外国人の参政権を要請する全面要請説もみられる。また、憲法は、この点、禁止も、要請もしておらず、法律を改正すれば可能であるとする全面許容説もある。

他方、国民主権原理から国政レベルでは禁止されるものの、住民自治の原理から地方レベルでは許容されるとする国政禁止・地方許容説が、近時、有力になりつつある。この場合、国民の意思は国会を通じて法律となる上からの民主的正当性と、かりに一定の外国人を含む住民の意思が地方議会を通じて条例となる下からの民主的正当性は、最終的には、憲法九四条の「法律の範囲内で条例を制定する」ことにより、整合性をもちうるという。

永住外国人の住民投票への参加は、二〇〇二年以降、多くの自治体でみられる。ただし、最高裁は、住民投票に関する条例が投票資格を日本国民に限定することも合憲としている（最判平成一四・九・二七）。条例により、自治体の独自の判断で、住民投票権を外国人にも認めることも、認めないことも可能である。

朝鮮戸籍という民族的徴表により日本国籍を剥奪されたことに起因する national origin に基づく差別（広義の人種差別）として、より厳格な審査が必要な事案であることの視点を欠いている。

＊18　公務員以外の民間会社における就職差別へも悪影響があるとして、外国人の公務就任は、焦眉の課題とされている。

＊19　フランスの伝統的な憲法学説では、国民主権原理の理解の仕方に、二とおりあり、ナシオン主権とプープル主権をめぐる解釈論争は日本でも盛んである。

◉永住市民権と二重国籍

いずれにせよ、従来、考えられてきた憲法上の障害は、今日ではずっと低くなっており、ヨーロッパ諸国では、何らかの形で外国人の地方参政権を認めている。さらに、国政レベルは、困難な状況にあるものの、多くの国は、移民の二世や国際結婚の場合に、二重国籍を認めることで、民主的な決定への参加から排除される問題の解消に乗り出している。一九九七年のヨーロッパ国籍条約では、重国籍については各国独自の選択に任せる中立の立場を表明している。日本国憲法は、国際協調主義を掲げ、主権を制限する国際化時代の憲法の特徴を十分に備えている。今後、「将来の国民」に基本的人権を保障している憲法一一条および九七条の意義を見直しながら、参政権を含む永住市民権を構想するか、二重国籍を容易にするなど、公職選挙法、地方自治法、公務員法、入管法、国籍法の改正に取り組むことが要望されている。国際化が一段と進むにつれ各地方自治体では、川崎市の外国人市民代表者会議[*20]をはじめ、外国籍の市民の声を政治や行政に反映する芽が育ちつつある。

人権の発展の歴史は、一八世紀の自由権、一九世紀の参政権、二〇世紀の社会権と進んできた。外国人には、自由権のつぎに、社会権が承認され、参政権が最後に残る。この理由は、社会権が福祉国家の基礎をなし、参政権は国家との結びつきがより緊密であるからとされる。弱い立場にある外国人の人権がどのように守られているかにより、その国の人権の到達度がはかられるといわれる。二一世紀をになう皆さんの柔軟な思考で、国内における人権の国際化の問題を一度考えていただきたい。

＊20 市長の諮問機関（地方自治法上の附属機関）として条例により設置されたもので参政権などが認められていない外国人の意見や苦情・不満を市政に反映させる目的をもつ。メンバーは外国人登録者上位一〇か国と五地域の代表合計二六名より構成され、年四～八回開催し、年次報告をまとめ市長や議長に提出される。川崎市のほか、類似の外国人会議や、外国人住民と日本人住民からなる諮問機関が、多くの自治体で設置されつつある。

★より理解を深めるために

田中宏『在日外国人〔新版〕』岩波書店、一九九五年

日本における外国人の人権問題の歴史がコンパクトにまとめられた良書。多くの事件に関わってきた著者の体験と的確な資料が読みやすく仕上げられている。

畑野勇ほか『外国人の法的地位』信山社、二〇〇〇年

外国人の法的地位の変遷について、法務官僚の立場から解説している。

近藤敦編『外国人の法的地位と人権擁護』明石書店、二〇〇二年

外国人の人権をめぐる学説と判例と実務の動向が整理され、民族的少数者の権利についても検討されている。

宮川成雄編『外国人法とローヤリング』学陽書房、二〇〇五年

外国人の人権保障に関わる国籍法、出入国管理法、難民法、国際人権法の分野における理論と実務の課題を整理している。

手塚和彰『外国人と法〔第三版〕』有斐閣、二〇〇五年

外国人の人権をめぐる法律実務が手堅く整理されている。多様な学説を追わず、外国人の法的関係が現在どうなっているかを理解するのには最適である。

【近藤　敦】

◆コラム◆

身近な問題となった人権の国際化

今日、人の移動が盛んな国際化の時代を迎え、身近な人が、海外に仕事や勉強に出かけることも珍しくない。日本人のおよそ五%が国際結婚をしているという。また、多くの外国人が日本に住み、日本で生まれて、日本で教育をうけている人も少なくない。かつて日本の植民地であった韓国・朝鮮・台湾人およびその子孫の場合、「在日」とよばれる。これらの旧来外国人（オールドカマー）は、永住権などの安定した権利が保障されるものの、日本国籍をもたないうえでの不利益が問題となっている。もし、指紋押捺に応じなければ、留学後、永住許可を喪失するといわれたら、あなたならどうするだろうか。

一方、一九七〇年代末から、経済大国となった日本に入国してきた外国人も多い。これらの新来外国人（ニューカマー）は、中国、ブラジルをはじめ多様な国の出身者である。九〇日以上、日本に滞在している外国人は、市町村長に対し外国人登録の義務がある（外登法三条）。現在、その数は、およそ二〇〇万人である。このほか登録されていない外国人（その多くは非正規滞在者）もかなりの数にのぼる。外国人だから、困っていても、生活保護の受給は認めず、緊急医療も拒否するといわれたら、生きていけるだろうか。

日本全体の外国人人口比率は、二%に満たないものの、自治体によっては、人口の一五%以上（群馬県大泉町）が外国人という場合もあり、浜松、豊田、美濃加茂、四日市など一七自治体からなる外国人集住都市会議では、国への政策提言を行なうようになっている。人権尊重、社会参画、国際協調の理念のもと、多文化共生の地域社会づくりは、古くからの外国人人口の多い大阪や川崎にかぎらず、しだいに各地で必要性が認識されつつあり、国の多文化共生政策のモデル計画案の策定が待たれている。

鎖国の経験が長く、民主主義の経験の短い島国日本が、外国人の人権問題と本格的に取り組むようになったのは、最近のことである。しかし、その改革は、著しいものがあり、いまなお過渡期にある。

【近藤　敦】

第7講 働く者の人権

1 はじめに——若者と労働——

労働とは、本来社会参加であり、かつ自己実現でもあるが、現実の労働は資本による搾取構造のなかで、しかも熾烈な資本間の競争のなかでの賃労働である。そのような労働の理念型と労働の現実とのはざまで、最近、低賃金の臨時的就労に甘んじる（あるいは甘んぜざるをえない）若者たち（フリーター）[*1]や仕事に就かない若者たち（ニートNEET）[*2]の増加が社会問題化している。最近の若者には、労働とは何かということについての認識が希薄化しているのではないかと懸念される一方、現実の労働の場は確かに厳しい雇用環境にある。とくに若者（若年者）の失業率の高さと、[*3]それにも関係する企業による若年労働者の〝使い捨て労働力化〟である。その背景をなすのは、九〇年代後半のバブル経済崩壊による企業の雇用戦略の大きな転換（人員削減と新規採用の手控え、正規社員から非正規社員への切り替え）であり、企業が学卒採用社員を金と時間をかけて一人前に育てていく余裕が失われたところにある。

フリーターなどの社会問題に対して公的対策が打ち出されてはいる。[*4]しかし問題の

*1 フリーターとは、一五～三四歳で、学校を卒業し、アルバイトやパートで働いているか、そうした働き方を希望する者とされる。二〇〇四年の推計値は二一七万人である。企業の即戦力志向が大きく影響していると指摘されている（二〇〇五年版労働経済白書）。

*2 ニート（NEET）とは、一五～三四歳の若年層のうち仕事もせず、学生でもなく、職業訓練もしていない無業者とされている。二〇〇四年のニート推計値は約六四万人である（二〇〇五年版労働経済白書）。

*3 たとえば二〇〇五年八月の完全失業率（季節調整値）は四・三％、そのうち一五～二四歳の若者の完全失業率は八・五％であり、他の年齢層に比べて突出して高い（朝日新聞二〇〇五年九月三

根底には、ひたすら経営効率主義に傾倒している企業経営の流れがあり、かつそれに合わせる労働者保護の緩和策を推し進める労働政策がある。

本講では、最近の産業構造・雇用構造の著しい変化のもとで働く者（労働者）の雇用・就労環境がどのように変わり、そのような新たな労働環境にあって労働者はいかなる人権問題に直面しているのかを学んでほしい。

2　労働者と企業との関係

◉一種の権力主体としての企業——労働者は企業（使用者）に従属する

現代社会において、企業は経済的社会的に大きな力を有する一種の権力主体である。とくに労働者（従業員）に対する企業の事実上の支配力＝権力は、絶対的といってよい。たんに契約で結ばれている労働者と企業との関係（したがってそのかぎりでは、相互に自由・対等な当事者関係とされるもの）が、どうしてそのように事実上は一種の権力関係になるのであろうか。

労働者保護を基本目的とする法分野である労働法は、従属労働関係を規律する法の体系であると定義される。すなわち、資本主義社会において労働者は企業（使用者）と従属関係にあるということを、法の前提とするものである。ここにいう従属労働の「従属性」については、おおむね三つの説が[*5]、相互に批判的にとなえられてきたのであるが、これらいずれの説も、労働関係の重要な諸特質のそれぞれについて的確に説

〇日）。

＊4　フリーターや若年失業者の増加に歯止めをかけようと政府が実施する「若者自立・挑戦プラン」の目玉とされるジョブカフェ（就職相談や能力開発、就職情報の提供など）やデュアルシステム（実務と教育を連結させた人材育成制度）などである。

＊5　すなわち、労働者は使用者（資本家）との関係では、(a)売惜しみが効かない雇用労働からくる労働者の劣位的特質（社会経済的従属説）、(b)労働者自身をまるごと使用者の支配下におかなければならないという雇用労働の特質（人格的従属説）、または(c)雇用される労働者は全体労働組織の一部に組みこまれるという特質（組織的従属説）として相互に批判的にとなえられてきた。

ただし現実には、産業構

明するものであると理解することもできる。ともあれ、労働者が企業〈使用者〉の権力的支配下におかれているという事実認識は重要である。職場において日常現実に起こりがちな労働者に対する差別・抑圧は、このような労働関係の本質より生じるからである。

造・雇用形態が変わったなかで、具体的従属の態様は一様ではない（たとえば工場生産、営業、研究などの職種にともなう違い）。

◉企業内は「人権番外地」？

企業において生じる労働者に対する差別・抑圧は、弱い立場の労働者が企業の外にもち出して問題化することが困難であり、そもそも差別・抑圧を抑止する人権意識が企業においては希薄であることから、比喩的に企業の内側は「人権番外地」とも、「憲法は企業の門前で立ちすくむ」とも表現される。ここには、〈利潤追求→生産効率性〉が絶対的な目的であり支配的価値基準とされる企業社会では、市民社会一般における価値基準、そして法規範としての日本国憲法の人権保障規定は、うけいれられにくいことが〝告発〟されている。企業における差別・抑圧を生み出す企業意識は、右の目的、価値に関係のないことには無関心であり、さらにそれに対立する価値基準に立つ行為を、極力排除する方向に向かう。

3　雇用環境の変化

◉「定年まで勤める」なんてことは夢！――産業構造・雇用構造の変化と「規制緩和」

労働者をとりまく最近の状況は、経済のソフト化・サービス化すなわち第三次産業の比重増大、ME化による飛躍的な技術革新、産業経済のグローバル化を特徴とする。企業は、そのような新たな状況にみあった労働者の雇い方、働かせ方を追求している。[*6]終身雇用（つまり長期継続雇用）制、年功処遇制、企業別労働組合、そしてこれらによって育てられる企業帰属意識（そして企業への忠誠心）、すなわちこれら日本的雇用システムが急激な経営合理化により大きく変えられ、労働者の生活を無視するような企業本位の姿が生々しく露呈されている。たとえば、契約社員という雇用形態が航空会社にも広まっている。[*7]職務の軽重とは関係なく、安あがりの労働力を追い求める企業の姿勢が、そこにも認められる。

このような動きに呼応するかのように、「規制緩和」の名のもとに、労基法上は、女性保護規定の緩和、労働時間規制の緩和（変形労働時間、フレックスタイム制の導入）、労働契約期間制限の緩和がなされている。また労働者派遣法上は、有料職業紹介の緩和や労働者派遣事業に対する厳格な規制から積極的承認（ネガティヴリスト方式の導入）への緩和をへて、さらに派遣期間制限の緩和や「物の製造の業務」への派遣の解禁に至っている。企業にいっそう都合のよい契約条件のもとに、労働者は不安定な身分の

＊6　日経連「新時代の日本的経営――挑戦すべき方向とその具体策」（一九九五年五月）では、終身雇用（長期継続雇用）が適用される幹部候補労働者（長期蓄積能力活用型）と、それ以外の専門分野を担当させる労働者（高度専門活用型）およびパート雇用や派遣労働などの不安定雇用労働者（雇用柔軟型）に分けられ、後者の二つの型の雇用は、有期・短期雇用で昇給制や退職金・年金制をともなわない（労政時報三二一五号四二頁）。

＊7　日本航空などが合理化＝人件費節減策として、スチュワーデスを「契約社員」として採用を始めたことが、一九九四年八月から九月にかけて、大きな社会的話題となった。

まま、ひたすら効率的に働かされる。かくして、一つの企業に、年功制のもと定年まで勤めるという安定就業スタイルを、今後多くの労働者は望めなくなる。

◉一つだけの仕事では食っていけない！——低賃金ゆえのダブルジョブズ

労働者の雇われ方、働かされ方の根本的な変化は、終身雇用（長期継続雇用）を前提とする年功処遇制から、短期的評価制を前提とする能力・実績制への変化といえる。また、短時間就業（パートタイム雇用）、短期間就業（契約社員）あるいは臨時的就業（臨時雇用）は、従来「縁辺労働」の雇用形態であったが、これらに派遣労働が加わって、これら多様化した雇用形態のもとでのいわゆる非正規労働者が雇用構造の中核を担わせられる方向に進んでいる。[＊8] たとえば非正規雇用の代表ともいえるパート雇用は、主婦層が昼間のすきま時間を生かして行なう補助的で単純な仕事とされる位置づけから、責任も仕事の密度も「正規社員」なみの仕事への位置づけに変わっている。しかし、パート雇用が企業にとって安上がりの労働であることに変化はない。パート就労にかぎられる労働者には、一つの職場（仕事）から得られる賃金だけでは生活できない労働者が増えている。たとえば、このような就業形態で働く女性の間に生活不安が広がっていることについての実情報告がある。すなわち、自活を強いられる女性たちには失業していられるほどの蓄えもないから、条件の悪い仕事にも就かざるをえない。低賃金なので二つ、三つ掛け持ちをする（ダブルジョブズ）[＊9]。それでも年収は四〇〇万円に届かない。しかも有期雇用が多いから、生活設計の見通しも立てにくいと

＊8　従業員五人以上の企業において、従業員の三四・六％は非正規社員（パートや派遣労働者、契約社員など）である。非正規社員雇用の主たる理由は、「賃金節約のため」、「仕事量の増減に対応するため」、「景気に応じて雇用調整するため」とされ、「安上がりで解雇しやすい」労働力とされている実態が明らかにされている。（二〇〇二年厚生労働省調査、毎日新聞二〇〇四年七月二二日）。

＊9　アメリカでは男性労働者のダブルジョブズは「ムーンライター」として、かなり以前から存在している（「悲しき米の『ムーンライター』」朝日新聞一九九四年八月二〇日）。

の報告である。[*10] このように、二つも三つも仕事の掛け持ちをせざるをえないという働き方が、はたして人間らしい生活であるといえるであろうか。

4 そのような雇用環境変化のなかで、労働者に何が起こっているのか

◉「雇用調整」と「職場のいじめ」

九〇年代後半の企業における「リストラ」流行《ばやり》のなかでの「雇用調整」は、確かに企業をとりまく状況の急激な変化のなかでの企業なりの大きな危機感によるが、既存の雇用システムのドラスティックな組みかえをともなって、それまでの「雇用調整」とは異なった様相を呈している。それは、従来日本の企業社会を担ってきたホワイトカラーの管理職層、したがって中高年男性層が「雇用調整」のターゲットとなっていることである。従来であれば、彼らは「雇用調整」を推し進める立場の人たちである。もとより、労働組合員でもない。そのような彼らに対して、企業は一転して、「机を地下に移し、職場から隔離して退職を強要」したり、「『不要人間』との烙印を押し、仕事を与えず、退職を迫」ったり、あるいは企業外の研修所に「派遣」するなどして、本来の職務とはおよそ関係のない苛酷な作業に従事させて「執拗に退職を強要」するなどしている。そこには、企業による「いじめ」としかいいようのないことが行なわれている。[*11] 業務命令の名のもとにこのような「いじめ」を加え、退職に追い込むやり

*10 「非正規社員――働く充実どこに」日本経済新聞二〇〇五年一月三一日。

*11 鵜飼良昭「『職場のいじめ』の構造と課題(1)」法学セミナー五〇八号九頁。

方は、法的にはどのように判断されるのであろうか。裁判所はこのような企業行為は労働者の人格権侵害行為と判断する傾向にある。すなわち、一切の仕事をとりあげ、職員室内で一日中机の前に座っていることを強制するなどの行為は、業務命令権行使の濫用とする例[*12]、使用者の人事権の行使は経営上の裁量的判断に属する事柄ではあるが、その行使は、労働者の人格権を侵害する違法・不当な目的・態様をもってなされてはならないとし、機構改革の名のもとになされた数次の人事で、課長職から総務課（受付業務）への降格・配転は労働者の人格権を侵害し、不法行為になるとする例[*13]、希望退職届提出強要にともなう仕事差別（ほとんど意味のない統計作業への従事命令）と管理職（組合役員）らによる暴力行為について、仕事差別は人格権侵害の違法行為であるとする例[*14]などである。

◉思想による差別と企業（法人）の人権

特定政党党員またはその支持者であることを理由に、社員に昇進、昇給、配転などにおける差別がなされたとして、企業に対して慰謝料の支払いが命じられた一連の判決がある[*15]。企業の構造的な思想差別が、裁判をとおして暴かれた一連の例であるが、古典的人権である内心の自由が、企業という〝ブラックボックス〟のなかでは、簡単に蹂躙されるという実態を垣間みることができる。他方、採用する際に入社希望者の思想・信条をチェックし、企業の意に染まない思想信条の持ち主を、そのことを理由として採用しないことは企業の自由である、とする最高裁判決がある[*16]。自己の思想

*12 松蔭学園事件、東京高判平成五・一一・一二。
*13 バンク オブ アメリカ イリノイ事件、東京地判平成七・一二・四。
*14 エール・フランス事件、千葉地判平成六・一・二六。
*15 東京電力（群馬）事件、前橋地判平成五・八・二四から東京電力（神奈川）事件、横浜地判平成六・一一・一五までの五件の判決。
*16 三菱樹脂事件、最大判昭和四八・一二・一二。

（とりわけ政治思想）を有することは、現代の主体的市民の重要な「あかし」である。一方、中間社会としての企業は、労働者にとって日常の多くを占める生活の場である。しかしそこでは、市民的自由が不当に蹂躙されがちである。それにもかかわらず、そのような事態が問題化されることはきわめて少ない。

前掲三菱樹脂事件最高裁判決が企業（法人）の採用の自由を重視する根拠は、営業の自由＝経済活動の自由（憲法二二条・二九条）に求められる。このような「人権」が企業（法人）の人権として不当に重視されることは、現実に劣弱な労働者との対抗関係の場面において、企業の〝やりたい放題〟を承認することにほかならず、「弱者保護」の社会権思想を軽視した論法である。

◉長時間労働と過労死

時短（労働時間短縮）が日本労働界の課題とされてかなりになるが、実態は、年間一八〇〇時間の目標をはるかに超える労働時間（これには、統計になかなか出にくいサービス残業が相当時間含まれている）となっている。そして、男性の六人に一人は、過労死の危険領域といわれる三一〇〇時間を超えて働いているといわれて久しい。[*17]

二〇〇四年度における「過労死」の労災認定件数は一五〇件、仕事のストレスによるうつ病などの精神障害の認定件数は一三〇件（うち自殺は四五件）である。過労死弁護団全国連絡会議の川人博幹事長は、「リストラの進展で、加重労働の実態は、依然深刻な状況が続いている。労働時間の証明が困難などの理由で申請しても労災が認め

＊17　経済企画庁研究所「働きすぎと健康障害」一九九四年六月。

られないケースも多い」と指摘している。[18] 長時間労働や加重労働とは縁がないはずのアルバイト就労者が労災認定（過労自殺）された裁判例もある。[19]

バブル期の過労死が好況時の熱狂のなかでの働きすぎが原因だったのに対し、リストラ期の過労死は、努力しても実績が伸びないなかでの「追い詰められた死」といわれる。「成績を出せないのなら首だ」と上司に恫喝され、リストラの恐怖におびえながら、過重な労働を余儀なくされているとも報告されている。[20] 労働者が生きた人間であることを無視した、生産効率＝コスト削減をぎりぎりまで追い求める企業の姿の一つのあらわれである。長時間労働の実態をふまえて、労働者のいのちと健康という観点から、残業や深夜労働問題などを含めた労働時間のあり方が、いま問われなければならない。しかしながら、最近の労働行政は、時短への取組みを放棄し（時短促進法の改正[21]）、問題解決に逆行する姿勢を示している。

5 労働組合の役割——現状と今後——

◉労働組合の現状——労組は役に立っているか？

労働組合とは、労働者の、労働者による、労働者のための「団結体」である（労働組合法二条参照）。しかし現実には、リストラ下で退職強要を迫られている渦中の労働者が、労働組合については、頼りにならない、相談すると会社側に通報されるのではないかなどと、強い不信感をもつ例は珍しくない。[22] 退職強要に労働組合が手を貸す例

＊**18** 日本経済新聞二〇〇四年五月二六日。

＊**19** ジェイ・シー・エム事件、大阪地判平成一六・八・三〇。

＊**20** 川人博「リストラ時代の過労死」読売新聞「論点」一九九七年八月一日。

＊**21** 現行の時短促進法は、「年一八〇〇時間」を労働者一律の時短推進目標に掲げているが、労働政策審議会は、法改正の基本的な方向として、多様な働き方に対応し、事業所ごとに労働者の健康や生活に配慮した労働時間や休日などを設定することが適当とする意見を厚労相へ提出した（二〇〇四年一二月一七日）。厚労相はこれに沿って法改正し、参考になる複数の指針を新たに示す。労使が共有すべき大目標が消えたのち、罰則や強制力のない指針が有効に機能するかは疑問との指摘が

すらある。[*23]

日本的雇用システムの一つの要素とされる企業別労働組合は、その組合員が一つの企業の、しかも正規従業員にかぎられるところに特徴がある。それゆえに、企業帰属意識もしくは忠誠観念が労組（活動）に混入し、企業本位の組合戦略（労使協調）が支配しがちとなる。労働組合が企業の労務管理のしくみのなかに事実上組みこまれている大企業の例は、決して少なくない。

リストラによる中高年管理職層への退職強要に抗して結成された「管理職組合」は、個々の企業の垣根（企業とのシガラミ）を超えた労働組合である。[*24]最近労働者の人権擁護のために闘う労働組合は、このように個別企業の垣根を超えて形成され、機能している（「コミュニティ・ユニオン」がその適例である）。裏を返すと、企業別労働組合なるものの本質的限界が、ここに明らかにされたということである。しかし日経連は、多様化・流動化する市場を展望する一方、企業別労働組合の温存を重視する。[*25]企業にとって、企業別労働組合の利用価値は、いぜんとして手放しがたいのである。なお、企業別労働組合の多くが従来、男性中心の労働組合であることにも、注目しなければならない。[*26]

◉労働組合の今後——求められる労働組合の再生

労働者の団結権（憲法二八条）は、労働関係という具体的生活関係の場で、しかも労働者が「社会的経済的弱者」であることに着目して、生存権（憲法二五条）を具体

ある（朝日新聞二〇〇四年一二月一七日）。

＊22 過労死の労災認定や裁判において企業内労組が支援するケースは、全体の一％程度であり、労組に手の内を明かせば会社に筒抜けになり、リスクがあるのが現実であるとの報告がある（過労死弁護団全国連絡会議幹事長・川人博弁護士 朝日新聞二〇〇〇年一二月一三日）。

＊23 鵜飼良昭「『職場のいじめ』の構造と課題(2)」法学セミナー五〇九号九頁。

＊24 日本ではじめての管理職組合として、一九九三年一二月に「東京管理職ユニオン」が結成された。

＊25 中野麻美「データ 労働最新事情」世界一九九七年五月号一〇五頁。

＊26 民間研究機関の二〇〇〇年調査によると、企業別労組の役員は男性が九七％を占

化したものである。労働者は団結することによりはじめて、使用者との関係におけるその劣位的立場を対等関係に近づけることができるとの歴史的認識に基づき、労働者の団結に、市民的結社の自由とは別に権利性が付与されたのである。それは使用者との関係においてのみならず、労働組合の内部関係においても団結権の優位性として認められてきた。すなわちそれは、組合の組合員に対する統制権であり、ユニオン・ショップ制[*27]に代表される組織強制である。しかし、いわば団結権至上論に立ったこれらの法論理は、労働組合が企業と一体化して労働者抑圧に手を貸す場合は、その抑圧手段として利用されることとなる。このようなことも背景となって、硬直化した団結権至上論に対して、個々の労働者（組合員）の組合との関係について、市民的自由権の見直しや、自己決定権論による再検討が試みられている[*28]。

ところで現実には、労働組合（推定）組織率は長期的低落傾向にある（二〇〇五年、一八・七％）。製造業などを中心に大規模な正規社員の削減が進む一方、増加するパートや派遣労働者などの非正規労働者の組織化が進んでいない（パート労働者の二〇〇五年（推定）組織率は三・三％）。今日、女性が就労者全体のほぼ四割を占め、かつ雇用・就業形態多様化（労働者像の多様化）のなかで、労働組合は労働者の生活と人権のための真の団結体として、労働者の新たなニーズにいかに応えられるか、その再生が求められている。

め、女性は三％にすぎない（日本経済新聞二〇〇三年一一月一〇日）。

＊27 ユニオン・ショップ制とは、従業員たる資格をもつ者は一定期間内に労働組合員とならなければならず、労働組合へ加入しない者、労働組合から脱退した者および除名された者は、使用者によって解雇される制度のことである。

＊28 たとえば、「労働者は憲法一三条の幸福追求権にもとづいて、自己の意に反して団結を強制されない自由（消極的団結権）を有している」として、ユニオン・ショップ制の違憲性、違法性が説かれる（西谷敏『労働法における個人と集団』有斐閣、一九九二年）。

6 差別・抑圧からの救済システム

企業における差別と抑圧に対して、それらを労働者が問題化させ、かつ救済される有効なシステムが必要である。しかし現状は、労働者が問題を表面化させるには労使関係の破綻を覚悟しなければならない。多くの労働者が問題を感じながらも、自らの弱い立場のゆえに、しかも問題を十分にうけとめてくれない企業別労働組合が少なくないなかで、沈黙を余儀なくされてきた。そのような背景のもとで、時間と労力とお金がかかるとして敬遠される裁判(司法救済)[*29]とは別に、労働者が身近にアクセスできる有効な権利救済のシステムを望む声は切実である。現状はどうであろうか。

◉行政による対応

(a) 紛争調整委員会　個別労働紛争解決促進法(二〇〇一年一〇月施行)により個別労働紛争解決システムとして、厚生労働省の各都道府県労働局に設置されている。個人による紛争解決を迫られる労働者が都道府県労働局の「総合労働相談コーナー」(全国三〇〇か所に設置)に行けば、局長の指導・助言による解決のほか紛争調整委員会の調停、あっせんなどをうけられるシステムである。二〇〇三年度の相談件数が前年比三六・五%増の一四万一〇〇〇件と急増している(厚生労働省まとめ)。ただしいまのところ、駆け込む労働者の期待には十分応えきれていない。[*30]

＊29　労働事件は賃金不払いや解雇などで生活資金が断たれてしまうことが多く、裁判は金がかかり、時間を要することから敬遠される。とくに賃金が低く労組の支援もないパートや派遣社員には裁判は利用できない救済システムである。

しかし、最近の厳しい雇用環境を反映して労働関係訴訟は増加している(二〇〇二年に地裁が新たに受けつけた件数は二三〇九件であり、九二年の二・六倍である。日本経済新聞二〇〇五年八月七日)。

＊30　現システムについて、態勢が不十分、相談員の位置づけに無理がある、必要な調査権限がない、などの問題指摘がある(朝日新聞二〇〇三年七月一五日)。

(b)　労働審判制度　裁判の利用しにくさをふまえて、個別労働紛争を迅速に解決する機関として設定される（二〇〇三年一二月に司法制度改革推進本部・労働検討会にて決定）。全国の地方裁判所に「労働審判委員会」を設け、裁判官と雇用・労使関係に専門的知識をもつ労使審判員の三者が合議で短期間で（審理三回程度、四か月で結論）解決案（決定）を示す。解決案（決定）には裁判の和解と同じ効力をもたせる方向とされる。

労働者の低額負担、簡易な手続で審判の申立てができ、スピーディーに解決案（決定）が出されることが期待されている。*31

(c)　なお、自治体による個人紛争のあっせん事業（労政事務所（東京都）や労働福祉事務所（福岡県）など）は、個別紛争解決に永らく対応してきた実績をもつ。

*31　毎日新聞二〇〇三年八月一八日社説「労働審判制度」。

◉任意組織による対応

「過労死一一〇番」や「職場いじめ一一〇番」などは、弁護士組織や企業の垣根を超えた労組（コミュニティ・ユニオンや東京管理職ユニオン）による対応であるが、労働者の目線から多くの未組織労働者の企業における差別・抑圧の姿を企業外に広く知らせ、その是非を問うという役割を果たしている。

さて、労働組合は労働者にとって本来最も身近な解決機関であるはずであるが、企業別組織からくる企業との「しがらみ」が、増加する個別紛争に対する解決機能を低下させている。

★より理解を深めるために

川人博『過労自殺』岩波新書、一九九八年

過労自殺は過労死の一種であり、現代日本の職場の矛盾のあらわれであるとの認識に立って、その矛盾をいわば実証的に提示する試みがなされている。すなわち、まず自殺の実態が具体的事例で示され（第一章）、過労自殺の特徴が考察される（第二章）。そのうえで、過労自殺と労災補償の関係について述べられ（第三章）、最後に過労自殺をなくすための提言がなされる（第四章）。

「労働時間法制への提言」季刊労働法一九八号（総合労働研究所、二〇〇二年二月）

低迷する企業経営、閉塞した社会状況、大きな痛みを生じる構造改革とそれにともなう広範囲な法制度の変化など、劇的に変容する雇用環境のなか、改めて「労働時間」の面から全体を俯瞰し、問題点の提起が試みられている。

「成果主義と能力開発」季刊労働法二〇七号（労働開発研究会、二〇〇四年一二月）

日本の企業が年功賃金制に代えて「成果主義」の人事制度を本格的にとり入れ始めて一〇年を超えるが、「成果主義」はどう機能し、企業と従業員に何をもたらすのか。労働法や労働政策などの観点から多面的な検討が試みられている。

【福島　淳】

◆コラム◆　**働く充実どこに？——低賃金・不安定雇用に泣く非正規社員**

二〇〇三年の正規社員は三四四四万人、これに対してパートや派遣といった非正規組は一五〇四万人（総務省・

労働力調査)。後者は雇用者全体の三割を占め、たとえば九〇年当時に比べると一〇ポイント増加している。企業が非正規を増やしている最大の理由は、コストがかからない労働力だからだが、働く側に立てば、低賃金や不安定雇用が生活からゆとりを奪っている。非正規といわれる人たちの多くは、昔も今も女性。二〇〇三年の非正規社員一五〇四万人中一〇六〇万人と七割強を占め、これはれっきとした女性問題なのだ。低賃金でもこれまで大きな問題にならなかったのは、家計補助的働き方と本人も周囲もみていたからだろう。今は男性も増え、二〇〇三年は四四四万人で、非正規全体の二九・五%。九〇年に比較して実数で二〇九万人増加している。主たる家計の担い手である男性に加え、夫との離死別で自活を余儀なくされる女性たちも増加しているため、非正規社員の処遇が改めて社会問題としてクローズアップされている。

さらに若者のフリーター化も深刻。彼らはパート、アルバイトなどの直接雇用から派遣や請負といった間接雇用への切替えのなかで、違法な二重派遣で仕事の現場に送り込まれる。報酬は低額、社会保険加入などとは無縁。つぎの仕事もなかなかみつからず、その間カードで食いつなぎ、あげくの果ては借金が脹らんで身動きが取れなくなる。フリーターの末路は無残だ(「非正規社員――働く充実どこに」日本経済新聞二〇〇五年一月三一日より)。

【福島　淳】

第8講 高齢社会と生存権

1 高齢社会とは何か

◉高齢社会の進行

人口構造の高齢化（全人口に占める六五歳以上人口比率の増大）が急速に進行しつつあること、そしてこれが社会に深刻なインパクトを与えるであろうことはすでに一九六〇年代の後半頃から関係者には自覚されていた。痴呆性老人[*1]とその家族を描写して大きな社会的反響をよんだ有吉佐和子著『恍惚の人』（新潮社）が出版されたのは一九七二年のことであった。各種の将来推計人口データは、わが国がその比率と速さにおいてこれまで世界のどの国も経験したことのない超高齢社会になりつつあること、そしてそのピークが二一世紀の比較的早い時期にやってくることを示している。[*2]

人生八〇年時代といわれる寿命の伸張により、現役引退後一五年〜二〇年という長期にわたって引退後の人生を過ごす高齢者が増えている。家族構成は三世代世帯が減少し、その反面で高齢者だけの世帯が増加しつつある。[*3]また高齢社会はとくに女性の問題でもある。単身高齢者の約八割は女性であり、重度障害高齢者の入所施設である

＊1 かつて、「耄碌（もうろく）」とか「呆け（ぼけ）」とも称された。現在では、「痴呆」という用語は侮蔑的である等の理由で、公的には「痴呆症」に代えて「認知症」という用語が用いられるようになった（厚生労働省・『痴呆』に替わる用語に関する検討会」報告書、平成一六年一二月二四日）。

＊2 総人口に占める六五歳以上の比率は、一九五〇年は四・九％であったが、一九九〇年には一二・一％になり、その後二〇〇三年には一九・〇％となった。将来推計では、二〇〇七年には二〇％を、二〇一四年には二五％を、二〇三三年には三〇％を超えると推計されている。また後期高齢者（七五歳以上）の比率も二〇一〇年頃には一〇％に達し、二〇四〇年台半ばには二〇％を超えるとの予測がある

特別養護老人ホーム[*4]に入所している者の大半は女性である。女性は三度にわたって高齢者介護問題に直面するといわれる。まず夫や自分の親、つぎに夫、最後に自分自身のそれである。なお女性の高学歴化と就業率の高まりは、女性がほとんど一手に引きうけてきた家族介護がいっそう困難な状態になりつつあることを意味している。これも高齢社会を考える際の重要な前提である。

近年では、一人の女性が生涯のうちに生む子どもの数が急激に下降線をたどり、高齢化と同時に少子化の進行も明らかとなり、これは高齢社会が当初の予測以上に深刻な問題となっていることを示す新しい要因である。今日の高齢社会は少子社会と競合しつつ進行しているのである。[*5]

さらに高齢化率の高低と進行の遅速に大きな地域差がある。小規模町村は過疎に悩んでいるが、このような地域でこそ高齢化が著しいのである。これも、医療や介護の問題を考える際に欠くことができない前提である。

◉高齢社会のインパクト

人口構造の急激な高齢化の影響は社会全体に及んでいるが、おもには高齢者の雇用および生活保障と、これに対する社会的責任の範囲および程度の問題となってあらわれている。雇用の面で企業は、定年延長などによる高齢者雇用の維持・確保や高齢者雇用率の達成が法的に要請されている。年金は、受給者の増加と受給期間の長期化にともない年金水準との関係でその財源確保が、また高齢者医療は、急性伝染性疾患か

（厚生統計協会編「保険と年金の動向（二〇〇四年版）」二八五頁、「国民の福祉の動向（二〇〇四年版）」五頁、「国民衛生の動向（二〇〇五年版）」三五頁）。

＊3　一九八六年から二〇〇三年までの間に、六五歳以上の者がいる世帯数に占める三世代世帯数の比率は四四・八%から二四・一%へ減少し、単独世帯数の比率は一三・一%から一九・七%へ増大している（厚生統計協会編「国民の福祉の動向（二〇〇四年版）」一一頁）。

＊4　老人福祉法上の施設であるが（老福一一条一項二号）、この施設は介護保険法上の介護老人福祉施設に位置づけられ（介保七条二一項）、今日ではその機能の大部分は介護老人福祉施設に移行している。

＊5　合計特殊出生率は、一

らいわゆる三大成人病（悪性腫瘍、脳卒中、心臓病）、さらにこれに加えて生活習慣病[*6]へという疾病構造の変化に適切に対応した医療のあり方や高齢者医療に必要な財源確保が、それぞれ重要課題となっている。さらに介護を必要とする高齢者の急激な増加傾向は、従来の貧しい社会的介護システムと家族介護のみをもってしては対応困難であるとの認識からこれに代わる新しい社会的介護システムの構築が提案され、一九九七年には介護保険法が制定された（実施は二〇〇〇年度から）。

これらはいずれも、高齢者の問題であると同時に、人口構造の高齢化を迎えた社会全体すなわち国、地方公共団体、企業そして青壮年の現役就業者を含む社会の全構成員の問題であり、またどのような社会を構築すべきか、という考え方の問題でもある。

2 人権主体としての高齢者

◉生活自己責任、家族的扶養義務と生存権

現代社会においても、自らの生活は自らの財産、才覚と努力で維持向上すべきこと（生活自己責任の原則）、それが困難または不可能な場合は家族が扶養すべきこと（家族的扶養義務）、これらが基底的価値原理として承認されている。この価値原理の存在は生活保護法の補足性原理（生活保護法四条）に最も端的にあらわれている。

人間は高齢になると、定年で企業を退職あるいは心身機能の衰えにより稼得的活動から引退して所得を失い、また病気がちともなり、さらにはしだいに日常身のまわり

九六五年には二・一四であったが、その後減少し続け、二〇〇三年には一・二九となっている（厚生統計協会編「国民の福祉の動向（二〇〇四年版）」七頁）。

＊6 食事、運動、飲酒、喫煙等の生活習慣が、その発症・進行に関与する疾患群（糖尿病、高脂血症、高血圧症、肥満、慢性気管支炎、アルコール性肝障害等）を指す概念。疾病の予防対策には、第一次予防（健康増進と発病の予防）、第二次予防（早期発見と早期治療）、第三次予防（リハビリテーションなどによる社会復帰）があり、従来の「成人病」が第二次予防に重点をおいた概念であるのに対し、「生活習慣病」は第一次予防対策を重視する概念とされる（厚生統計協会編「国民衛生の動向（二〇〇五年版）」一四二頁）。

のことも不便となり介護を必要とする場合も生ずる。高齢者がこのような事態に立ちいたった場合、現役の時期に働いて貯えた財産や家族的扶養で自己の生活費、医療、介護を確保することができるかといえば、そのようなことが可能な者はきわめて少ないのが現実である。また子が、収入を失った親の生活を全面的に支えることができる場合は稀であり、介護が必要となったときの家族の負担には限度がある。生活自己責任と家族的扶養のみに委ねては高齢者が自らの生活を自立して営むことが困難であり、また家族が高齢者の生活を支えることに限界があるという現実を直視し、高齢者が人間的生活を営むことが人権であるとの思想を承認するかぎり、その人権を保障すべきは社会をおいてほかにはない。

この人権は、講学上、社会的人権としての生存権と称される。生存権の主体は生活を営む人間であり、憲法は「すべて国民は、健康で文化的な最低限度の生活を営む権利を有する」と規定している（憲法二五条一項）。高齢者もこの人権主体たりうることはいうまでもない。ただその具体的実現態様は、生存権の理念をふまえつつも、高齢者の社会的境遇に応じて彼らのニーズをどこまで社会化するかによって決まってくる。一方、生存権の主体が社会の全構成員に広がっていることからその保障責任主体は社会全体とならざるをえないが、社会全体の組織的統括者は国であることから、具体的にはその第一義的責任主体は国となるのである（憲法二五条二項）。しかしこのことは、国が直接に生存権実現のための給付を行ない、またその全費用を負担することを意味しない。国のみならず地方公共団体も行政実施面や費用負担の面で責任を負い、今日では現役労働者や企業も高齢者の年金、医療、介護に要する費用を負担しなければならなくなっている。このように、生存権保障責任の主体と内容は多様である。なお社会連帯という用語は、社会保障に要する費用負担の担い手の多様性を統一的に把握しようとする理念である。[*7]

◉高齢者像の変化と権利

老人福祉法が描く高齢者像は、たとえば、同法上の主要なサービスである居宅サービスに関し、「市町村は、必要に応じて、次の措置を採ることができる」（老人福祉法一〇条の四第一項）、施設サービスに関しては「市町村は、必要に応じて、次の措置を採らなければならない」（老人福祉法一一条一項）と規定している。特徴的なのは、高齢者が「措置」の対象者とされていることである。ここにいう「措置」とは、行政庁の権限であって受給者の請求権を認めたものではないとされる。同法上のサービス利用につき申請権の規定はなく、利用申込みに対する行政庁の応答義務も規定されていない。また権利救済に関する規定も欠いている。このことに象徴されるように、社会福祉サービスの分野で高齢者は権利主体としてではなく保護対象者として、いいかえれば行政庁の権限行使の結果として事実上の利益を享受する客体と位置づけられているにすぎないといっても過言ではない。そして社会福祉サービス分野における権利保障面での弱さは、高齢者だけでなく児童、障害者に対するそれと共通しており、かねてからわが国社会福祉の弱点と指摘されてきたところであった。

＊7　高藤昭『社会保障法の基本原理と構造』（法政大学出版会、一九九四年）は、社会保障法制における社会連帯の担い手として、事業主とその団体、各種福祉団体、労働組合など多種多様な団体そして個人と国家をあげている（同書四九頁参照）。

＊8　社会保障制度審議会は、昭和二四年に社会保障制度審議会設置法に基づいて設置された内閣総理大臣直轄の審議会であったが、中央省庁等の再編にともない平成一三年に廃止され、その機能は内閣府におかれた経済財政諮問会議および厚生労働省設置法に基づく社会保障審議会に引き継

だが今日、このような高齢者像に重要な変化が生じつつある。先の社会保障制度審議会勧告（「社会保障体制の再構築」、一九九五年七月）は、「社会福祉などについては給付を受けることがどこまで権利であるについては必ずしも明らかでなく、今後それを明確にしていかねばならない」と述べた[*8]。また高齢者介護保障構想を具体的に提案した高齢者介護システム研究会の報告書（「新たな高齢者介護システムの構築を目指して」、一九九四年一二月）は、高齢者像を自立した人間としつつ、介護保障を自立支援システムと意義づけ、また高齢者は自らの意思によって自らの生活の営み方を決定できること、どのような生活を営むかについて選択できることとした。このように高齢者像が従来の保護客体としてのそれから、権利、自立、自己決定、選択というキーワードをもって規定されるようになりつつあることは、高齢者が人間としての主体的存在（人権主体）としてとらえられるようになっていることを意味する。

3 生存権と社会保障

◉生存権保障としての社会保障

社会保障とは、社会的人権の中心をなす生存権の実現を直接の目的とする社会的給付の体系ということができる[*9]。そして社会保障給付は、社会的責任の考え方に裏づけられている点で私的性格をもつ任意の契約や家族的扶養による給付などと異なる（給付の社会的性格）。したがって給付をめぐる権利と義務の関係は、予め法令によって定

がれた。社会保障制度審議会が一九九五年勧告までに行なった勧告としては、「社会保障制度に関する勧告」（一九五〇年）、「医療保障制度に関する勧告」（一九五六年）、「社会保障制度の推進に関する勧告」（一九六二年）がある。

＊9 給付は金銭給付と現物給付に大別できる。前者は所得の喪失や特別の出費に対する給付であり、これはさらに一時金給付、短期給付および長期給付（年金給付）に、あるいは定額給付と所得比例給付などに分類することができる。後者は心身の機能喪失状態（傷病や障害）に対する給付であり、医療給付や介護給付などがある。なお現物給付は専門的な人的役務の提供がその核心部分をなし、これを社会サービスということもある。

められ（法定化）、あるいは医療、介護、社会福祉サービスなどの提供が契約方式によって行なわれる場合であってもその契約には厳しい公的規制が行なわれる（規制契約）というように私的自治の原則が大幅に修正されるという特色がある。

社会保障はこれを社会保険と社会扶助に区別することもできる。わが国の社会保障給付の主要部分である年金、医療および介護の各々がいずれも社会保険給付であることからわかるように社会保険が社会保障の中核をなし、社会扶助がその補完的役割を果たす。*10

社会保険と社会扶助の区別はもっぱら給付財源の調達方法の差異によるものであり、前者は主たる財源を保険料とし、後者は公費に依存する。ただ被用者を対象とする社会保険（たとえば、健康保険や厚生年金保険）の保険料は企業が半額を負担するのが原則となっており、また非被用者を対象とする社会保険（たとえば、国民健康保険）にあっては国庫負担、国民年金や介護保険には公費負担（国、地方公共団体）が行なわれており、被保険者の保険料のみによって給付財源がまかなわれている制度は存在しない。

社会保険給付は保険料負担の見返りと考えられて早くから権利保障が確立してきたが、社会扶助給付はこれが公費に依存することから給付水準が低位におかれ、しかも権利保障が遅れてきたのであった。

*10 社会扶助の代表は生活保護であるが、同法は「他法優先の原則」を規定している（生活保護法四条二項）。

◉社会保障給付の範囲と程度

社会保障給付は、人びとの生活に対する社会的責任の範囲と程度を具体的に示すものといえる。この社会的責任の具体化にあたっては、どのような者を対象とし（主体）、どのような状態に対し（給付事由）、どのような条件のもとで（給付要件）、どのような給付を行ない（給付内容）、そして給付をまかなうに必要な財源をどのように配分負担するか（費用負担）、またどのような権利救済システムを整備するか（権利救済）、さらにはどのような社会的組織で保障するか（保障組織）、これらが重要課題となる。社会保障の内容は国によって一様ではなく、また時代とともに変化してきたのであって、その意味で社会保障給付に示された社会的責任の範囲と程度は固定的なものではない。

この点について最高裁は、憲法二五条一項の「健康で文化的な最低限度の生活」という規定は「きわめて抽象的・相対的な概念であって、その具体的内容はその時々における文化の発達の程度、経済的・社会的条件、一般的な国民生活の状況等との相関関係において判断決定されるべきものであるとともに、右規定を現実の立法として具体化するに当たっては、国の財政事情を無視することができず、また、多方面にわたる複雑多様な、しかも高度の専門技術的な考察とそれに基づいた政策的判断を必要とするものである。したがって、憲法二五条の規定の趣旨にこたえて具体的にどのような立法措置を講ずるかの選択決定は、立法府の広い裁量にゆだねられており、それが著しく合理性を欠き明らかに裁量の逸脱・濫用と見ざるをえないような場合を除き、裁判所が審査判断するのに適しない事柄である」と判示している（最大判昭和五七・七・七、いわゆる堀木訴訟）。このように最高裁判所は、生存権の具体的内容を国の広い立法裁量に委ね、違憲立法審査権の行使を厳しく自己抑制しているのである（司法消極主義）。なおこの判決は、憲法一四条（平等権）および同一三条（個人の尊重）との関係については、「憲法二五条の規定の要請にこたえて制定された法令において、受給者の範囲、支給要件、支給金額等につきなんら合理的理由のない不当な差別的取扱をしたり、あるいは個人の尊厳を毀損するような内容の定めを設けているときは、（中略）憲法一四条及び一三条違反の問題を生じうる」と判示している。

◉立法政策と社会保障

社会保障関係法令の解釈適用の違法性をとらえ、行政処分の取消しや国家賠償法上の損害賠償請求などにより実質的に生存権の実現をはかることは今後とも可能であり、また重要であって、最近ではこの種の訴訟で原告が一部勝訴した裁判例もみられる（京都地判平三・二・五、秋田地判平五・四・二三、京都地判平五・一〇・二五など）。ただ、生存権に関する一連の最高裁大法廷判決（食糧管理法違反事件・最大判昭二三・九・二九、朝日訴訟・最大判昭四二・五・二四、堀木訴訟・最大判昭五七・七・七）が違憲立法審査権行使の余地を極端に狭いものとしたことによって、裁判所の違憲立法審査権の行使による生存権実現はほとんど期待できないという閉塞状況に陥っているということができる。

このような状況のもとで、生存権実現のためには立法政策の妥当性や合理性をどのようにして確保することができるかという課題がいっそう重要となっている。社会保障の目的理念は生存権の実現にあるが、その具体的内容をどのように画定するかについては全社会的規模での利害問題としての面があり、政策形成にあたっては、主に給付の水準と財源負担をめぐって、国、地方公共団体、企業、保険者、被保険者、受給者間に厳しい利害対立が生じる。その利害対立には調整と合意形成の努力が払われ、最終的には国民代表機関たる議会の判断に委ねられることになる。

ただ従来の社会保障政策は官僚主導で形成されてきたのであって、立法の妥当性と合理性を確保するための合意形成を行なうしくみが十分であるかについては問題がある。政策形成にいたるさまざまの過程で国民世論、とくに生存権の主体（たとえば高齢者の生存権に関する事項については高齢者の代表）が参加するしくみはとぼしい。また政策形成に世論がよく反映するためには必要な関係情報が人びとに十分に公開・開示されておく必要があるが、国の政策遂行に必要な情報のみが一方的に提供されているのが実情である。参加と必要十分な情報の公開・開示は、社会保障政策の形成にとっても重要な課題である。

4　高齢者の社会保障

社会保障を高齢者との関係でみると、稼働所得の喪失に対し所得保障を行なう年金給付、疾病の予防・治療および機能訓練によって労働能力・生活能力の維持・回復を行なう医療給付、心身機能障害から派生するさまざまの日常生活上の支障をとらえてその自立支援を行なう介護給付が重要である。これらはいずれも人びとが人間的生活を営むための、すなわち生存権実現のために必要な給付である。なお今日の立法動向をみると、医療給付と介護給付はいずれも心身の機能喪失状態を除去・軽減するという目的の共通性から相互に接近融合化の傾向を示しており、その差異はしだいに相対的なものになりつつある。

◉老齢年金給付

社会保障年金には障害年金、遺族年金および老齢年金があるが、老齢年金が中心をなす。

わが国の公的年金制度は二階建てと称されている。一階部分は国民年金法による基礎年金制度である。これは日本国内に住所を有する二〇歳以上六〇歳未満の者であって被用者年金各法の適用をうけない者（自営業者等）、民間企業や官公庁などに勤める者（被用者）およびその被扶養配偶者（稼動所得なき配偶者）で二〇歳以上六〇歳未満の者に適用されるのであって、いわば稼動年齢にある全社会構成員を被保険者としている（国年七条一項各号）。二階部分は、被用者年金各法による報酬比例年金制度である。これは民間企業の従業員や官公庁の公務員などの被用者に適用される（以下、民間企業従業員を適用対象者とする厚生年金保険法をもって代表させる）。

したがって老齢年金には、一階部分としての老齢基礎年金と二階部分としての老齢厚生年金があることになる。適用が基礎年金制度のみの者は「一階建て住まい」、基礎年金制度と報酬比例年金制度の両者の適用をうける者は「二階建て住まい」、ということになる。両者とも、支給要件としての資格期間は二五年以上であり、支給開始年齢は六五歳が原則となっている。老齢基礎年金は過去の所得が給付額に反映しない定額給付であるが、保険料納付済期間が四〇年に満たない者には満額年金は支給されない。したがって保険料納付済期間の長短が給付額の多寡に反映するしくみとなっている。老齢厚生年金の保険料額は報酬額の多寡に比例することになっており、また給付額も報酬比例方式となっている。

基礎年金の給付財源は、第一号被保険者（自営業者など）が負担する保険料、第二号被保険者（被用者）が加入する被用者年金各法の保険者が負担する拠出金および国庫負担金でまかなわれる。なお第三号被保険者（被用者の被扶養配偶者）には保険料負担義務がない。これについては種々批判があるが、第三号被保険者の分は被用者年金各法の保険者が負担している、と考えられている。被用者年金保険は、報酬比例の保険料を被保険者と事業主がそれぞれ折半して負担するのが原則である。

老齢基礎年金の給付水準は、高齢者の基礎的需要を満たすに足る年金として設計されており、具体的には生活保護法上の生活扶助（二級地の高齢者夫婦世帯）が考慮された。しかし法定の満額年金は、前述のとおり、保険料納付済期間が四〇年以上に満たない者には支給されず、保険料免除期間がある場合には所定の方式に基づいて減額される。

基礎年金制度には保険料免除制度がある（法定免除と申請免除）。問題なのは適用漏れや未納である。とくに第二号被保険者や第三号被保険者が第一号被保険者に移行する場合の手続漏れ、若年層を中心とした未加入や未納が、国民年金の「空洞化現象」として深刻な問題となっている。[*11] 一方、老齢厚生年金は、これが現行の給付水準を将来ともに維持する場合、現役労働者が保険料の負担に耐えられるかについて悲観的なデータが示され、給付と負担の両面での見直しが行なわれ、さらに厚生年金保険と各種共済年金との一元化が課題となっている。

このようにわが国では、近年制定された企業年金二法（確定給付企業年金法と確定拠出年金法）との関係をも視野に入れながら、国民年金の「空洞化現象」への対応と被用者年金各法の一元化という困難なしかし喫緊の課題に取り組み、国民の信頼と協力を得ることができる長期的に安定した年金制度の構築が求められている。

なお社会保障年金では、全社会的規模での所得再分配が行なわれ、また給付額の実質的価値が維持される（スライド制）など、私保険による個人年金には存在しないしくみがある。これらは給付の社会的性格によるものである。

◉高齢者医療給付

(1) 老人医療　高齢者は一般の社会保険医療給付と相対的に区別された特別の老人医療給付をうける。それは老人保健法による医療給付（老人医療）であり、一九八二年に創設されたものである（実施は翌年）。わが国の社会保険医療制度は、民間労働者と公務員およびその家族を対象とする被用者医療保険各法（代表は健康保険法）と、

＊11 「空洞化現象」は、満額年金を受給できない者が大変な数に達し基礎年金の目的が達成されないという基本的問題を提起している。

雇用関係にない自営業者などを対象とする国民健康保険法とによって成り立っているが、高齢者については医療保険各法に加入する原則七五歳以上で市町村の区域内に居住する者に対し、老人保健法上の医療給付が行なわれる。すなわち高齢者については、彼らがどの医療保険に加入しているかを問わずに老人保健という一本の制度で医療給付が行なわれる。老人医療については一般社会保険医療とは異なった診療報酬基準が設定されるが、これは老人医療の内容と水準を実質的に左右する役割を果たす点できわめて重要である。[*12] なお老人医療の診療報酬基準では医学的管理などが評価され、検査や長期入院に対しては抑制的である。

この独特の制度は国民が「老人の医療に要する費用を公平に負担」すべきとの理念に基づいており（老健二条一項）、費用負担割合は医療保険の各保険者が共同して五割、公費が五割となっている。重要なのは、老人医療費を現役労働者や企業も負担することになっており、この点は基礎年金の財源確保と同じである。なお老人医療の受給者は給付に要する費用の一割を負担するのが原則となっている。

なお老人保健法には、その制定後、老人保健施設の設置および老人保健施設療養費支給制度、訪問看護療養費支給制度の創設などの重要な改正が行なわれた。[*13] 老人医療給付にこれらの給付を加えて「医療等」という。

また同法には、医療のほかに予防としての健康診査や事後的な機能訓練などがある（「医療等以外の保健事業」）。これらは医療等とともに老人保健法上の給付であるにもかかわらず、医療等と異なって社会保険医療制度との結合関係がなく、もっぱら公費

＊12　診療報酬とは、医療機関が行なった医療行為のうち社会保険医療としてカバーされる部分についての対価である。その基準は、診療側、支払側および公益側の三者で構成されている中央社会保険医療協議会が厚生労働大臣の諮問に応じて審議・答申し、厚生労働大臣告示によって法的根拠が与えられる。

＊13　介護保険法の制定によって、老人保健施設および老人保健施設療養費支給制度は介護保険制度に吸収されるなど、老人保健法も大幅な改正が行なわれている。

に依存した給付となっている。したがって医療保険者の負担はない。対象者は市町村の区域内に居住地を有する四〇歳以上の者であり、医療保険に加入していない者（生活保護世帯に属する者。国保六条六項）も対象者である。

このように老人保健法は、医療等とそれ以外の保健事業の二本建てによって成り立っており、この両者の制度構造は基本的に異なっている。それにもかかわらずこの両者が老人保健法のなかに一体のものとして規定されたのは、この法律が「疾病の予防、治療、機能訓練等の保健事業を総合的に実施」することを目的としているからである（老健一条）。

(2) 退職者医療　国民健康保険法にはいわゆる退職者医療制度がある。これは、被用者年金の受給資格がありかつ被用者年金保険に一定期間以上加入していた者が定年などで退職して国民健康保険に加入するにいたった場合、彼らは自営業者などの一般被保険者と区別された退職被保険者、その配偶者は退職被保険者の被扶養者とされる。重要なことは、退職者医療の給付および事務に要する費用はその全額を被用者医療保険の各保険者が共同で負担することになっていることである。退職者に対する医療給付費は現役労働者とこれを雇用する企業が負担するしくみとなっているわけである。この制度の本質は国民健康保険と被用者医療保険間の財政調整制度であり、また老人医療が適用されるまでの〝つなぎ〟としての役割をも果たしていることになる。

なお老人保健制度の創設後も老人医療費の伸びが続いており、これに対応するために社会保険医療制度の抜本改革が検討されている。そこでは給付の抑制と財源の確保および一部負担のあり方等が検討されている。

が主要課題とされ、具体的には高齢者医療保険制度の創設、診療報酬基準、薬価基準

◉高齢者介護給付

介護保障の構想は社会保険方式によって実現された。保険者は市町村（特別区を含む）である。被保険者は六五歳以上の者（第一号被保険者）と四〇歳以上六五歳未満の者で医療保険各法に加入する者（第二号被保険者）であり、いずれも市町村の区域内に住所を有していることが必要である。被保険者が要介護状態または要支援状態（以下たんに「要介護状態」という。）になった場合、所定の介護給付または予防給付（以下たんに「介護給付」という。）が行なわれる。被保険者が給付をうけるにはまず市町村に要介護認定の申請を行ない、これについて市町村から所定の要介護状態にあることの認定をうけなければならない。認定は市町村に設置された介護認定審査会が専門的見地から所定の要介護状態にあるかどうかを審査・判定し、この結果に基づいて行なわれる。認定は申請があって三〇日以内に行なうのが原則である。

所定の要介護状態にあるとの認定が行なわれると、要介護者は居宅介護支援事業者（介護保険施設、在宅介護支援センター、訪問看護ステーション、医療機関など）に対して居宅介護サービス計画の作成を依頼でき、この計画にそって居宅介護給付が行なわれる。施設介護においてもこの計画作成が行なわれるが、依頼を要しない。この計画は給付の内容を実質的に決定し、具体的な給付に結合させる役割を果たすものであって、き

わめて重要である。

介護給付は居宅介護サービスと施設介護サービスが二つの柱である。給付は要介護状態の各ランクごとにサービスの上限額が設定され、その範囲内で行なわれる。

給付に要する財源は、保険料五割、公費五割の負担でまかなわれる。[*14] 受給者は給付費の一割を負担しなければならない。なお居宅介護サービス計画の作成には自己負担はない。保険料の滞納には、給付の現金償還方式化、[*15] 給付の一時差止め、一部負担率加重（三割）といった厳しいペナルティーが科される。

保険給付や保険料などに関する行政処分については各都道府県に設置された介護保険審査会に審査請求ができる。これは従来の社会福祉関係法にはなかった制度であり、申請権の保障とともに介護給付をうけることが権利であることを明らかにしている。

なお介護保険法が、権利、自立支援、自己決定、選択という介護保障理念を具体的に実現できているかどうかはなお検討を要するが、認定の公正・迅速性の確保、質量ともに適正な給付の保障、低所得者層の負担への配慮、そして介護サービスを実質的に担う人的物的基盤の整備など、課題は多い。

★より理解を深めるために

荒木誠之『社会保障法読本〔第三版〕』有斐閣、二〇〇二年

社会保障法の全体像を理解するうえでの必読書。バランスのとれた平易な記述のなかに社会保障法の歴史、理論、構造および課題が示されている。

＊14 保険料は、第一号被保険者の保険料（所得水準を考慮した所得段階別定額保険料方式で主に年金から天引き徴収）と第二号被保険者の保険料（医療保険の保険者が被保険者から医療保険料に上乗せして徴収）とからなる。公費負担割合は、国が二五％、都道府県と市町村が各一二・五％ずつである。

＊15 現金償還方式とは、利用者がサービスをうけたとき、いったん利用料金の全額を支払い、この支払額のうち所定の給付分を給付義務者（保険者など）に還付請求する方式である。濫給防止に効果がある反面、手もち現金がない者はサービスをうけることが困難になるという短所がある。

堀勝洋『現代社会保障・社会福祉の基本問題』ミネルヴァ書房、一九九七年

近年の社会保障・社会福祉改革の中心的論点について筆者の見解が積極的に展開されている。読みごたえのある好著。

井上英夫・上村政彦・脇田滋編『高齢者医療保障』労働旬報社、一九九五年

高齢者の医療のみならず住宅の問題にまで視野を広げて、高齢者の健康権保障の観点から現状を批判的に検討し、また各国との比較を行なった問題提起の書。

佐藤進・河野正輝編『介護保険法』法律文化社、一九九七年

介護保険の法的理解に有益。法案段階で執筆されたものであるが、介護保険法を高齢者の権利という視点から点検する際に参考になる。

河野正輝・菊池高志編『高齢者の法』有斐閣、一九九七年

高齢者が、暮し、働き、よりよく豊かに生きるために求められているものは何かについての法的問題を、高齢者の自立支援という視点から、「やわらかな引退へのプロセス」および「たしかな自立への支援」の二部構成で編集された著書。

山口浩一郎・小島晴洋著『高齢者法』有斐閣、二〇〇二年

高齢者に関連のある諸制度の構造や運用を紹介し説明した著書。仕事・収入・財産、生活環境、健康・介護・福祉、社会参加、人格の保護について広範にとりあげている。

堀勝洋・岩志和一郎編『高齢者の法律相談』有斐閣、二〇〇五年

高齢者をめぐる法律問題を、雇用、所得、住まい、取引・財産管理、家族、医療、介護・福祉、祭祀・墓地の八部、一二一項目にわたって広範にとりあげ、設問と解答の形式で各項目に解説を加えた著書。

【良永彌太郎】

◆コラム◆ 高齢者の権利擁護

高齢者が介護サービスをうけるには、要介護状態にあることの認定を申請し、その申請について市町村におかれている介護認定審査会による審査・判定を経て、市町村による要介護であることの認定をうける必要がある。この認定は行政処分である。申請者がこの認定に不服がある場合は、各都道府県におかれている介護保険審査会に審査請求を行なうことができる。さらにこの介護保険審査会の裁決に不服があれば、裁判所に行政訴訟を提起できる。このように介護保険法は要介護状態にある高齢者が介護給付をうけることが権利であることを明文で規定している。問題は、認定をうけた要介護高齢者が現実に介護サービスをうけるためには、指定事業者との契約によってサービスの提供をうけることになるが、その提供過程で、たとえば、施設入所者が転倒骨折したり、人格的侮辱をうけたりその他不適切な処遇をうけた場合、処遇には行政処分性がないので介護保険審査会に不服申立てができない、ということである。通常、契約の履行に関するトラブルは民事的解決、多くの場合には損害賠償請求というかたちをとる。しかし、サービス提供過程で生じるトラブルのすべてが、逐一、損害賠償請求に結びつくわけではない。むしろ多くの場合、たとえば、転倒骨折等の事故発生の場合、利用者やその家族は、原因の究明、医療等の迅速な対応、本人や家族への十分な説明、再発の防止策、場合によっては謝罪を求めるのであって、必ずしも金銭的解決を望んでいるわけではない。サービス提供過程には、損害賠償制度には馴染みにくくそうかといって利用者やその家族にといっては切実な沢山の問題が生じる。

このような場合、従来型の法的紛争解決システムはよく機能せず、新しい解決システムが必要となる。そこで介護保険法は、都道府県ごとに設置されている国民健康保険団体連合会の業務に介護サービス苦情解決を加えた。これは、新しい権利保障システムである。従来型の権利保障システムを権利救済システムというのであれば、これは権利擁護システムともいうべきものである。

高齢者の権利擁護システムとしては、このほかに、社会福祉法に基づいて、都道府県の社会福祉協議会が行なう地域福祉権利擁護事業や苦情解決もあり、また民法上の成年後見制度が重要である。

高齢者の権利保障という場合、この権利擁護という新しい用語の意義をよく考えてみたいものである。

【良永彌太郎】

第9講 国家と信教の自由

1 人権思想の確立と信教の自由

◉宗教とは何か

宗教（信仰、信教）は社会現象のうち最も不可解なものの一つといえる。たとえば、オウム真理教は、「教義」実現のためにサリンによる無差別殺人を行なったのをはじめ、多様な犯罪を犯した。ここに宗教の「負」の側面を感じた人も多いと思われる。しかしまた、宗教・信仰は人間の生存にとって不可欠の価値をもっていることも事実である。

宗教の定義は「宗教学者の数と同じだけある」といわれるが、大部分「絶対的なるものへの帰依」を中心とする、有神論的ないし一神教的立場からのものである。津地鎮祭事件控訴審判決（名古屋高判昭和四六・五・一四）は、宗教を、神、仏、霊などの「超自然的、超人間的本質の存在を確信し、畏敬崇拝する心情と行為」と定義したが、同じ立場からのものであるといえよう。しかし、迷信、俗信、「淫祠邪教」、呪術、「オカルト」などとされるものを宗教から排除する根拠はないし、多神教的信仰も否定的に評価すべき理由はない。

◉宗教の功罪

宗教は、何らかの意味で絶対的・排他的性格（不寛容性）を有する。この性質が「自己の宗教のみが救済をなし得る」という主張にとどまらず、他宗教との共存を拒否し、宗教戦争や他の宗教への弾圧などをもたらした。また、たとえば、カトリックは「新大陸」植民地化を正当化するイデオロギーとして機能したときもある（ラス・カサス[*1]の批判や現代の「解放の神学」[*2]を想起してほしい）。このように宗教・信仰はときとして人間を「不寛容」に引きこむ性質を有するものであるが、このことが皮肉にも近代の欧米諸国において人権思想を形成するうえで重要な意味をもったことも事実である。

◉人権のなかの人権

信教の自由は「人権のなかの人権」とか「人権の父」といわれる。それは、宗教改革にはじまる新・旧キリスト教間の対立に起因する多様な宗教戦争が最終的には新・旧キリスト教徒の信教の自由の相互承認に結果したこと（世俗側が疲れただけといわれるが）、英国教会の弾圧を逃れ、信教の自由を求めてアメリカに亡命したピューリタンたち（の子孫）が、アメリカ独立革命の過程において信教の自由を中核にした人権保障システムを創設したこと、世界諸国でモデルとされた『人権宣言』（『男権宣言』[*3]

＊1　ラス・カサス（一四七四～一五六六年）　スペインの中南米征服の残虐性を告発したカトリック司教。日本の憲法学ではほとんどふれられることはないが、人権思想史上非常に重要な位置を占めると考えるべきである。『インディアスの破壊についての簡潔な報告』が有名である。

＊2　解放の神学　中・南米のカトリック教会が植民地化の推進者であり、悲惨な民衆の側に立たなかったことを批判し、教会は貧しい民衆の自己解放の企てに対しその味方となり、不正や抑圧や搾取と戦う方向をとるべきだとするカトリック神学。実際にゲリラに身を投じた神父もいる。

＊3　男権宣言　フランス革命の『人権宣言』（一七八九年）は女性を権利主体から排除していたことから、実際は『男権宣言』であったとい

が正確?）が宗教的自由を保障したことなど、信教の自由が近代人権思想の形成・確立において中心的役割を果たしたことによると思われる。実際、欧米の憲法は例外なく信教の自由の保障規定をおいている。

2　明治憲法下の信教の自由

◉命令で制限できる信教の自由

明治憲法二八条は「日本臣民ハ安寧秩序ヲ妨ケス及臣民タルノ義務ニ背カサル限ニ於テ信教ノ自由ヲ有ス」と定めていた。宗教を内心と外部に区分し、内部における信教の自由は制限されないが、外部における礼拝・布教の自由は当然制限をうけるという考え方である（伊藤博文『憲法義解』）。信教の自由は内心のみを対象とするとしたのであった。また、権利者は全条項とも「臣民」、すなわち主君（天皇）に対する「家来」である。これだけでも信教の自由の保障の程度が予想されるが、さらに、他の権利条項にはあった「法律の留保」[*4]さえ信教の自由には付されていなかった。したがって、天皇（政府）の命令のみで広範に制限できるものであった。すなわち、「安寧秩序」（社会の秩序）、「臣民タルノ義務」（納税や兵役、皇室への忠順、皇室関係神社へ不敬を行なわない義務など）という概念は、解釈しだいでは広範な制約を可能にするものであり、信教の自由の制限を抑制するためにはほとんど有効ではなかったのである。

えよう。これに対して、オランプ・ドゥ・グージュは『女権宣言』（一七九一年）と題する文書を作成し、その差別性を批判した。

＊4　**法律の留保**　行政権が国民の権利を制限し、義務を課すには議会の制定する法律の根拠が必要であるということである。しかし、それは同時に法律によりさえすればよいということにも通じる。したがって、明治憲法における「法律の留保つき権利保障」とは、保障の程度が薄い（低い）ことを意味している。

◉神社は宗教ではない!——明治国家の宗教政策

明治国家は、明治維新当初より神社神道の国教化政策をとった。王政復古の大号令は「諸事、神武創業之始ニ原」くことを宣言し、これをうけた神仏分離令(一八六八年(明治元年)三月二八日)以降、神社の公的性格の宣言、神官の世襲制廃止、すべての神社をランクづけする社格制、神官職制(一八七一年五月一四日、太政官布告第二三四、二三五)などの政策がつぎつぎと実施された。同年には、檀家制度に代わる「氏子制度」さえ構想された(七月四日太政官布告第三二二)。この政策は民衆の重層的信仰を否定する内容であったため、混乱を招き、宗教政策は転換された。つぎの国民教化政策もキリスト教徒弾圧に対する諸外国からの批判などから破綻し、一八七五年一一月二七日「信教の自由の口達」によって各宗教の独立性を承認し、「信教の自由」と宗内での「自治」を認めた。明治政府は、それ以後近代国家として信教の自由を形式的に認めつつ、それと「両立」しうるように神社神道の国教的地位(いわゆる国家神道体制)の確立をはかることとなる。

国家神道体制は「神社は宗教にあらず」とする神社非宗教論に基づいていた。神社非宗教論は、神社は創唱者がおらず、教義がなく、布教をしないこと、道徳的・習俗的要素が強いなどの宗教学的特殊性および行政上・法制度上の特殊な位置づけ(主務官庁が神社は内務省、他の宗教は文部省と分かれていた)を根拠とするものである。しかし、「創唱者がいない」ほかの三点は原始宗教や民俗宗教に、「道徳的・習俗的要素が強いこと」はすべての宗教に共通のことである。また主務官庁の違いは、法制の現状を根拠にする循環論法にすぎない。いずれにせよ、教院などでの葬儀や参拝禁止（一八八一年一〇月）、神職の葬儀への関与禁止（一八八二年一月）などの措置により、神社神道を宗教から切断し、非宗教＝「祭祀」と位置づけることによって、国家神道体制は明治憲法制定（一八八九年）前にいちおう整うこととなる。

◉国家神道体制

国家神道体制は、神社神道を国家の「祭祀」とし、他の宗教に超越させ、臣民には各自の宗教の自由をいちおう保障しつつ、神社神道への崇敬を強要する体制であった。神社神道は公的性格をもち、神社は公的施設であり、神官は官吏または官吏待遇であった。他の宗教のうち、一八八二年、教派神道・仏教・キリスト教が「宗教」とされた。一八八四年、管長制のもとに「宗教」と認められたものには「独立性」と「自治」を認めたが、同時に各宗派間の争論を禁止した。国家神道体制はここにいう「宗教」を含めての体制であり、「宗教」はこの体制内にとどまるかぎり、一定の保護をうけた。それ以外は「雑教」あるいは「類似宗教」とされ、警察の取締りの対象とされた。

宗教団体法（一九三九年）は右の「宗教」以外の宗教をも含めて「宗教団体」になる可能性を認めたが、設立には監督官庁の認可が必要とされ、法人化にはさらに認可が必要とされた。この法律は、監督・統制色が強く、文部大臣に広範な監督権限を認めており、宗教団体としての自律権は大幅に制限されていた。さらに、国家神道体制は、臣民に神社への礼拝を強制するだけでなく、大本教、ひとのみち（現在のＰＬ教団）、ホーリネスなど、神・仏・基《キ》にまたがる多くの宗教に対する弾圧の歴史でもあったことを忘れてはならない。

3 日本国憲法における信教の自由

◉神社も一宗教法人に──神道指令

ＧＨＱ（連合国総司令部）はポツダム宣言第一〇項の「宗教の自由の尊重は確立せらるべし」を具体化するために、一九四五年一〇月、「自由指令」を発し、治安維持法などとともに宗教団体法を廃止し、さらに同年一二月、「神道指令」を発布した。それは「宗教を国家より分離し、宗教を政治目的に悪用することを防止し」、すべての宗教を「完全に同一なる法的基礎の上に」おき、同一の機会と保護を保障することを目的とした。すなわち、神道指令は、神社神道を国家から分離するだけでなく、すべての宗教を国家から分離すると同時に平等に扱うものであった。さらに同一二月、神社をも対象にした宗教法人令（勅令七〇）が制定されたが、自由主義的なものであった。また同令は宗教法人の設立に関し準則主義[*5]をとったため、神々のラッシュアワーといわれるなか、実体のない宗教団体も法人となった[*6]。現行宗教法人法（一九五一年制定）は宗教法人について認証制をとり、実体のない宗教団体を法人から排除したが、信教の自由と政教分離の尊重については宗教法人令と差異はないといえる。

＊5　**準則主義**　法人の設立の要件を法律で予め定めておき、その要件を備えておれば当然に法人とする主義。宗教法人令の場合、法人設立登記後二週間以内に一定の事項を所轄庁に届け出るだけであった。現行法では、会社（会社法四九条・五七九条）、労働組合（労働組合法二条・一一条）などがその例である。

＊6　一九四七年、文部省への届出のあった二〇七教団のうち、一三六が新宗教であったが、ほとんどが戦前に創立され、潜伏していたものであるという。

日本国憲法の信教の自由および政教分離の条項は、戦前を含む、以上のような背景のもとに規定されたものであり、このことは解釈にあたっても念頭におかれるべきである。

◉個人の信仰内容は干渉されない

憲法二〇条一項前段は信教の自由を何人に対しても保障している。「何人」とは、自然人（外国人も含む）だけでなく、宗教団体も含むと考えられている。この保障は、まずは国家権力に対するものであるが、私人との関係でも保障されると考えるべきである。

信教の自由とは、①宗教を信仰するかしないか、②宗教の選択、③宗教の変更（転宗）について、個人が国家から強制されることなく自由に決定できることを意味する。これらは個人の内心の自由であるから絶対不可侵である。したがって、個人には信仰告白の自由（告白しない自由を含む）があり、個人は国家から信仰の告白を強制されない自由を有することとなる。この「強制」は、江戸期の踏み絵のように直接宗教に関連するものにかぎらず、間接的なもの（たとえば、司法上宗教団体所属の証明を要請することなど）も含む。さらに、個人は、国家から、信仰をもたないこと、あるいは特定の信仰をもっていることを理由にして特定の利益または不利益（たとえば、特別税賦課、公的施設の利用拒否など）をうけない自由を有する（この点は、平等原則と重なりあう）。特定個人が特定宗教の信仰を理由に利益をうけることは他の人に対し不利益を与え、不利益な取扱いをうければ特定宗教の信仰を強制または禁止されたと同様になるからである。

◉宗教行為はどこまで自由か

人は自己の信仰を礼拝、儀式、布教宣伝などの行為で表現する。憲法二〇条二項は「何人も宗教上の行為、祝典、儀式又は行事に参加することを強制されない」と規定して、これらの行為の自由（行為しない自由をも含む）を保障している。

これらの行為は外部への表現行為であるから絶対無制限ではなく、一定の制限ないし介入をうける。たとえば、「加持祈祷」も、個人の身体などに危害を加え、死にいたらしめれば保障の限界を超えており、これを処罰しても信教の自由の侵害ではない（最大判昭和三八・五・一五）。このように宗教行為といえども無制限でないことはもちろんであるが、当該宗教の内容によっては微妙な問題をはらむことがある。この点で、牧師が建造物侵入罪などの犯人として警察に追われていた少年を教会内に匿《かくま》った事件で、裁判所がこの行為を「牧会[*7]」活動にあたり、正当な業務行為であるとして、罪とならないとしたのは適切である（種谷牧師事件、神戸簡判昭和五〇・二・二〇）。

◉宗教団体を創る自由

この自由は、信仰を共通にする者が儀式の遂行や布教宣伝などのため、結社（宗教団体）を結成する自由であり、それへの加入・不加入、継続・脱退の自由および団体

＊7 **牧会**　牧師が自己に託された羊の群れ（個々の人間を羊にたとえている）を養い育てるということである。

自体の自治を含んでいる。このような自由は、法人格の有無に関係なく、すべての宗教団体に保障される。宗教法人法は主として財産管理・取引の安全確保のために宗教団体に法人格を認めるものであり、認証（宗教団体性、規則・手続の法令適合性を審査・確認する）に際し、教義内容、信仰のあり方などは審査できない。宗教法人は「自主解散」や認証取消しの場合のほか、裁判所の解散命令（八一条）によっても解散する。例として、前述したオウム真理教の行為は、法令に違反して、著しく公共の福祉を害することおよび宗教団体の目的を著しく逸脱していることが明らかであるとして、解散命令が出された（最決平成八・一・三〇）。この解散制度は、宗教法人の世俗的側面を対象にし、かつ世俗目的のものにとどまり、信者などの宗教活動上の支障は解散命令にともなう間接的で事実上のものになるといえよう。

◉そのほかの判例

これまでに述べた判決のほか、つぎの二点に関する判決にふれておきたい。

(1) 文化観光税条例事件（奈良地判昭和四三・七・一七）および「京都市古都保存協力税条例事件」（京都地判昭和五九・三・三〇、大阪高判昭和六〇・一一・二九）は、拝観を宗教行為ととらえるのか、文化財観賞行為ととらえるのかが核心にあった問題であるが、両判決は、外観からのみ判断して文化財観賞行為であるとした。しかし、仏像などの前では宗教的気分になることは事実であるから、宗教行為の側面をも有すると考えるならば、税徴収は宗教的行為の侵害であり、寺社に対する差別的取扱いになると考えることもできる。

(2) 司法権は宗教団体の内紛にどこまで介入できるか。住職などを法人の代表役員にする旨の規則がある場合は、役員の地位をめぐる請求の当否判断の前提問題として宗教上の地位の存否の判断が必要であれば、教義解釈や内部自治への介入にわたらないかぎり審査・判断できるとした（種徳寺事件、最判昭和五五・一・一一ほか）。広宣流布[*8]達成にあたり、本尊安置のための正本堂建立費用として行なった寄付は錯誤（その内容は「広宣流布は未だ達成されないこと及び本尊が偽物であることが判明したこと」である）によると主張して返還請求を行なった事件では、請求の当否を決する教義の判断は前提問題ではあるが、訴訟の帰すうを左右する必要不可欠のものであり、訴訟の争点および当事者の主張立証もこの判断が核心になっていることから、本訴訟は法令の適用による終局的解決の不可能なもので、「法律上の争訟」[*9]にあたらないとされた（板まんだら事件、最判昭和五六・三・二〇）。総じて、内紛が法律上の争訟たりうるためには、請求が具体的な法律関係に関するものであるとともに、その判断の前提問題として教義の解釈、信仰の対象の価値の宗教的判断が不可欠でないことが必要であろう。

ほかに、日曜授業参観事件（東京地判昭和六一・三・二〇）、剣道実技拒否事件（最判平成八・三・八）などがあるが、第4講でとりあげるのでここではふれない。

＊8 広宣流布　日蓮の三大秘法の仏法が日本国中、さらに全世界に広まることを意味する。

＊9 法律上の争訟　法令を適用することによって解決しうべき権利義務に関する当事者間の紛争のことであり、裁判所法三条一項は裁判所は「一切の法律上の争訟」を裁判すると定めている。司法権の作用する対象となるのは原則としてこれにかぎられる。

4　政教分離の原則

◉政教分離原則とは？

政教分離原則とは、国家が特定の宗教（教会）と結合した場合、他の宗教を弾圧し、個人や団体の信教の自由が侵害される可能性が増すことから、国家とすべての宗教を分離し、国家は宗教を私事として把握し、すべての宗教に対して中立の立場を保つことである（日本国憲法は二〇条一項後段・三項、八九条でこの原則を定めている）。比較憲法的には、この原則を採用する国家は少ないが、大部分の国で信教の自由は確立しており、政教分離原則の不採用は個人の信教の自由の否定に直結しないといえる。

国家と宗教の関係については、①イスラム教国（政教一致型もある）、イギリス、北欧諸国などのように、国教を認めつつ、可能なかぎり他の宗教へ寛容を示す国、②ドイツ、イタリアなどのように、特定の宗教に特別の地位、たとえば、教会税[*10]を認める国、③アメリカ合衆国、フランスのように、政教分離原則をとる国、に分かれる。ただし、アメリカ合衆国は徹底分離をめざしているのに対し、現在のフランスは「好意的中立」ないし「友好的分離」とされる。

◉どのような性格の原則か？

通説・判例は、政教分離原則は個人の信教の自由を直接保障するものではなく、信

＊10　教会税　ドイツの宗教団体は一定の要件のもとに公法人とされ、その構成員から教会税を徴収でき、所得税額または給与所得税額の八ないし九％が強制的に徴収される。その額は、カトリックと福音教会をあわせて約八七億六八六六五万ユーロ（二〇〇三年、一ユーロ、一四〇円で換算すると、約一兆七一六一億円）にのぼる。徴収によって使用主などに自己の宗教が知られるとか、国家に従属することになるなどの批判もある。

教の自由を確保するための手段としての政教分離という制度の保障であるとする（制度的保障説[*11]）。したがって、政教分離原則違反は同時に個人の信教の自由の侵害となるわけではないとされる。また、この説は制度の中核保障論であり、中核以外は立法権による広範な制約を認める理論であるから、この理論を採用するかぎり分離を緩和することにならざるをえない。通説は、それを避けるために厳格分離を主張するが、それはこの概念の導入自体を問うことになろう。これに対し、政教分離を人権（信教の自由の一内容）ととらえ、政教分離原則違反の行為は信教の自由の侵害となるとする学説もある。

通説・判例によれば信教の自由を確保する手段とされる政教分離原則と個人の信教の自由とが対立する場合がある（子どもなどの信教の自由と公教育との抵触でもある）。例として前記の日曜授業参観事件および剣道実技拒否事件があるが、とくに後者は、学校側がこの原則を厳格に貫き、子どもに特別の配慮をしなかったことによって子どもの信教の自由を侵害した。政教分離原則に違反せず、信教の自由にどこまで配慮しうるかは難しい問題であるが、信教の自由を犠牲にしてまで政教分離を貫くことは政教分離原則本来の趣旨ではない。

◉政教分離原則の具体的内容

(1) 特権付与の禁止（憲法二〇条一項後段）　国は特定の宗教団体はもちろん、すべての宗教団体に特権を与えてはならない。他の宗教団体あるいは他の団体や宗教団

＊11 制度的保障　ワイマール期に形成された理論で、たとえば、財産権規定は、個人の権利と関連しつつも原則的に客観的な制度を保障しており、この制度の中核は立法権（法律）によっては侵されないとする。換言すれば、周辺部は法律によって改変可能とされるのである。現在的には、地方自治制度などについてもこの保障がいわれている。

体に属さない人に不利益を与えることになるからである。したがって、神社を公法人とし、神職を公務員とすることなどは許されない。かつての靖国神社国営化法案は、神社非宗教論に基づき宗教性をとりのぞこうとしていたが、靖国神社は名称・儀式・作法などより神社以外の何ものでもなく、戦後版国家神道をめざすものであったといえる（現在これは内閣総理大臣などの公式参拝や地方公共団体の公金による「玉串料」支出などの問題に形態を変えている）。

これに対し、文化財保護のために特定の社寺などに補助金を与え、宗派立学校を一般の私立学校と同様に助成し（これについては違憲論もある）、宗教法人に他の非営利法人と同様に免税措置を与えることは認められている。これを否定することは、宗教法人であることを理由に、宗教以外の団体（法人）ないし国民との関係で不利益な取扱いをすることになるからであるとされる。

(2)　国の宗教的活動の禁止（憲法二〇条三項）　この宗教的活動とは文字どおり一切の宗教的活動のことであるが、元来宗教的起源を有するものであっても、門松、豆まきなど、習俗行事化したものもあり、宗教と習俗の区別のための判断基準が問題となる。津地鎮祭事件控訴審判決（名古屋高判昭和四六・五・一四）は、いわゆる三基準[*12]により神道式地鎮祭を宗教的活動とした。これに対し、最高裁（最大判昭和五二・七・一六）は、三基準論に基づく区分論に立たないが、判決理由中の「一般人による世俗的行事という評価」などの指摘は、その基礎に習俗論があるものと思われる。

国公立学校で宗教を布教宣伝することは許されない（参照、教育基本法九条二項）が、

*12　三基準　名古屋高裁の示した三基準とは、①行為の主宰者が宗教家であるかどうか、②行為の順序作法が宗教界で定められたものかどうか、③行為が一般人に違和感なくうけいれられる程度に普遍性を有するかどうか、である。

宗派立学校がその教義に基づく教育を行なうことは可能である。国・公立大学などでの宗教研究や講義も認められる。

なお、政治権力の行使の禁止（憲法二〇条一項後段）は、現実的意義よりは、沿革的意義が強い規定とされる。

◉政教分離原則に関する判例

これについては、二、三の判例にふれるにとどめる。

(1) 津地鎮祭訴訟　政教分離原則に関する最初の裁判である。津市が市立体育館の神道式地鎮祭による起工式を行ない、それに公金を支出したことの違憲性が争われた。第二審判決は、前述の三基準によって宗教的行為であるとしたが、最高裁は、当該行為は宗教と関わりあいをもつものであるが、その目的はもっぱら世俗的で、その効果も神道を援助などするものとは認められないから、合憲であるとした。最高裁は目的・効果基準を、国家と宗教の結合を認める基準として援用した結果になっている。

(2) 箕面市忠魂碑訴訟　市が忠魂碑の移設・再建へ公費を支出したことを争ったもので、第一審（大阪地判昭和五七・三・二四）は政教分離原則違反であるとしたが、控訴審（大阪高判昭和六二・七・一六）は、違反しないとした。最高裁（最判平成五・二・一六）は、忠魂碑は特定宗教との関わりは希薄であり、移設の目的はもっぱら世俗的なもので、かつ効果も特定宗教を援助などするものではなく、市の行為は相当限度を超えておらず、「宗教的活動」にあたらないとした（併合審理された市教育長の慰霊祭参列も「相当限度を超えていない」とされた)。忠魂碑の歴史を考えると「希薄」の一語をもって非宗教施設といえるかどうか問題であり、そのような施設に関わる市の右行為は相当限度を超えた関わりあいととらえるべきではなかろうか。

(3) 殉職自衛官合祀拒否訴訟　勤務中事故死した自衛官を自衛隊と県隊友会が護国神社に合祀申請したことを妻が宗教的人格権を侵害されたとして訴えた訴訟である。第一審(山口地判昭和五四・三・二二)、第二審(広島高判昭和五七・六・一)とも宗教的人格権[*13]の権利性を認め、また合祀申請を宗教的活動にあたるとして、請求を認容した。最高裁(最大判昭和六三・六・一)は宗教的人格権の権利性を否定し、目的・効果基準にてらして、合祀申請行為は県隊友会の単独行為であり、自衛隊職員の行為は「事務的な協力」にとどまり、宗教的活動ではないとした。しかし、自衛隊職員の協力なくして合祀ができたのだろうかという疑問はぬぐえず、「あまりに恣意的判断がすぎる」という印象が残る。

(4) 愛媛玉串料訴訟　愛媛県知事が靖国神社および県護国神社の例大祭などに玉串料などを公金より支出したことが政教分離原則に違反するかどうかが問題となった。下級審はともに目的・効果基準によりながら判断が逆であった(松山地判平成元・三・一七・一部請求認容、高松高判平成四・五・一二・請求棄却)。最高裁は、目的・効果基準によりつつ、厳格分離の立場から、本件支出を宗教的活動であるとともに八九条の公金支出にもあたり、違憲とした。これは、政教分離原則についての最高裁における最初の違憲判決である(最大判平成九・四・二)。

*13　宗教的人格権とは「静謐(せいひつ)な環境のもとで信仰生活を送る利益」と定義される。この事件でいえば、「夫の死について静謐のなかで宗教上の思考を巡らせ、行為をなす利益」となろう。

(5) 小泉首相の靖国神社「公式」参拝に関する諸訴訟　これらの訴訟は、小泉首相の靖国神社参拝は公的性格をもち、政教分離原則違反であり、原告達の諸権利ないし利益を侵害したとして損害賠償を求めたものである。現在（二〇〇五年一〇月五日）、地裁、高裁あわせて一一判決が出されている。これらのうち、参拝を私的としたもの二例、公的としたもの四例であり、後者四例中、福岡地判平成一六・四・七および大阪高判平成一七・九・三〇は、参拝を総理大臣の職務を行なうについてなされた公的性格を有するものと認め、かつ、目的効果基準にてらして、憲法二〇条三項により禁止されている宗教的活動にあたり、政教分離原則に違反しているとした。両判決とも、他の判決と同様に、「参拝は信教の自由等を侵害しない」として、損害賠償請求は認めなかったが、原告らが、「参拝は違憲である」としたことを重視して控訴ないし上告しなかったため、確定した。なお、他の判決で、参拝を合憲とするものはない。

福岡地裁の裁判長は判決を書くに際し「遺書」を書いたといわれる。他の事件で判決を書くに際し「遺書」を書くなどありえないことを考えると、首相の参拝がはらむ問題性が海外のみならず、国内でも対話不能といってよい状態をもたらしていることを示してあまりあると思われる。

(6) 鳥栖市自治会神社管理費訴訟　地域自治会が神社関係費を一般会計とは区別せずに一括して区費を徴収する方法は原告らの信教の自由を侵害するとして神社関係費を控除した区費の支払いをしようとしたところ、脱退認定取扱等、構成員として扱われず、さまざまな不利益を受けたとして、構成員としての地位確認と名簿登載および信仰の自由侵害を理由とする損害賠償を請求したものである。佐賀地裁（平成一四・四・一二）は、神社関係費の一括徴収方法は原告らの信教の自由を侵害し、憲法二〇条一項前段等の趣旨に反し違法とし、構成員としての地位確認を認めたが、一括徴収方法はこれまで問題とされることがなかったので、問題があると気づくのは困難であり、原告から指摘されるまでの期間は故意・過失があったとはいえないなどとして、不法行為による損害賠償請求は棄却した。

自治会が神社関係費を自治会会計として計上することは、多くの自治会で行なわれていると思われる。本判決は、多様な場面で、この問題に対処するにあたっての考え方の一つを提供するものと思われる。

◉目的・効果基準を再考する

目的・効果基準とは、国家と宗教の関わりがわが国の社会的・文化的諸条件にてらし相当とされる限度を超えるかどうかを、その行為の目的が宗教的意義をもつか否かおよび効果が宗教に対する援助ないし圧迫などになる行為か否かで判断するという基準である。この基準に対しては、客観性、明確性、実効性を欠くあいまいな概念であり、「目盛りのない物差し」との批判がある。実際、目的・効果基準を援用しつつ、厳格分離、相対分離のいずれの立場をとるかで結論が異なっている。愛媛玉串料違憲判決の意見では、この批判を前提に、関わりあいを原則的に禁止し、完全分離が不可能、不適当なことが証明された場合に限り例外的に関わりあいが許されるとする考え方が提示されている。新たな基準論への動きとして注目する必要があるであろう。

5　国家と「宗教」の関係のあり方

国家と「宗教」の関係のあり方について「宗教」に焦点をあわせて考えてみたい。先にみたように、信教の自由を保障するためには絶対に政教分離の原則をとらなければならないわけではなかった。信教の自由の保障という観点からみて、両者の関係に関する一義的・絶対的パターンはないようである。

さて、国家は「俗」の世界、宗教は「聖」の世界[*14]という、異なる世界を対象とする。しかし、その世界を担うのは「同一の」国民（その範囲は広狭あるが）であるから、そこに関わりが生じてくる要因をはらんでいる。そして、結びつきが他の宗教への弾圧のみならず、当の結びついた宗教の「堕落」すら結果することはわが国の歴史も示すところである。そうだとするならば、かなり厳格な政教分離を規定する日本国憲法のもとにあっては、完全分離は文字どおりには不可能であるとしても、その方向をめざすことこそすべての宗教にとっても好ましいことであるといわねばならない。一時の権力との結びつきは、当該宗教・宗派にとって「かりそめの隆盛」以上に、堕落への途を意味すると考えるべきである。

＊14　宗教団体が「聖」の仮面のもと、「俗」的諸活動を行ない、種々の犯罪や問題を引き起こしている。これに対する対策を検討する紙幅はないが、ことは信教の自由、思想の自由に関わる問題であり、慎重を期さねばならない。まして や、公権力が、たとえば、特定宗教の信者であることを理由に住民登録を拒否するなど、いかに特殊な事情があろうとも、もってのほかである。しかし、現在も行なわれているようである。このことの最大の問題点は、行政（地方公共団体）は法的に許されないことを認識しながら拒否をしているところにある。

住民票不受理処分の取消し等に関する判例（現在までに一四例を確認している）は、すべて不受理処分を違法としている。参照、熊本地判平成五・一〇・二五、東京高判平

★より理解を深めるために

村上重良『国家神道』岩波新書、一九七〇年

明治憲法下の宗教生活にとどまらず、人びとの日常生活をも規定した国家神道の形成とその思想構造および敗戦にともなう解体を考察する。

溝口正『自治会と神社——「町のヤスクニ」を糺す』すぐ書房、一九七五年

著者が属する自治会が町内の神社祭典を主催することに反対し、自治会と神社（氏子）を分離することを求めての二〇年にわたるたたかいの記録である。地域で問題提起をする場合に、大いに参考になるといえよう。

法学セミナー増刊『思想・信仰と現代』（総合特集シリーズ3）日本評論社、一九七七年

憲法研究者以外の論文のほか、基礎的問題の解説や重要論文の簡単な紹介もあり便利である。

小池・西川・村上編『宗教弾圧を語る』岩波新書、一九七八年

日本近代における最大の宗教弾圧として有名な大本教事件などの弾圧事件を当時の教団関係者へのインタビューを通じて明らかにする。

大江志乃夫『靖国神社』岩波新書、一九八四年

靖国神社信仰の形成と機能（戦争への国民動員）とともに、現代の問題である公式参拝問題や玉串訴訟などの意味を考えるときに参考となる。

平野武『宗教と法と裁判』晃洋書房、一九九六年

宗教に関する法的諸問題を具体的な事件に即して検討する。平易に書かれており、現代日本の宗教の法的問題を理解するのに有益である。

高橋哲哉『靖国問題』ちくま新書、二〇〇五年

靖国問題とはいかなる問題であるのか、いかなる筋道で考えればよいのかを論理的に明らかにしようとするものである。靖国神社が戦死者の悲哀を幸福に転化する装置であり、戦死者顕彰が本質的役割で

成一五・八・一七。

あること、靖国神社への歴史認識は植民地主義の問題としてとらえるべきことなどを指摘するほか、神社非宗教論、文化論的靖国論、国立追悼施設問題を論じており、靖国問題を考えるうえで、多くの刺激と示唆を与えてくれる好著である。

【大江　正昭】

◆コラム◆　靖国を支える地域（まち・むら）の神社

靖国神社は、戦死者追悼ではなく、顕彰を本質的役割とするものであるが、この顕彰システムは護国神社および地域（まち・むら）の神社へとつながっている。

子どもの頃、故郷（農村地帯）で、つぎのようなことを見聞きした。地域の神社の毎年の祭礼は、近所の数軒の家が一組になって輪番で準備等をしていた（大人達が「今年はどこそこが当番だ」と話していた）。この輪番は、地域の全家庭（全戸）がその神社の氏子であることを当然と考えることを前提として成り立つシステムである。正月の神楽なども地域全体の奉納行事として行なわれていた。これらの費用を、自治会（ほぼ地域住民全員が加盟する地域統合組織）が、自治会費として徴収し、予算化していたかどうかはさておき、地域全体でまかなっていたことは間違いないと思われる。

わが国における地域の神社と地域住民との密接な関係の歴史からすると、近代以前と以後ではやり方は違ったとしても、神社を地域全体で支えるということは、ほとんどの地域で行なわれてきたし、今も行なわれているようである。ほとんどの人びとは、これらのことを慣行として受けいれていると思われ、多重信仰の国とされる日本社会において、一住民が、これらのことを政教分離原則違反であると指摘しようとする場合、自治会や地域（行政も含めて）との軋轢について、一定の「心構え」が必要なことは否定できないであろう（全国から観光客を集める祭りも多くは特定神社の祭りであるが、この祭礼に町内会単位で参加することに異を唱える者は、殉職自衛官合祀拒否訴訟最高裁判決に従えば、「寛容の精神がない」と批判されるであろう）。鳥栖市の事件は、種々の点において、そのことが表面化したものであろうし、溝口正『自治会と神社』によれば、氏の問題提起から、行政を含めた「自治会と神社（氏子）の分離」に至るまで約二〇年間を要している。

ところで、このような地域（まち・むら）の神社の多くは、社殿または境内に、第二次大戦あるいは一五年戦争に出征し、戦死した地域の若者を顕彰する銘板や石碑をもっていた。つまり、靖国神社という戦死者顕彰体制は、このような地域（まち・むら）の神社における顕彰に立脚して構築されていたのであり、それは、本質的には、現在でも存続しているといえよう。その意味で、地域統合組織たる自治会と地域（まち・むら）の神社の関係は、靖国問題を考えるにあたって、根本的な問題をはらんでいると思われる。

なお、脱稿後、熊本日日新聞（二〇〇五年一二月二八日付朝刊）は、熊本市内の約七二〇の町内自治会が熊本市に提出した二〇〇四年度の決算報告によると、約五〇の自治会が、自治会費から神社へ寄付金など（奉賛金とする場合もある）を支出していると報じた。金額的には一～二万円が多いが、金額を記載していない自治会もあるとのことである。

【大江　正昭】

第10講 選挙制度と参政権

◉小泉郵政解散

二〇〇五年九月、小泉政権で二度目の、そして小選挙区比例代表並立制（後述）が導入されて以来四度目の衆議院総選挙が行なわれた。「改革の本丸」と位置づけられた郵政民営化関連法案[*1]は衆議院で僅差で通過したものの、参議院本会議採択では二二人の自民党議員が造反したことによって否決・廃案となった。参議院否決を内閣不信任とみた小泉首相は、郵政民営化の是非を国民に問うために異例の衆議院解散・総選挙に打って出た。[*2]国会で廃案になった法案について解散で改めて国民の判断を仰ぐ国民投票的な手法は代議制民主主義の原則にもとり、また両院制の意義や参議院の独自性という観点から憲法上疑義があると批判された。第四四回総選挙では小泉首相も民主党の岡田代表も退路を断つ姿勢でのぞみ、「郵政民営化」「政権選択」を最大の争点として舌戦が繰り広げられた。衆議院本会議で郵政法案に青票（反対）を投じて自民党から公認を得られなかった前職議員の選挙区に党本部から「刺客」として対抗馬が送り込まれたり、また公認候補・非公認候補の支援をめぐって党本部と県連が対立するという「中央と地方」のねじれ現象が生じたりと自民分裂選挙に発展した。[*3]さらに、

＊1　郵政民営化関連六法案は、日本郵政公社を二〇〇七年から持ち株会社のもとで窓口会社、郵便事業会社、郵便貯金銀行、郵便保険会社に四分社化する内容。

＊2　小泉首相は臨時閣議で解散に反対した島村農水相を罷免したうえで（憲法六八条二項）、解散に踏み切った（七条三号）。内閣の意思決定機関である閣議は、非公開、全員一致が慣例とされている。選挙関連経費として七六九億円が予備費から計上された。

＊3　郵政反対組三七人のうち、小選挙区から二七人が無所属、四人が国民新党、二人が新党日本から立候補し、三三選挙区で自民分裂選挙になった。

非公認の前職議員らの一部が政見放送や選挙カーなど有利な選挙運動や比例区での重複立候補の可能性を求めて新党を結成するなど、話題豊富な選挙模様を呈した。

郵政民営化に焦点を絞った戦術が功を奏して自民党は国会運営で主導権を握る絶対安定多数（二六九）を大きく上回る二九六議席を獲得し、地滑り的な圧勝をおさめた。定数四八〇に占める議席占有率は、戦後二番目に高い六一・七％を記録した。[*4] 自民党は比例代表の東京ブロックで二六六万票（四〇・二％）を集めて八議席を獲得できるはずであったが、重複立候補者が小選挙区で大量に当選したために、下位順位にあった比例単独候補も全員当選して七議席を埋めたところで比例名簿に登載した候補が足らなくなってしまった。公職選挙法（以下、公選法という）では公示後に候補者を追加することが認められていないために、最後の一議席を得票数に従って他政党に割り振った結果、社民党に「棚ぼた議席」が回ってきたという前代未聞の珍事が起きた。[*5]「刺客」擁立、女性候補や公募候補の登用で話題をさらった「小泉劇場」が有権者の大きな関心をよび、低落傾向にあった投票率は六七・五一％と、五年ぶりに六割台を回復した。戦後二番目に低かった前回の五九・八六％から七・六五ポイント高く、小選挙区比例代表並立制が実施された九六年以降の選挙では最高の投票率となった。[*6]

パワーゲームに疲弊し政治離れした棄権者は「一票で何も変わらない」というが、しかし、みんなの「一票でしか変えられない」のである。この章では投票権獲得の長い歴史を思い起こし、民主政治において最も重要な表舞台である選挙について考えてみよう。

＊4　中曽根内閣だった八六年衆参同日選挙での三〇〇議席につぐ地滑り的な勝利。また、議席占有率は池田内閣の六〇年総選挙での六三・四％（定数四六七に対し二九六議席獲得）につぐ記録。三〇〇の小選挙区のなかで最多得票したのは、郵政選挙を仕掛けた神奈川一一区の小泉首相の一九万七〇三七票であり、次点候補に一四万票以上の差をつけた。

＊5　比例名簿に候補者を登載するには一人六〇〇万円の供託金が必要とされ、政党が無制限に候補者を名簿に登載しないのは供託金の没収を避けるためもある。

＊6　総選挙の投票率は戦後六〇〜七〇％台を推移してきたが、九六年衆議院選では戦後最低の五九・六五％を記録した。

1　国民主権の制度化＝参政権

日本国憲法は実際に国民が政治的意思を表明する手段として、つぎの諸制度を規定している。

◉国民こそが政治の主役

①　憲法改正についての国民投票権（九六条一項）。

②　国民の公務員選定罷免権（一五条一項・三項）。

(a)国会議員選挙権（四三条一項・四四条）、(b)最高裁判所裁判官罷免権[*7]（七九条二項・三項）、(c)住民による地方公共団体の長・議員などの直接選挙権（九三条二項）。

③　地方自治特別法についての住民投票権（九五条）。

①は直接民主制であり、主権者国民が憲法改正の是非を最終的に決定するものである。この憲法改正権は「制度化された憲法制定権力」ともよばれる。②(b)は一種のリコール制と解されている（最大判昭和二七・二・二〇）。②(c)および③は、地方自治が住民の意思に基づいて行なわれるという住民自治の原則を具体化した制度である。地方自治法はさらに直接請求の諸制度（条例の制定・改廃請求、監査請求、議会解散請求、議員・長・主要公務員の解職請求）を設け、そのうち解散請求と解職請求（ただし主要公務員を除く）について住民投票を認めている。

＊7　罷免を可とすべき裁判官に×印を付し、それ以外の場合には何らの意思表示も認めない現行の国民審査方法には疑義が提示されている。×印が有効票の過半数を占めて実際に罷免されたケースはなく、形骸化しているとの批判もある。

また、新潟県巻町（原発問題）、沖縄県（米軍基地整理縮小問題）、岐阜県御嵩町（産廃問題）、宮崎県小林市（産廃問題）、沖縄県名護市（海上ヘリポート建設問題）、岡山県吉永町（産発問題）、三重県海山町（原子力発電所誘致問題）などで、最近では「平成の大合併」に関して行なわれた住民投票は政治を身近なものとして考える場を提供し、間接民主制を補完する意義をもつものだといえよう。

◉選挙に関する憲法原則

(1) 普通選挙　普通選挙とは、一定の財産や納税額、性別や教育などを選挙権の要件としない制度をいう。明治憲法の時代には、厳格な制限選挙制がとられていた。第一回衆議院選挙が行なわれた一八九〇年、選挙権は「直接国税一五円以上納める二五歳以上の男子」にだけ認められ、人口に占める有権者の割合はわずか一・一％であった。[*8] その後、納税額要件は二回にわたる緩和をへて、一九二五年のいわゆる普通選挙法により撤廃され、二五歳以上の成年男子に選挙権が認められた。女性の選挙権を含む本来の意味での普通選挙が実現したのは第二次大戦後になってからのことで、日本国憲法はこの原則を確認している（一五条三項・四四条但書）。

(2) 平等選挙　平等選挙とは、「一人一票」（one man, one vote）制度をいう。身分や納税額などによって特定の選挙人に二票以上の投票を認める複数選挙や、選挙人を等級に分類して等級別に選挙を行ない投票価値に差を設ける等級選挙を否定するものである。一人一票の原則はたんに数的な平等にとどまらず、投票価値の平等も憲法

＊8　選挙制度は小選挙区制度、投票は記名式で住所・氏名を記入したうえ捺印が義務づけられていた。投票率は九四％であった。

上要請されている（一四条一項、一五条一項・三項、四四条但書。最大判昭和五一・四・一四）。この原則との関連で問題となるのが、議員定数の不均衡の問題である（これについてくわしく、一九五頁で説明する）。

(3)　秘密投票　選挙人の自由な意思決定に基づく投票を確実に保障するために、秘密投票制が不可欠とされる。投票の自由は秘密投票だけでなく、選挙人がその選択に関して公的にも私的にも責任を問われないことによっても保障されている（一五条四項）。公選法はこのために、自書投票主義、無記名投票主義、他事記載禁止、投票用紙公給主義、開票混同主義、投票秘密侵害罪、投票干渉罪などを規定する。不正投票の立証を目的とする投票済投票用紙の差押えや指紋照合などは秘密投票の侵害にあたり、許されない（最判昭和二五・一一・九、大阪地堺支決昭和六一・一〇・二〇）。

(4)　直接選挙　直接選挙とは、選挙人が直接に議員や公務員を選挙する制度をいう。*9 日本国憲法は、地方公共団体の長や議会の議員などの選挙については住民による直接選挙を保障する明文の規定をおいている（九三条二項）が、国会議員の選挙については明記していない（四三条・四四条）。したがって、アメリカ大統領選挙*10のような間接選挙制度を導入しても違憲ではないとする見解もあるが、しかし、間接選挙制は国民代表性と選挙権の価値を稀釈することになり、憲法一五条一項・三項、四四条の趣旨にてらして正当化することはできない。

*9　最高裁は、政党が予め名簿を届け出て選挙人が政党を選んで投票する比例代表制が直接選挙にあたらないということはできないと判示した（最大判平成一一・一一・一〇）。

*10　一般有権者は一一月に大統領選挙人（electoral college, electors）に投票し、選ばれた選挙人が一二月に投票するというシステムである。

2　選挙をめぐる憲法判例

◉選挙運動の規制

選挙民が候補者を選択する際に最も必要とするものは、必要かつ十分な判断資料である。そのためには、選挙運動の自由が最大限に保障されなくてはならない。ところが、公選法は選挙の自由と公正という観点から、選挙運動の時、人、方法などに関して厳しい規制を課している。一例として、戸別訪問の禁止がある。これは一九二五年の改正衆議院議員選挙法において設けられたもので、治安維持法とともに普通選挙制による大衆の積極的な政治参加を抑止するねらいをもったものであるが、戦後も公選法に引きつがれて今日にいたっている（一三八条一項）。

最高裁は一貫して戸別訪問禁止を合憲とする立場を堅持している。最高裁は選挙の公正を期するという「公共の福祉」（最大判昭和二五・九・二七）や弊害論（不正行為温床論・情実論・煩瑣論・迷惑論）を理由に合憲としていた（最判昭和四二・一一・二一、最判昭和四三・一一・一）が、八〇年代に入ってからは、猿払事件最高裁判決[*11]の基準を適用して規制目的と規制手段との「合理的関連性」を問題とする手法を用いて合憲としている（最判昭和五六・六・一五）。

しかし、下級審判決のなかには、政治的言論の自由こそ民主主義の核心との立場から違憲とするものもあり、そこでは戸別訪問禁止が選挙や政治を国民から疎遠なもの

＊11　郵便局員が選挙ポスターを掲示して国家公務員法違反で起訴された事件において、最高裁は公務員の政治活動の制限について、「行政の中立的運営と国民の信頼確保」という規制目的と「政治的行為の禁止」という手段との間には合理的関連性があると述べた（最大判昭和四九・一一・六）。

にしている点が指摘された（松江地出雲支判昭和五四・一・二四、広島高松江支判昭和五五・四・二八）。

ところで、選挙運動の規制が必要最小限の合理的な制限かどうかを具体的に検討することなく、「選挙の公正の維持」という立法目的だけで安易に合憲判断を導き出す最高裁の論法には問題がある。選挙権は民主政の根幹をなす最も重要な基本的権利であり、その行使にあたっては自由な意見交換が不可欠であるという観点からすれば、選挙運動の規制は厳格な合憲性審査基準に服さなければならず、戸別訪問の一律全面禁止は違憲の疑いを免れることはできない。

このほか、公選法に規定されている文書図画の頒布[*12]・掲示禁止（一四二条・一四三条・一四六条）についても、最高裁は「選挙の自由公正」を確保するためとしてその合憲性を肯定し（最大判昭和三〇・三・三〇、最大判昭和三〇・四・六）、また、事前運動の禁止（一二九条）についても、選挙腐敗の招来のおそれを防止する「必要かつ合理的な制限」としている（最大判昭和四四・四・二三）。

◉在宅投票制度

一九五〇年制定の公選法では、疾病、負傷、妊娠もしくは身体障害のため歩行が著しく困難な選挙人に対して郵便による在宅投票の制度が認められていたが、その悪用の多発を理由に五二年の改正法で廃止された。この立法措置は、歩行困難ないし不能の状態にある者から投票の機会を奪う結果となった（「投票所　月より遠く　寝たっき

＊12　公選法は「文書図画の頒布」に関して、選挙期間中は規定の葉書やビラ、マニフェストを除く文書図画の配布を禁じており、公示とともに候補者名や政党名を記したホームページの更新、選挙情報が入ったメールマガジンや電子メールの配信などはできない。第四四回総選挙では、ある政党の党首が公示後に選挙情報と動画をホームページで流したことに対して、総務省は公選法違反のおそれがあるとの解釈を示した。

り」)。在宅投票制度を廃止しその後復活措置をとっていない立法府の不作為の合憲性が問われた事例において、一審は、選挙の意思と能力を有しながら身体障害などにより投票場におもむくことができない者に在宅投票を認める制度の全廃は選挙権行使の機会を奪うものであり、それは立法裁量の限度を超え憲法に違反するとして、国会の過失を認めて国家賠償請求を認容する画期的な判決を下した(札幌地小樽支判昭和四九・一二・九)。控訴審は国家賠償請求を棄却したものの、在宅投票制度を国会が復活させないという立法不作為を違憲とした(札幌高判昭和五三・五・二四)。

在宅投票制度は七四年の法改正で重度身体障害者を対象に部分的に復活した(公選法四九条二項)が、依然としてこの制度を事実上利用できない多数の身体障害者がいることは問題である。この改正規定がなお不十分であるとして提訴された第二次訴訟において、一審は、投票の機会を奪った廃止立法措置を違憲としつつ、故意過失は認められないとして原告の国家賠償請求を棄却し(札幌地判昭和五五・一・一七)、控訴審もこれを支持した(札幌高判昭和五七・四・二六)。

これに対して最高裁は、在宅投票制度を廃止しその後一定期間これを復活しなかった立法行為は国会の裁量的権限内にあり違法ではないと判示した(最判昭和六〇・一一・二一)。下級審判決がいずれも普通平等選挙の憲法原則および選挙権の権利性の視点から「投票機会の保障」に重点をおいて論じているのに対して、最高裁はここでも「立法裁量」を強調した論法をとり、両者はきわめて対照的なアプローチをみせている。

最高裁判決を待たずして亡くなった第一次訴訟の原告の妻は「こんな判決なら夫は知らずに死んで、むしろ幸せだったのかも知れません」と語ったが、最高裁がはたして「人権の砦《とりで》」「憲法の番人」としての機能を営んでいるかどうか、最高裁への注視を怠ってはならないだろう。

◉議員定数の不均衡

議会制民主主義の根幹をなしている選挙制度の重大な欠陥は、国民の主権的・政治的権利にとっても、議会政治そのものにとってもゆゆしい問題を提起する。「一人一票」原則は、選挙価値のレベルにまで要求されるべきであり、投票価値の不均衡は民主政治の根本理念に反する（一九六四年六月一五日のアメリカ連邦最高裁判決）。選挙区間の人口変動による一票の重みの較差が、ここで大きく問題となる。

はじめての定数訴訟において最高裁は、各選挙区にいかなる割合で議員数を配分するかという選挙事項の決定は国会の立法政策の問題であり、最大較差一対四・〇九程度では極端な不平等とはいえない、と判示した（最大判昭和三九・二・五）。しかし、七六年ついに最高裁は衆議院選挙について、投票価値の平等が憲法上要請される憲法原則であることを明確に認めたうえで、定数配分が立法政策に属するとはいえ、それは合理的な裁量の行使でなければならず、一対四・九九の較差は合理的裁量の限界を超えるもので、しかも合理的期間内に是正が行なわれなかったとして、画期的な違憲判決を下した（最大判昭和五一・四・一四）[*13]。

＊13　しかし、事情判決の法理（行政事件訴訟法三一条一項）を援用して、選挙無効の請求を棄却し、選挙自体は有効とした。

その後、最高裁は四・四〇の不均衡について著しい不平等と合理的期間の徒過を理由に二度目の違憲判決を下した（最大判昭和六〇・七・一七）。三・一八倍の較差を違憲状態と断じた（最大判平成五・一・二〇）ことから、最高裁はおおむね一対三を合憲基準と解しているようであるが、学界では一対二を超えれば違憲とする考え方が支配的である。[*14]

ところで、九四年に衆議院に小選挙区比例代表並立制が導入され、衆議院議員選挙区画定審議会設置法（三条一項）は選挙区間の人口較差が二倍未満になることを基本としている。九六年一〇月にはじめて小選挙区比例代表並立制による総選挙が実施された（最大較差二・三〇九倍）が、最高裁は各都道府県に予め定数一を配分する「一人別枠配分方式」について、投票価値の平等が選挙区割りの決定において「最も重要かつ基本的な基準」であるが、人口の少ない県に居住する国民の意思をも十分に国政に反映させることも国会において考慮することができる要素として容認した（最大判平成一一・一一・一〇）。

他方、参議院選挙区については最高裁は、参議院の地域代表的性格や半数改選制による偶数定数制などの特殊性を強調して広汎な立法裁量を認めており、五倍台の較差や逆転現象[*15]について合憲判決を下してきた（最大判昭和五八・四・二七、最判昭和六一・三・二七、最判昭和六二・九・二四、最判昭和六三・一〇・二一）が、九六年に一対六・五九にまで広がった較差について違憲状態とする判断を下すにいたった（最大判平成八・九・一一）。九四年の定数是正後の最大較差四・九八倍について最高裁は、地域代

*14　芦部信喜・高橋和之補訂『憲法〔第三版〕』一三三頁以下（岩波書店、二〇〇二年）。八〇年、衆議院選挙に関して東京高裁は一対二を超える較差が違憲になると判示し注目された（東京高判昭和五五・一二・二三）。

*15　選挙人の多い選挙区の議員定数が、選挙人の少ない選挙区の議員定数よりも少なくなっている現象をいう。

表制を考慮した議席配分などを理由に「参議院の特殊性」を認める判例を踏襲して合憲判決を下した（最大判平成一二・九・六）。その後、大法廷は五・〇六倍の最大較差を九対六の小差で合憲としたが、四人が補足意見で、かりに次回選挙においても漫然と現在の状況が維持されたままであれば、立法府の義務にかなった裁量権の行使がなされなかったものとして、違憲判断がなされるべき余地は十分にあると警告を発して、注目を浴びた（最大判平成一六・一・一四）。

現在、衆議院の一票の較差は二・二〇倍であり、法律が見直しの基本としている「二倍未満」になっていない。参議院では五・一八倍の開きがある。民主制を支える選挙制度は選挙民の意思を正確に反映するものでなければならず、抜本的な是正措置を講じなかった国会の怠慢を立法裁量論で正当化することはできない。

3　わが国の選挙制度とその問題状況

◉女性の政治参加

大正デモクラシーの高揚とともに一九二五年に納税要件が撤廃されて普通選挙制の時代を迎えたが、しかし依然として女性は選挙から排除されていた。性別による制限選挙が撤廃されて女性が参政権を獲得したのは、戦後になってからのことであった。一九二三年の女性参政同盟結成以来、営々と続けられてきた女性参政権運動[*16]は、GHQの強力な後押しによって四五年の改正法のなかに結実し、また選挙権年齢も二〇歳

＊16　「婦人」は「箒をもつ女の人」という字義なので、ここでは「女性」参政権という。

に引き下げられた。女性にはじめて政治への途がひらかれ、翌四六年の戦後最初の衆議院選挙には七九人の女性が立候補し、約半数の三九人が当選を果たした。

しかし、女性の政治参加が実現して半世紀をへても、女性の国会議員数は伸び悩み、消費税が争点とされた八九年の参議院選挙で二二人（当選者の一七・五％）の女性を参議院に送りこんだマドンナ旋風は長くは続かなかった。

戦後最初の衆議院総選挙において三九人の女性議員が赤絨毯を踏んで以来、女性議員数は低迷を続けていたが、二〇〇五年の郵政選挙では自民党が比例名簿の上位に女性候補を多く擁立したこともあり、女性当選者は四三人（小選挙区一九人、比例区二四人）を数え、ついに日本国憲法下での最多記録を打ち立てた。女性が参政権をはじめて行使した記念すべきあの時の記録を超えるのに、五九年もの歳月がかかった。それでも、衆議院に占める女性議員の割合はわずか九％と低く、小選挙区に女性候補が一人もいない県がまだ一〇もあったという現状であり、依然として政治の世界は男社会である。

◉在日外国人の選挙権・在外邦人の選挙権

外国人の選挙権について最高裁は、地方選挙につき定住外国人に選挙権を付与する立法措置を講じることは憲法上禁止されていないとして、地方選挙権の可能性を示唆する判断を下した（最判平成七・二・二八、くわしくは第6講「外国人の人権」を参照）。

一方、現在、海外に住む日本人は約九六万人、うち推定有権者は七二万人を数える。[*17]

*17 海外での永住者と三か月以上の長期滞在者の合計が最も多い国はアメリカであり、以下、中国、ブラジルとつづく。

選挙人名簿登録は市町村の住民基本台帳に基づくために、海外転居の際に転出届を出すと選挙人名簿に記載されず、在外邦人は投票することができない状況が長く続いていた。国際化の潮流と海外在住者の増加を背景にして法的整備の声が高まるなか、ついに九八年に在外邦人の選挙権行使の機会を保障するための公選法改正が実現し、衆参両院の比例代表選挙にかぎって海外からでも投票できる在外投票制度が導入された。衆議院小選挙区選挙および参議院選挙区選挙については、在外邦人への候補者個人の情報伝達がきわめて困難との理由で見送られた。仕事や留学などで三か月以上海外に居住する日本人有権者は事前に在外公館（大使館や総領事館）で在外選挙人名簿に登録申請し、日本での最終住所地の市区町村の名簿に登録されれば、公示日翌日から海外からでも投票できるようになった。二〇〇〇年の衆議院選挙から実施されている。その後、投票方法について「在外公館投票」と「郵便投票」のいずれかを選択して投票することができるようになった。五回目の国政選挙となった二〇〇五年衆議院選挙では名簿登録者は八万人を超える最多の勢いをみせたが、実際に投票したのは二万人余りにすぎず、海外有権者全体では三％にも満たない投票率であった[*18]。

在外投票の対象を比例選挙に限定している公選法は普通・平等選挙を保障した憲法に反するとして提起された訴訟で、最高裁は、民主主義の根幹をなす選挙権の制限は原則として許されず、通信手段が地球規模で目覚ましい発達を遂げているなか、候補者情報の提供が著しく困難とはいえず、選挙権行使を制限している公選法の規定は憲法に違反すると画期的な違憲判決を下した（最大判平成一七・九・一四）。そのうえで、

＊18 イラク復興支援のためサマワに派遣されている陸上自衛隊員とクウェートに派遣中の航空自衛隊員の衆議院選挙投票は、転出届の提出や三か月以上の海外滞在などの条件に加え、在外選挙人名簿の登録申請を必要とする現行制度の枠組みでは無理とされ在外投票することができなかった。一方、テロ対策特措法によりインド洋に派遣されている海上自衛隊員は公選法上の「船員」にあたり、「洋上投票」が可能であった。

海外在住者も次回以降の衆議院小選挙区と参議院選挙区で選挙権を行使できる地位にあると確認し、また権利行使の機会を確保するために不可欠な立法を国会が長年にわたり怠った立法不作為の責任を認めて、国家賠償法に基づいて原告一人あたり五〇〇〇円の慰謝料支払いを命じた。最高裁が法律を違憲と判断するのは二〇〇二年の郵便法違憲判決についで七件目であり、立法不作為による国家賠償を認めたのははじめてである。[*19]

◉参議院比例代表制

八二年の公選法改正により参議院全国区に代わって比例代表制（一〇〇人。三年ごとに半数改選）が導入され、有権者は候補者個人にではなく政党に投票することになった（四条二項・一二条二項）。これによって、個人本位の選挙から政党本位の選挙への転換が部分的ながら法的に承認され、政党が「本通り」に登場することになった。採用された制度はドント式[*20]拘束名簿式比例代表制であり、法定要件（所属国会議員五人以上、直近の国政選挙で得票率二％以上、立候補者一〇人以上、のいずれかに該当することが必要とされる。公選法八六条の三）を充足する政党が予め候補者に順位をつけた名簿（候補者リスト）を作成し、有権者は政党名を記載して投票するというものであった。有権者には名簿登載の候補者に投票する自由はなく、政党の決めた当選順位を変えることはできなかった。その後、二〇〇一年の通常選挙から候補者名簿に当選順位をつけない非拘束名簿式に変更され、有権者は候補者名でも政党名でも投票できるようになっ

＊19　判決には、内閣法制局で立法に関わっていた津野修裁判官を除く一四裁判官が関与。次回の衆議院小選挙区と参議院選挙区で選挙権を行使できる地位の確認については上田豊三、横尾和子の二裁判官が、慰謝料については二裁判官と泉徳治裁判官の計三人が反対意見を述べた。立法不作為の違法が実際に認められたケースとしてはハンセン病訴訟の熊本地裁判決（確定、平成一三・五・一一）がある。

＊20　各政党の得票数をそれぞれ一、二、三、四という整数で順次割っていき、その商の大きい政党順に議席を割り当てていく方式である。

た。政党の総得票数（候補者票＋政党票）を集計してドント方式により各政党に議席を比例配分し、そして個人得票の多い候補者から順に当選人が決定される（同九五条の三）。比例選挙の候補者は自分の名前をどれだけ多く書いてもらうかが勝敗を分けることになるので、選挙運動がこれまでになく熱を帯びることになる。[*21]この制度では、集票力のある候補者をそろえれば、大量得票により政党得票総数をかさ上げして他候補への「票の横流し」効果が期待でき議席増につながることもある。非拘束名簿式について最高裁は、候補者の顔の見えない選挙などの問題点を改め、政党本位の選挙制度をとり入れながら特定の名簿登載者の選択をも可能にするために導入されたものであり、国会の裁量の範囲内とした（最大判平成一六・一・一四）。

比例代表制は政党への得票数に応じて各政党に議席を配分する選挙方法であり、死票を減少させ、選挙民の意思を公平に国会に反映させるという長所をもつが、大政党の出現の困難さから政局が不安定になるという短所をもつ。政党の果たす、国家と社会の媒介機能という憲法的機能（八幡製鉄政治献金事件最高裁判決、最大判昭和四五・六・二四）[*22]の観点から、政党本位の比例代表制を憲法上排斥する理由はない。しかし、参議院への比例代表制の導入は参議院の政党化を助長し、参議院の独自性や衆議院を抑制・補完する機能を損なうという危惧を否定できない。選挙制度は二院制の存在意義にも深く関わる問題であり、再燃しつつある参議院改革論でも中心的なテーマとなっている。

*21　同数の場合には、くじ引きで決める。候補者個人のために行なう選挙運動については、連座制の適用がある。

*22　最高裁は「憲法の定める議会制民主主義は政党を無視しては到底その円滑な運用を期待することはできないのであるから、憲法は、政党の存在を当然に予定している」と述べて、政党の憲法上の地位を肯定した。

◉衆議院小選挙区比例代表並立制

戦後の一時期を除いて約七〇年間、衆議院の選挙制度として中選挙区制がとられてきたが、九四年に「政治改革」の波に乗って小選挙区比例代表並立制が導入された。この制度は、一選挙区から一人の議員を選ぶ小選挙区制（三〇〇人）と、全国を一一のブロックに分割し政党の得票率に応じて議席を比例配分する比例代表制（当初二〇〇人、現行一八〇人）を組み合わせ、有権者は小選挙区では候補者個人に、比例区では政党に、それぞれ一票を投じるというシステムである（公選法四条一項・三六条但書）。比例区では名簿届出政党になるためには、①国会議員五人以上、②直近の国政選挙で得票率二％以上、③比例区定数の二〇％以上の名簿登載、のいずれかの条件を満たす必要がある（同法八六条の二）。また、小選挙区の政党公認の候補者は比例区に重複して立候補し、比例名簿にも名前を登載することが認められている。重複立候補者は、小選挙区で落選しても比例区で当選することがある。名簿では重複立候補者を同一順位に並べることもでき、その場合は惜敗率[*23]が高い候補者から順に当選になる。ただし、小選挙区で有効投票総数の一〇分の一以上の票を得られなかった重複立候補者は、比例名簿から削除されるため、名簿順位上、当選ラインに達していても当選できない[*24]。二〇〇〇年総選挙の復活当選者は七九人、〇三年総選挙では一二〇人、そして〇五年総選挙では一一七人もの小選挙区落選者が蘇っている。定数一八〇に占める復活当選者の割合は、じつに六五％である。最高裁は重複立候補による敗者復活のしくみについて、小選挙区で示された民意にてらせば議論がありうるところとしながらも、政党本位の選挙制

＊23 小選挙区における落選者の得票数を当選者の得票数で割った数字。当選者と落選者が競りあえば惜敗率は高くなる。

＊24 供託金は、衆議院小選挙区三〇〇万円、比例区は名簿登載者一人あたり六〇〇万円、小選挙区と比例区の重複立候補者は小選挙区とは別に一人三〇〇万円の供託金が必要になる。得票が一定数に達しないと供託金が没収される。

度の構築は国会の広い裁量の範囲に属し相応の合理性が認められるとして合憲とした（最大判平成一一・一一・一〇）。

しかし、「政治改革」の名のもとに導入された新制度に対しては、とりわけ惜敗率による敗者復活、透明性を欠く比例名簿順位決定、政党の得票率と議席率との乖離[*25]をめぐって批判が多く、また、中選挙区制に比べてカネがかかる、二大政党制による政策本位の政治の確立という道筋がみえてこない、といった期待はずれの声もあり、現在では見直し論も根強い。

◉政党助成法

企業献金への依存を弱めて政治腐敗を防止しようという意図から、政党助成法が政治改革関連四法の一つとして制定された。この制度は、①所属国会議員が五人以上、②国会議員を有し、直近の国政選挙で全国得票率二％以上、のいずれかの要件を満たした政党に対して（同二条・三条）、所属国会議員数および衆参両議院選挙での得票数に応じて公費助成するもので、政党交付金の総額は国民一人あたり二五〇円、総額三一七億円である。これは九五年から施行された。交付金の使途は制限されていないが、「国民の信頼」を損なわない適切な使用が義務づけられている（同四条）[*26]。

政党に対する公費助成は金銭癒着の悪弊を絶つ切札として導入された制度ではあるが、任意的結社たる政党の本質に関わる重大な問題をはらんでおり、既成政党に有利に作用する、小政党や新政党の芽をつむおそれがある、政党への公権力介入につなが

＊25　死票を多く生む可能性がある小選挙区制では、得票率と獲得議席数が乖離する現象が起きるとの批判がある。二〇〇五年の郵政選挙では、定数三〇〇の小選挙区で自民党候補は四七・八％、民主党候補者は三六・四％の得票比率であったが、自民党は七割以上にあたる二一九議席（七三・〇％）を獲得して圧勝、民主党は四分の一以下の五二議席（一七・三％）にとどまって惨敗を喫した。きわめて象徴的なのは東京都のケースであり、都内二五の小選挙区のうち自民党は約五〇％、民主党は約三六％の得票率であったが、獲得議席数は二三対一の大差であった。小選挙区での落選候補者への票は、惜敗率として比例区での復活当選に反映される以外は、死票となる。

＊26　政党交付金は毎年一月

る、といった問題点が指摘されている。

◉比例代表選出議員の党籍変更

政党名簿により当選した議員が、その後に除名・離党・党籍変更などによって当該政党に所属しなくなった場合、当該議員の議席はどうなるのであろうか。比例代表選挙は政党を選択するしくみの選挙であり、当選後の党籍変更は選挙人の意思を踏みにじるものであって、党籍を喪失すれば当然に議員資格も喪失する、とする見方がある。

他方、近代的な国民代表の観念（無拘束（自由）委任の原理）を意味する憲法四三条の「全国民の代表」の観点[*27]から、議員は当選時の政党に拘束されず、党籍変更は政治的批判をうけることはあっても、議席喪失という法的効果までは意味しない、とする考え方もある。ひとたび選出されれば、議員は政党の代表ではなく「全国民の代表」となるのであり、党籍変更を理由としてただちに議席を失わせることは許されないとする立場である。しかし、その場合、国民の意思をできるだけ正確に反映するという「半代表[*28]」の概念からすれば、政党名簿に投票された民意との乖離が問題となろう。

政党の除名処分による議員資格喪失を認めることは政党の国家機関化、政党の寡頭制化への懸念から許されないが、議員の自発的な党籍変更・離党の場合には、議員の自由な意見や行動が政党により侵害されるとはいえないので、議員資格喪失規定を設けても無拘束委任の原則には反せず合憲である、とする見解もある。

衆参両院の比例代表選出議員について、当選後、その選挙で争った他の政党等に移

一日時点の議員数や得票数を基準に算定し、年四回に分けて交付される。途中で国政選挙があった場合は再計算される。政党助成制度を導入している国のうち、ドイツ、フランス、スウェーデンなどに比べると日本は総額も一人あたりの金額も大きい。衆参両議員数で割ると、一人平均約四五〇〇万円と、莫大な金額になる。

＊27 憲法四三条は、中世ヨーロッパの等族会議において支配的であった強制委任（命令委任）を否定し、議員は選出母体である選挙区の選挙人にも、いかなる団体の命令にも拘束されないという無拘束委任の原則を明確にした趣旨と解されている。

＊28 フランスの憲法学者エスマンらによって提唱・理論化された概念で、古典的代表制・純粋代表制に対し現代的

動することを禁止する旨の法律改正が二〇〇〇年に行なわれた（国会法一〇九条の二および公選法九九条の二）[*29]。

★より理解を深めるために

芦部信喜『憲法と議会政』一九七一年、東京大学出版会

　長年にわたって憲法学界をリードしてきた東大名誉教授の畢生（ひっせい）の論文集。憲法と選挙に関する緻密な分析と明晰な理論、多くの示唆に富む本格的な研究書で、静謐（せいひつ）のなかでじっくりと考えながら読んでほしい本だ。

辻村みよ子『「権利」としての選挙権』一九八九年、勁草書房

　フランス人民主権論の研究をふまえて、主権原理と深く結びつく選挙権について論考した格好のテキスト。プープル主権の立場から選挙権の法的性格やわが国の選挙に関する諸問題にアプローチしている。選挙に関する主要な裁判判例について、問題状況や論点が要領よくまとめられている。

山口二郎『政治改革』一九九三年、『日本政治の課題』一九九七年、いずれも岩波新書

　前者は政治腐敗の要因を政策、行政、政治の各面から探り、腐敗をなくすためにどのような改革が必要か、どこをどう改めるべきか、いくつかの具体的な改革の提言を試みて政治改革の道筋を示した意欲的な著作。後者は、政治改革がたんに選挙制度改革に終始した過程を検証し、政党と官僚制の癒着構造と政党政治の病理現象を剔抉（てっけつ）していくつかの問題状況を明らかにしたうえで、二一世紀への日本政治の新たなパラダイム転換を展望する。わが国の民主主義を立て直すという気鋭の行政学者の基本的理念から著された二冊。

早野透『日本政治の決算』二〇〇三年、講談社現代新書

石川真澄『戦後政治史〔新版〕』二〇〇四年、岩波新書

星浩『自民党と戦後』二〇〇五年、講談社現代新書

代表制ともいわれる。現在では人民は選挙を通じて議員を統制しようとし、議員の側も再選を希望する場合には選挙区からの指示に従う必要性を感じるようになり、とくに普通選挙制度の導入により、人民は、議会・議員を媒介にして将来の国政の方針を事実上決定しうるという立場から、このような議会（議員）と人民との関係を「半代表」とよんでいる。くわしくは参照、杉原泰雄『憲法Ⅰ　憲法総論』（有斐閣、一九八七年）二二四頁以下。

＊29　政党間の移動は禁止されたが、無所属となることや、選挙時に存在しなかった新政党に所属することは可能である。

読売新聞政治部『自民党を壊した男』二〇〇五年、新潮社

戦後五〇年の政治の歩みをたどると、幾多の政治の節目に選挙が介在し、国民の一票が大筋のところで政治を動かしてきたことがわかる。選挙権行使の重要性を再認識させられる。混迷の度を増している日本政治を考えるうえで、戦後政治史を振り返って五五年体制や連立政権の功罪を考証し直すことは必要だ。

【落合　俊行】

◆コラム◆

一八歳選挙権は世界の潮流

二〇〇五年、郵政民営化法案の参院否決を引き金とした衆院解散にともなう第四四回総選挙では、反対派の候補者を党非公認としその選挙区に「落下傘候補」を差し向けて全面対決させるという小泉手法が奏功し、自民党は歴史的な大勝をおさめた。「刺客」擁立、女性候補や公募候補の登用の「小泉劇場」が話題をさらったことに加えて、期日前投票（公選法四八条の二）の利用者が増加したこともあり、低迷していた投票率は上昇に転じた。有権者の関心の高さはテレビ開票速報の平均視聴率にも反映し、ＮＨＫ選挙特番が最高の二〇・三％を記録して、国政選挙単独の特番としては久しぶりに二〇％の大台に乗ったと報じられた。年代別の投票率では二〇歳代がいつも一番低いという傾向が続いているなか、マスコミ世論調査によれば多くの無党派層の若者たちが投票所に足を運んだという。有権者数はいまや一億人を超え、人口のじつに八割以上が選挙権をもつ。投票率一％で約一〇〇万人だから、前回総選挙のときより七〇〇万人以上も多い有権者が主役に加わった選挙であった。

公職選挙法は「日本国民で年齢満二十年以上の者」に選挙権を付与している（九条）。最近の凶悪な少年犯罪に

対して、少年法を改正して二〇歳未満から一八歳未満に引き下げるべきだという議論がある。しかし、議会制民主主義を半世紀以上にわたって運用してきているこの日本で、選挙権資格年齢引下げの声がなかなか聞かれないのはどうしたことか。古い支配体制を打ち破ったインドネシアで民主的な国会議員の総選挙と国民の直接選挙による大統領選挙が行なわれたことは記憶に新しい。遅々として進まない開票作業が話題になったが、注目すべき点は一七歳からの選挙権だ。東京のインドネシア大使館に電話で問い合わせたところ、「セブンティーン」と誇らしげな声が返ってきた。一七歳選挙権はさすがに世界でも珍しいが、今や世界の趨勢は一八歳選挙権であり、二〇〇五年にフセイン後、はじめて歴史的な民主的な暫定国民議会選挙を実施したイラクでも、また内戦状態を抜け出し民主国家を期して厳戒態勢のもとで国会下院や州議会の選挙を行なったアフガニスタンでもそうである。

急速に進むわが国の少子高齢化を考え合わせると、選挙権年齢の引下げは急務の課題である。選挙では「数」がものをいうので、「花瓶型」人口構成の偏りや年代が上がるほど高くなる傾向のある投票率は中高齢者が政治のあり方を決めることを意味する。しかし、世代間の均衡を保ち高齢世代を若い世代が支えるような活力ある社会を構築する必要がある。その第一歩として、選挙権年齢を一八歳に引き下げるべきではないだろうか。また、公職選挙法は未成年者の選挙運動を禁止しているが（一三七条の二）、その見直しも視野に入れるべきときではないだろうか。

【落合　俊行】

第11講 地方分権と地方自治

1 はじめに

わが国における近代的な地方制度は、大日本帝国憲法（明治憲法）の制定（一八八九年）に前後して相ついで制定された「市制・町村制」（一八八八年）と「府県制・郡制」（一八九〇年）によって確立された。これにより、府県・郡・市町村という三層からなる地方自治体が整備され、市町村には、議事機関としての市会・町村会が、また執行機関として市町村長がおかれ、また同様に府県には、府県議会と府県知事がおかれることとなった（ただし郡制は一九二三年に廃止されている）。ここに、「一応」地方自治の外観を備えた近代的な地方制度が整えられたのである。

しかし、市町村長の選出には、当初「中央政府の裁可」が必要とされていたこと、また府県知事には「中央政府が任命する官吏」が充てられていたこと、さらに、地方自治体に認められた自治の範囲は狭く限定され、その権能も中央政府から派遣された府県知事の強い監督下にあったこと、などからもわかるように、戦前の地方自治体は、中央集権的な考え方のもと、中央政府による地方支配の道具でしかなく、「自治」という観点からみた場合、その外観とは裏腹に、きわめて不徹底・不十分なものにすぎなかった。そもそも市制・町村制が、明治憲法に先立って制定・公布された歴史的事実からもわかるように、戦前の地方制度は、憲法上保障された制度ではなく（明治憲法には地方自治に関する規定がなかった）、法律上の制度にすぎなかったのであり、その法律も、中央政府（国）により、都合よく改正されてきたのである。

これに対し、戦後制定された日本国憲法は、第八章で地方自治に関する規定をおいた。地方自治の本旨に基づく自治権の保障を定める九二条、地方議会の議員および長の公選制を定める九三条、地方公共団体の権能（自治立法権、自治行政権、自治組織権）を定める九四条、そして地方自治特別法に関する住民投票を定める九五条がこれである。戦後のわが国の地方自治制度は、戦前の地方制度とは対照的に、憲法上の統治機構の一つに位置づけられたのである。なるほど、地方公共団体の組織や運営に関する基本的な事項は、日本国憲法下においてもなお、「法律」で定められることになっており、事実、「地方自治法」（一九四七年）をはじめ、地方自治に関する法律が多数存在する。しかし、戦前の地方制度が、憲法上保障されたものではなかったがゆえに、法律の改正を通じて、その時々の中央政府によって都合よく改革されるにまかせてきたのとは対照的に、戦後の地方制度は、なるほどその細部が「法律」で定められることになっている点は従前と同じであるとはいえ、憲法上、「地方自治の本旨（憲法九二条）」に基づくものでなければならないとされているのであって、地方自治に関する法律の制定改廃には「憲法上の歯止め」が存在する。その意味で、戦前と戦後の地方制度は、根本的に区別されなければならない。

なお、憲法九二条にいう「地方自治の本旨」は、国から独立した団体が地域の公共的な事務を処理することを意味する「団体自治」と、当該団体が最終的に住民の意思を反映しながら活動を行なうことを意味する「住民自治」とからなる。憲法九二条が、地方行政の主体として、国から独立した団体としての地方公共団体を設置したのは「団体自治」を保障するためであり、また憲法九三条が、地方公共団体の長、その議会の議員および法律で定めるその他の吏員の選出につき住民の直接選挙を要求しているのは「住民自治」を保障するためである。

2　機関委任事務の廃止と自治事務・法定受託事務への再編成

◉機関委任事務の廃止

しかし、結果としてみるならば、戦後の地方制度改革は、「自治権の保障」という観点からみた場合、必ずしも十分なものとはいえなかった。なるほど戦後わが国の地方公共団体は、戦前のそれと比較すればはるかに強固な「自治権」を保障され、それが処理する事務の範囲も、戦前に比べて大幅に拡大したが、地方公共団体が処理する事務のうち、地方公共団体が自治権に基づいて自主的に実施することのできる自治体本来の事務（「自治事務」）の割合は、都道府県で約三割程度、市町村では約六割程度であり、地方公共団体が処理する事務の大半（都道府県では約七割、市町村でも約四割）

は、いわゆる「機関委任事務」であった。

機関委任事務には、国の機関委任事務と都道府県の機関委任事務の二種が存在した。このうち、とくに問題となった「国の機関委任事務」は、「国が、その権限に属する事務を、法律又は政令に基づいて地方公共団体の機関（都道府県知事や市町村長など）に委任して執行させるもの」であるが、国の機関委任事務の執行にあたる地方公共団体の機関は、都道府県にあっては主務大臣、市町村にあっては都道府県知事および主務大臣の包括的な指揮監督に服すこととされており、国は、機関委任事務の執行に関して知事や市町村長が職務命令に従わない場合には、職務執行訴訟をへてその執行を強制することができただけでなく、平成三年の地方自治法改正以前においては、職務の執行を怠った地方公共団体の長を、内閣総理大臣が一定の手続をへて罷免することすら認められていた。[*1]

こうしたことから、とくに国の機関委任事務に対しては、「主務大臣が包括的な指揮監督権を通じて国と地方公共団体を上下関係又は支配従属の関係に置くものであり、日本国憲法がとる地方自治観にそぐわない」との批判が繰返しなされてきた。かかる批判をうけて、平成一一年の地方自治法改正を契機に、機関委任事務制度は全面的に廃止されることになり、[*2]従来、国の機関委任事務とされてきた事務は、その一部が「国が直接執行する事務」とされたほかは、大半が地方公共団体に委譲された（地方公共団体の事務化）。

なお、改めて後述するように、平成一一年の地方自治法改正により、地方公共団体

＊1　また国の機関委任事務は、それがいかに地方公共団体の執行機関によって処理されようとも、あくまで国の事務に位置づけられ、地方公共団体の事務たる性格をもたなかったため、平成三年の地方自治法改正以前においては、地方議会は、国の機関委任事務の執行に関して長から説明をうけたり意見を述べたりすることはできたものの、これに関して議決権を行使したり監督する権限は認められていなかった。また機関委任事務は、監査委員による監査の対象からも除外されていた。

＊2　なお、国の機関委任事務の廃止とならび、都道府県の機関委任事務も廃止された。

の事務は、新たに「自治事務と法定受託事務」に分類されることになったが、これにともない、旧機関委任事務のうち、地方公共団体の事務として地方に委譲された事務は、その一部が「自治事務」に、残りが「法定受託事務」に再分配されている。[*3]

◉地方公共団体の事務——自治事務・法定受託事務

平成一一年の地方自治法改正により、地方公共団体は、「地域における事務及びその他の事務で法律又はこれに基づく政令により処理することとされるもの」(地方自治法二条二項)を処理することになった。ここで「地域における事務」は、地方公共団体が、その自主的な判断に基づいて、いわば「任意に」実施することのできる事務(随意事務)である。他方、「法律又はこれに基づく政令により処理することとされる事務」は、文字どおり、法律または政令によって実施することが法的に義務づけられている事務である。

このように、地方公共団体の事務には、その処理が法的に義務づけられているものとそうでないものとがあるが、いずれも地方公共団体の事務である以上、地方公共団体は、その事務を、「自己の責任」において処理することになる。とはいえ、一概に地方公共団体の事務とはいっても、その中身はさまざまである。そこで地方自治法は、地方公共団体の事務を、「自治事務」と「法定受託事務」に分けた。

「自治事務」は、「地方公共団体が処理する事務のうち、法定受託事務以外のもの」(地方自治法二条八項)である。

＊3　旧機関委任事務のうち、「地方公共団体の事務」として地方に移譲された事務の約五五%が「自治事務」に、残る四五%が「法定受託事務」とされている(参照、西尾勝『分権型社会を創る——その歴史と理念と制度——』一四二頁以下(ぎょうせい、二〇〇一年)。なお、旧機関委任事務を自治事務と法定受託事務に振り分ける際の判断基準については、松本英昭『地方自治法の概要』九四頁以下(学陽書房、二〇〇五年)を参照。

他方、「法定受託事務」は、「国の法定受託事務」と「都道府県の法定受託事務」に分かれる。前者は、「国が本来果たすべき役割に係るものであって、国においてその適正な処理を特に確保する必要があるものとして法律又はこれに基づく政令に特に定めるもの」（地方自治法二条九項一号）であり（第一号法定受託事務）、後者は「都道府県が本来果たすべき役割に係るものであって、都道府県においてその適正な処理を特に確保する必要があるものとして法律又はこれに基づく政令に特に定めるもの」（同二条九項二号）である（第二号法定受託事務）。

したがって、「地方公共団体の事務が、自治事務なのか、それとも法定受託事務なのか」を判断するには、まず「それが法定受託事務か否か」を確認しなければならないことになる。[*4]

他方、問題となるのは、「地方自治法が、地方公共団体の事務を『自治事務』と『法定受託事務』とに分類した実益はどこにあるのか」であるが、その答えは、自治事務であれ法定受託事務であれ、地方公共団体による事務の処理に対して、国（市町村の事務処理については都道府県を含む。以下同じ）が「関与」を行なうことがありうることを前提に、地方自治法が、自治事務の場合と法定受託事務の場合とで、国の「関与の仕方」に「差異（強弱）」を設けようとしたからにほかならない。

むろん、自治事務であれ、法定受託事務であれ、それらがいずれも地方公共団体の事務とされた以上、地方公共団体の事務処理に対する「国の関与」は、恣意的かつ無制限になされるべきではない。そのため地方自治法は、二四五条で「関与の基本類

＊4　なお、法定受託事務は、自治法またはこれに基づく政令に規定されるほか、自治法の別表第一と第二に掲げられている。

型」を限定列記するとともに、「普通地方公共団体は、その事務の処理に関し、法律又はこれに基づく政令によらなければ、普通地方公共団体に対する国又は都道府県の関与を受け、又は要することとされることはない。」と規定し（二四五条の二）、「関与法定主義」を導入している。また地方自治法二四五条の三では、「関与の基本原則」を定め、国の自治体に対する関与は目的を達成するために「必要最小限」でなければならず、また自治体の自主性・自立性に配慮しなければならないことを規定している。

とはいえ、法定受託事務が「国（又は都道府県）が本来果たすべき役割に係るもの」であって、「国（又は都道府県）においてその適正な処理を特に確保する必要があるものとして法律又はこれに基づく政令に特に定めるもの」（地方自治法二条九項）である以上、法定受託事務における関与のあり方は、自治事務における関与のあり方とは、必然的に異なったものとならざるをえない。そこで地方自治法は、法定受託事務に対しては、事務の性質上、自治事務の場合に比べて強い関与を及ぼすことを認めたのである。[*5]

以下では、この点をより明確にするため、自治事務の場合と法定受託事務の場合とで、関与についてどのような違いが生じるのかを述べることにする。

◉関与の基本類型

地方自治法は、地方公共団体の事務処理に対する国または都道府県の関与の基本類型として、①「技術的な助言又は勧告」、②「資料の提出の要求」、③「是正の要求」、

＊5　村上順「自治体の事務処理と国の関与」芝池義一ほか編『行政法の争点〔第三版〕』一六二頁以下（有斐閣、二〇〇四年）。

④「同意」、⑤「許可、認可又は承認」、⑥「指示」、⑦「代執行」、⑧「協議」、および⑨「それ以外の基本類型外の行為」をあげている（二四五条）。

このうち、非権力的な関与の形態である①の「技術的な助言又は勧告」と、②の「資料の提出の要求」は、自治事務、法定受託事務を問わず認められる点で、両者に違いはない。

これに対し、③〜⑨は、いわゆる権力的な関与の類型であり、自治事務の場合と法定受託事務の場合とでは、許容性に違いが生じる。以下では、自治法二四五条が定める権力的な関与の基本類型のうち、とくに、③の「是正の要求（これはさらに「是正の要求（二四五条の五）」「是正の勧告（二四五条の六）」「是正の指示（二四五条の七）」に細分類される）」に焦点をあて、自治事務の場合と法定受託事務の場合とを比較することにしよう。*6

◉自治事務の場合

国（大臣）は、地方公共団体の「自治事務」の処理に関しては、事務の処理が「法令の規定に違反していると認めるとき、又は著しく適正を欠き、かつ、明らかに公益を害していると認めるとき」には、地方自治法二四五条の五が定める「是正の要求」を行なえる。*7「是正の要求」は、具体的な措置の内容が地方公共団体の裁量に委ねられている点で、法定受託事務における基本的な関与の形式である「是正の指示」（後述）に比べ、弱い関与の形式に位置づけられる。なお、地方公共団体は、「自治

*6 その他の権力的な関与の基本類型について、自治事務の場合と法定受託事務の場合とで、どのような違いが存在するのかについては、高橋洋「国と地方公共団体の関係」中川義朗編『21世紀の地方自治を考える』五八頁（法律文化社、二〇〇三年）を参照。

*7 なお、国（大臣）は、「市町村の自治事務」については、緊急の必要がある場合を除き、自ら市町村に対して「是正の要求」を行なうことはできず、原則として、市町村を包括する都道府県の執行機関（知事等）に対して「是正の要求」を行なうよう指示し、これに基づき都道府県の執行機関（知事等）が市町村に対して「是正の要求」を行なうことになっている。

事務」の処理に関して「是正の要求」がなされた場合、これに従う法的な義務を負うが、かりに、「是正の要求」に従わなかったとしても、これを強制する代執行などの措置は、自治法上認められていない。

他方、都道府県の執行機関（知事等）もまた「市町村の自治事務」の処理に対して「関与」をなしうるが、都道府県の執行機関（知事等）は、国（大臣）からの指示がある場合は別として、「是正の要求」を行なうことはできず、「是正の勧告」（地方自治法二四五条の六）をなしうるにとどまる。「是正の勧告」は、法的拘束力をもたないという意味において、「是正の要求」に比べ、さらに弱い関与の形式に位置づけられる。

◉法定受託事務の場合

これに対し、地方公共団体の事務が「法定受託事務」である場合、関与のあり方は右にみた自治事務の場合とは大きく異なる。

まず、法定受託事務を所轄する大臣等は、事務の適正な処理を確保するために、事務の「処理基準」（地方自治法二四五条の九）を定めることができる。

つぎに、国（大臣）は、「都道府県の法定受託事務」と「市町村の第一号法定受託事務」の処理が、「法令の規定に違反していると認めるとき、又は著しく適正を欠き、かつ、明らかに公益を害していると認めるとき」は、都道府県または市町村に対して「是正の指示」（地方自治法二四五条の七）を行ないうる。[*8] 「是正の指示」は、実施すべき措置の具体的な内容が特定されており、そこに地方公共団体の裁量が認められている。

＊8　ただし国（大臣）は、「市町村の一号法定受託事務」については、緊急の必要がある場合を除き、自ら市町村に対して「是正の指示」を行なうことはできず、原則として、市町村を包括する都道府県の執行機関（知事等）に対して「是正の指示」を行なうよう指示し、これに基づき都道府県の執行機関（知事等）が市町村に対して「是正の指示」を行なうことになっている。

図表11－1　事務の種別と是正の勧告・是正の要求・是正の指示

<table>
<tr><th>事務の種別</th><th>国の関与</th><th colspan="2">都道府県の関与</th></tr>
<tr><td>都道府県の自治事務</td><td>是正の要求</td><td colspan="2"></td></tr>
<tr><td>都道府県の法定受託事務</td><td>是正の指示</td><td colspan="2"></td></tr>
<tr><td>市町村の自治事務</td><td rowspan="2">都道府県の執行機関に対して是正の要求を行なうよう指示
緊急の必要があれば，自ら是正の要求</td><td rowspan="2">国の指示がある場合，是正の要求</td><td>是正の勧告</td></tr>
<tr><td>市町村の第二号法定受託事務</td><td>是正の指示</td></tr>
<tr><td>市町村の第一号法定受託事務</td><td>都道府県の執行機関に対して市町村に対する是正の指示に関する指示
緊急の場合には，自ら是正の指示</td><td colspan="2">是正の指示</td></tr>
<tr><td>条例による事務処理の特例により市町村が処理する事務</td><td>都道府県知事を通じて是正の要求（当該事務が都道府県の自治事務の場合）もしくは是正の指示（法定受託事務の場合）</td><td colspan="2">是正の要求もしくは是正の指示</td></tr>
</table>

出所：高橋洋「国と地方公共団体の関係」中川義朗編『21世紀の地方自治を考える』法律文化社，2003年，56頁より引用。

ないという意味において、自治事務における基本的な関与の形式である「是正の要求」（実施すべき措置の内容が地方公共団体の裁量に委ねられている）に比べ、より強い関与の形式に位置づけられるものである。

　他方、都道府県の執行機関（知事等）は「市町村の第二号法定受託事務」の処理が「法令の規定に違反していると認めるとき、又は著しく適正を欠き、かつ、明らかに公益を害していると認めるとき」は、市町村に対して「是正の指示」をなしうる。なお、国（大臣）もまた「市町村の第二号法定受託事務」の処理に対して関与をなしうるが、この場合は「是正の指示」を行なうことは認められておらず、緊急の必要がある場合以外は、都道府県の執行機関（知事等）を通じて「是正の要求」を行なうことができるにすぎないこととされている。

地方公共団体は、「法定受託事務」の処理に関して「是正の指示」がなされた場合、これに従う法的な義務を負うが、各大臣はさらに、地方公共団体が法定受託事務を違法に処理し、あるいは法定受託事務の処理を違法に怠っていると判断する場合、地方自治法二四五条の八が定める手続をへたうえで、高等裁判所に職務執行命令訴訟を起こし、勝訴判決をへたうえで、代執行などを行なうことを認められている。

このように、自治事務と法定受託事務とでは、国の関与の仕方（強弱）に差異が認められる。とはいえ、繰返し述べるように、自治事務はもとより、法定受託事務もまた、あくまで「地方公共団体の事務」である。したがって、旧来の機関委任事務の場合とは異なり、地方議会は、それが自治事務か法定受託事務かを問わず条例制定権を行使しうるほか[*9]、長その他の執行機関による事務の処理について、自治法の九八条一項、同二項に従い、書類などの検閲、検査および監査請求をなしうる。また地方議会は、自治法の一〇〇条に従い、それが自治事務か法定受託事務かを問わず、地方公共団体の事務に関して調査権を行使しうる[*10]。

＊9　ただし、条例は「法令に反しない限りにおいて」制定できること（地方自治法一四条一項）、また法定受託事務については、国の法令で詳細な定めがおかれることが通常であることに鑑みると、法定受託事務に関して条例を制定できる範囲は、自治事務における場合に比べて、狭く限定されることになる。

＊10　ただし、自治事務のうち、地方労働委員会や収用委員会の権限に属する事務で政令で定めたもの、および法定受託事務のうち、国の安全を害するおそれがあること等の理由により議会の調査の対象とすることが適当ではないとして政令で定められたものについては、地方議会による検閲・検査・監査請求および調査権の対象からは除外されている。

3　今後の分権改革の課題

◉三位一体の改革と自主財政権の確立

このように平成一一年の地方自治法改正により、旧来の機関委任事務は全面的に廃止され、その多くが地方公共団体の事務として、自治事務ないしは法定受託事務へと再編成された。これにより地方公共団体の事務は、改正前に比べ大幅に拡大した。さらに今回の自治法改正により、国と地方公共団体の役割分担の原則が新しく法定され、「地方公共団体は、住民の福祉の増進を図ることを基本として、地域における行政を自主的かつ総合的に実施する役割を広く担う」（地方自治法一条の二第一項）こととされたため、今後とも、地方公共団体の事務（なかでも自治事務）の範囲は、拡大してゆくことが予想される。そのためには、事務遂行の主体である地方公共団体が、それに見合った「行財政能力」を身につけることが必要となることはいうまでもない。現在、総務省が市町村合併を推進しているのも、そのためである。[*11]

しかし、より重要なのは、地方公共団体が、その事務を処理してゆくために必要な財源を自ら確保できるよう、自主財政権を強化し、そのために必要な行財政改革を抜本的に行なうことである。

地方公共団体の収入源は、地方公共団体が自ら収入額を決定し賦課徴収しうる「自主財源（地方税、分担金など）」と、国（または都道府県）から交付される「依存財源

*11　市町村合併については、原田久「市町村合併の現状と展望」中川編・前掲*6書二一五頁以下、駒林義則「広域行政」芝池ほか編・前掲*5書一六八頁以下。

（地方交付税や国庫補助負担金など）」からなる。このうち、自主財源の中心を占めるのが地方税であるが、地方公共団体の歳出規模に占める地方税収入の割合は、従来、三割強にすぎないといわれ（地方の歳出規模と地方税収入との間の乖離　三割自治）、地方公共団体の多くは、地方税収入でまかないきれない財源を確保するために地方債を発行し、あるいは、地方交付税や国庫補助負担金などといった国の財源に強く依存してきた。

そこで政府は、早急に税源配分のあり方を検討し、移譲することのできる税源を地方に移譲することによって地方税の充実確保をはかりつつ、地方歳出の徹底的な見直しを行ない、地方交付税や国庫補助負担金の総額を全体として抑制することをめざしている。これが、現在政府が推進する三位一体の改革である。[*12] それは、税源移譲を含む税源配分のあり方、国庫補助負担金、地方交付税という三つの要素を相互に関連づけつつ再検討し、これらを一体的に見直そうとするものであり、現在、平成一六年度から三か年間に国から地方への補助金総額約四兆円を削減し、代わりに約三兆円分の税源を地方に移譲することをめざした議論が行なわれつつある。

三位一体の改革が具体的にどのような形で実現されてゆくのかは今後の動向を見守らざるをえないが、二一世紀における地方公共団体が、真の意味で地方「自治」の担い手となりうるためには、単に事務の委譲が行なわれ、処理する事務の範囲が拡張されただけでは不十分であり、地方公共団体が、それに見合った行財政能力を身につけるために、必要な税源が、国から地方に移譲されることが必要不可欠である。またこ

＊12　総務省編『平成一七年度版（平成一五年度決算）地方財政白書』（http://www.soumu.go.jp/menu_05/hakusyo/chihou/17data/17cz.html）「第２部　最近の地方財政の現状と課題　３最近の地方財政の動向と課題⑴三位一体の改革」を参照。

れとならんで、地方公共団体もまた、徹底的な歳出改革を行ない、無駄遣いを減らすとともに、限られた財源のなかで、事務を効率的に処理してゆくことが求められている。

平成一五（二〇〇三）年六月の自治法改正によって新たに導入された「指定管理者制度」も、そうした流れのなかに位置づけられるものである。

4 最近の地方自治法の改正

◉指定管理者制度の創設

二〇〇三年六月六日に地方自治法が新たに改正され、従来の管理委託制度に代えて、指定管理者制度が導入された。従来の管理委託制度のもとでは、たとえば公立の病院や図書館、美術館などといった公の施設は、その管理委託先が、①公共団体、②公共的団体、③普通公共団体が出資している法人であって政令で定めるもの（出資法人）に限定され、純然たる民間事業者は管理委託の対象からは除外されてきたが、管理母体の経営感覚の乏しさゆえ、公の施設の多くが慢性的な赤字経営体質を脱却できずにきた。

こうしたなか、この度の法改正で新たに導入された指定管理者制度では、公の施設の管理委託先として、新たに「民間事業者」が加えられ（民間活力の導入）、それがもつ経営ノウハウを公の施設の管理・運用面で積極的に活用することによって、経済性

図表 11－2　指定管理者制度の流れ図式

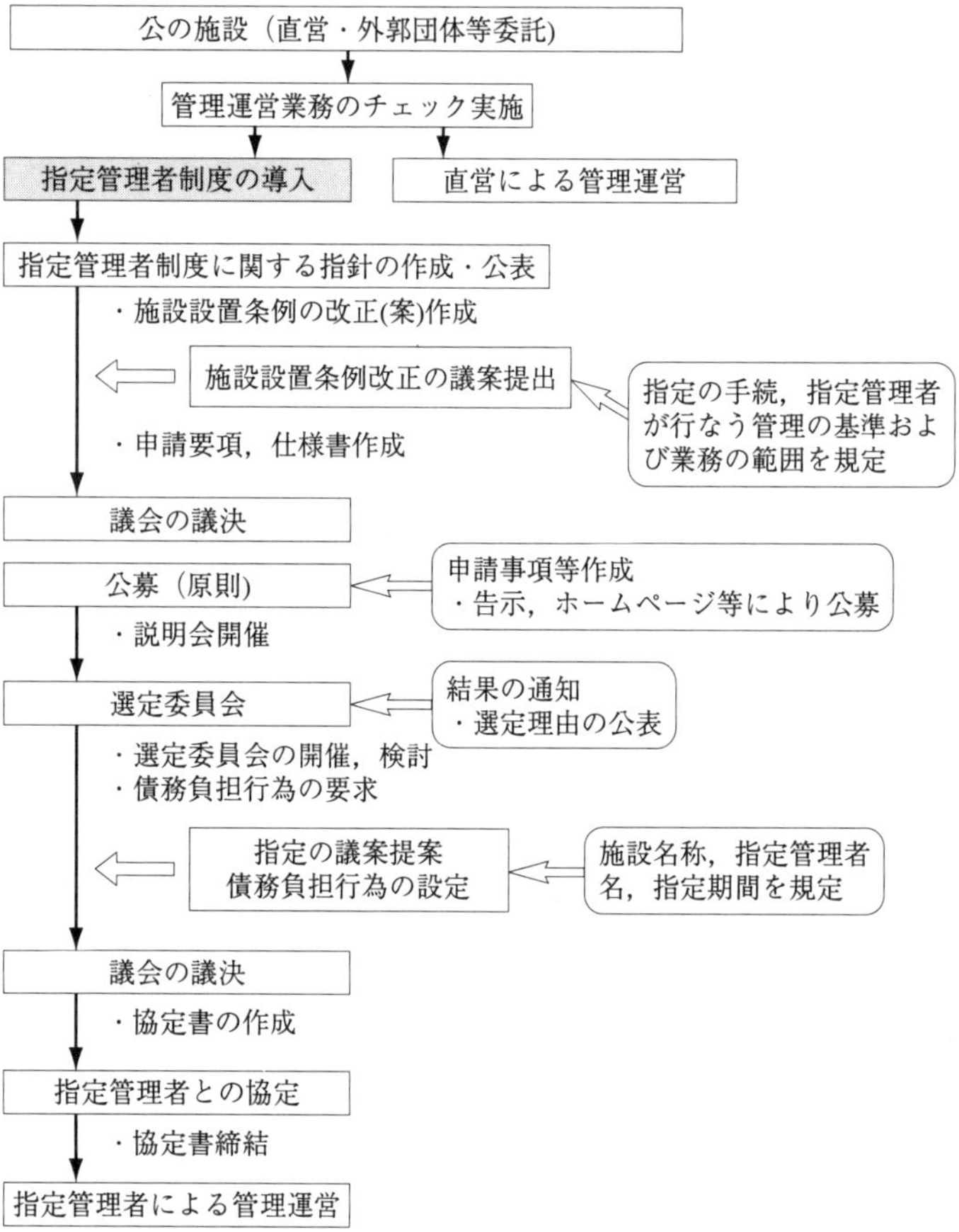

出所：財団法人地方自治研究機構編「自治体法務研究」ぎょうせい，2005年 1 号
21頁より引用。

と効率性の向上（経費節減）と、サービスの質的向上を実現することが期待されている[*13]。

このように指定管理者制度は、従来公共団体が独占してきた公の施設の管理・運営市場を、民間の事業者にも開放するものであるが、他方、その際、以下に述べる二点に留意することがとくに必要であろう。

第一に、いかに公の施設の管理・運営を民間事業者に委ねることが可能になったとしても、公の施設の管理・運営を民間事業者に委ねさえすれば、経済性・効率性・サービスの質の向上が自動的に実現されるわけではない、ということである。すなわち、民間企業が経営不振の結果倒産することがあるように、民間事業者であることの一事をもって、ただちに経営感覚に優れていると断定することはできないのであって、公の施設の管理・運営は、効率性・経済性・サービスの質的向上という観点から、公共団体・公共的団体・出資法人・民間事業者うち、どの法主体に委ねるのが最も適切かを、公の施設の設置目的や性格を考慮しながら、慎重に判断しなければならないのである。指定管理者制度が、公の施設の管理・運営市場を民間事業者に解放することを可能にした制度であることは事実であるが、この一事だけがクローズアップされ、民間事業者に対する指定が万能視されることは危険である。

第二に、かりにある施設が民間事業者によって管理・運営されることになるとしても、当該施設それ自体が「公」の施設たる性格を喪失し、その管理・運営行為が、「公共」サービスたる性格を失うことを意味するわけではないということである。つ

*13 指定管理者制度を取り扱う論考は枚挙に暇がないが、さしあたり、地域協働型マネジメント研究会編『指定管理者制度ハンドブック』（ぎょうせい、二〇〇四年）、「特集 指定管理者制度活用への自治体戦略」ガバナンス四八号（ぎょうせい、二〇〇五年）所収の各論考、碓井光明「PFI・国有財産有効活用」芝池ほか編・前掲*5書二〇四頁以下、福士明「指定管理者制度の法的論点・ポイント」自治体法務研究一号六頁以下（ぎょうせい、二〇〇五年）を参照。

まり、かりに指定管理者制度の積極的な活用により、今後、多くの公の施設が指定をうけた民間事業者によって管理・運営されることになったとしても、公共団体が、公の施設の管理・運営領域から全面的に撤退し、その責任のすべてが、実際に指定をうけて管理・運営行為を行なう民間事業者に移行すると考えるわけにはいかないのであって、公共団体は、公の施設の管理・運営を民間事業者に委ねた後においても、指定管理者となった民間事業者が業務を適正に実施し、公共サービスの提供という視点でみた場合に、経済性・効率性・サービスの質的向上といった点で問題がないかどうかを、常にチェック（モニタリング）し、たとえば指定管理者たる民間事業者が、不適切な管理・運営行為を行なっている場合や、それが経営不振に陥り、予定された施設の管理・運営を行なえない状態にある場合には、業務の改善を要求し、または指定を取り消して自らが管理するか、あるいは別の民間事業者に施設の管理・運営業務を引き継がせるなどして、公共サービスが、安定的かつ継続的に住民に対して提供されるよう配慮する責任を負い続けなければならないといえよう。[*14]

　指定管理者制度を導入した二〇〇三年の改正地方自治法二四四条の二（三項〜一一項）が、①指定管理者の選定手続、②指定管理者が行なうべき管理の基準、③業務の範囲その他必要な事項につき、「条例」で定めることを要求したうえで、最終的に「議会の議決」を経て管理者の指定を行なうこととし、また④毎年度終了後に、指定管理者に対して「事業報告書の提出」を義務づけ、さらに⑤自治体の指示に従わない場合や、その他管理の継続が不適当である場合に、指定自体を取り消すことができる

＊14　公的任務の遂行を民間事業者に委託した後においてもなお、行政責任が存続し続けなければならないことについては、参照、角松生史「行政事務事業の民営化」芝池ほか編・前掲**＊5**書一五二頁以下、山本隆司「民間の営利・非営利組織と行政の協働」芝池ほか編・前掲**＊5**書一五四頁以下。

旨を規律しているのも、いかに民間事業者によって管理・運営されることになろうとも、それがあくまで「公」の施設である以上、その管理・運営行為が、公共サービスの提供たる性格を失わないがためである。

★より理解を深めるために

中川義朗編『21世紀の地方自治を考える』法律文化社、二〇〇三年

地方自治をめぐる課題を、法的視点のみならず政策的視点に立って網羅的に分析した概説書。

原田尚彦『新版　地方自治の法としくみ〔改訂版〕』学陽書房、二〇〇五年

わが国の地方自治制度の概要・骨組みをわかりやすく解説した定評あるテキスト。

松本英昭『地方自治法の概要』学陽書房、二〇〇五年

地方分権改革にたずさわった行政側の担当者が執筆した地方自治法のくわしい解説書。

福士明「指定管理者制度の法的論点・ポイント」自治体法務研究、ぎょうせい、二〇〇五年一号

二〇〇三年の地方自治法改正にともなって新たに導入された指定管理者制度の概要と法的な論点をわかりやすく解説した論文。

【岸本　太樹】

◆コラム◆

出資法人・外郭団体の改革の必要性

地方自治法の改正により指定管理者制度が導入された現在、各自治体は、自らが所有する公の施設の設置状況を改めて調査し、そのうえで、それを今後も自治体直営で管理・運営するのか、それとも指定管理者制度を導入し、民間事業者を含めた他の法主体に管理運営を委ねるのか、その選択・判断を迫られており、指定管理者制度を積極的に活用する自治体の数は、近年大幅に増える傾向にある。

他方、注意すべきは、指定管理者制度はあくまで手段であって、その導入が自己目的化してはならないという点である。従来の管理委託制度のもとで公の施設の管理・運営を委ねられてきた自治体の外郭団体や出資法人等を、いわば横滑り的に指定管理者に指定し、民間事業者の新規参入事業を非常に限られた範囲に限定している自治体が複数散見されるところであるが、これでは、いかに指定管理者制度が導入されたとはいえ、その内実は、従来の管理主体が指定管理者の衣をまとったにすぎないというべきであろう。

確かに、指定管理者の一般公募をやってはみたものの、民間事業者側の準備不足もあり（たとえば民間事業者からの応募が一件もなかった場合など）、結果として、従来どおり、外郭団体や出資法人を指定管理者とせざるをえなかった例もありえようし、市民に対して提供されるサービスの質が、民間事業者のそれよりも、外郭団体や出資法人の方が優れていると判断された結果である場合もありえよう。しかし問題は、外郭団体や出資法人で働く職員の雇用の場を確保するために、これらの団体を横滑り的に指定管理者にする例が多くみうけられる事実である。なるほど、従来の管理委託制度のもとで公の施設を管理・運営してきた外郭団体や出資法人で働く職員の雇用問題は、解決されるべき緊急の課題であることは間違いないが、それのみを理由として、非効率的な管理・運営能力しかもたない（一部の）外郭団体等を、今後も指定管理者として温存し続けることは、制度導入の趣旨に反するというべきであり、今後、指定管理者制度の本格的な導入を前に、その存続を含め、抜本的な見直し、改革が必要であることは多言を要しないところである。この点、熊本市では、平成一七年度中に「経営改革計画」を策定し、市の外郭団体や出資法人に経営努力を促すとともに、財政措置や人的支援を含めた市の関与のあり方について、抜本的な見直し・改革を行なうことを志向しており、今後の動向が注目される。

【岸本　太樹】

第12講 現代行政活動と行政手続制度

1 現代の行政と行政手続

◉現代の行政と私たち

現代社会において、私たちと国や地方公共団体（都道府県・市町村）の行政との関係はどうなっているのであろうか。「社会公共の秩序を維持すること」は、古くから行政の中心的な仕事であり、それは現代社会にあっても変わらない。しかし、現代の行政の仕事は、これにとどまるものではない。二〇世紀の資本主義社会の発展によって市民の生活が都市化し、それにともなって市民生活の自給自足性が失われた。その結果、個人の豊かな生活の実現は国や地方公共団体に大きく依存することになった。とくに、過密化した都市においては、人びとの生活における安全性・快適性を確保するため、都市環境や生活環境の整備が必要となった。たとえば、道路・上下水道・公園・港湾などを設置・管理し、老人ホームや障害者福祉施設などの社会福祉施設を設置・運営し、公営住宅の供給、ゴミの収集・処理、社会保障・社会保険の提供などを行なって、人びとに便益を給付することがそれである。[*1] また、公害の防止、環境の保

*1　これを給付行政といい、ドイツの行政法学者エルンスト・フォルストホフ（一九〇二～一九七四年）が最初に提唱した概念である。

全やより良好な環境の創造をめざす活動、経済活動を規制して望ましい経済秩序を形成する活動、さらには土地利用規制、建築規制、都市の再開発、区画整理などによって、地域空間を望ましい状態にしていくということも行政の重要な仕事となっている。このことは、国民に健康で文化的な生活を保障するという福祉国家の理念（憲法二五条）にもかなうものである。

現代の私たちの日常の生活を考えてみると、国や地方公共団体の行政と無関係に過ごすことができないことに気づかされる。一生を通じてみると、行政との関わりは数えきれないほどである。現代社会に生きる私たちは、いわば「揺りかごから墓場まで」、あるいは「生まれる前から死んだ後まで」、行政と関わりをもって日常の生活を送っているのである。

◉行政手続とは何か

行政手続とは、広い意味では、行政庁が行なう作用全体の過程をいうが、狭い意味では、そのような過程のうち行政庁が何らかの決定をする際にふむべき手続（事前手続）をいう。たとえば、営業許可の取消しや運転免許の停止などの行政処分（ことに不利益処分）が行なわれるときに、相手方に処分内容と処分理由を知らせて言い分を聞くこと（告知・聴聞）、聴聞に際して行政庁の保有する文書を見せること（文書閲覧）、処分にあたっては理由を示すこと（理由付記）、処分をする際によるべき基準を、事前に設定し公表しておくこと（処分あるいは裁量基準の設定・公表）などが、行政手続の主な内容である。

そもそも行政手続の観念は、英米法において形成されてきたといわれている。イギリスにおいては、行政手続は「自然的正義」(natural justice)の原則といわれ、国家機関の行為により影響をうける者は、事前に意見を聴取される機会が与えられなければならないとの原則(聴聞の原則)、ならびに国家機関の判断が問題の事案以外の要素によってなされてはならないという原則(偏見排除の原則)からなるとされてきた。このような原則はアメリカにも波及し、合衆国憲法修正第五条および修正第一四条に「法の適正手続」(due process of law)条項として結実する。[*2] そして一九四六年には、連邦行政手続法(APA)の制定をみるのである。

これに対して、ドイツ、フランスを中心とした大陸法系の諸国においては、「適正手続」の観念は古くからみられたわけではない。しかし、これらの諸国でも、近年行政手続に関する法制度の整備が進んできている。[*3]

◉行政手続はなぜ必要なのか

行政手続に関心の低かった大陸法系の諸国でも、国民の人権保障に無関心であったわけではない。国家の権力行使に対しては、「法律による行政の原理」が適用されていた。すなわち、権力(行政権)の行使は、国民を代表する議会が定める法律に従ってなされなければならず(立法的統制)、行政権が法律に違反して行使された場合には、裁判所によって是正される(司法的統制)というものである。国民の側からすると、

*2 修正第五条「いかなる人も、法の適正な手続なくしては、生命、自由または財産を奪われない」。

修正第一四条第一節「いかなる州も、法の適正な手続なくしては、いかなる人からも生命、自由または財産を奪ってはならない」。

*3 オーストリアは、一九二五年に世界ではじめて一般行政手続法を制定した。また旧西ドイツは、一九七六年に連邦レベルでの行政手続法を整備した。そのほか、ノルウェー、スウェーデン、デンマークなどの北欧諸国、スペイン、スイス、ポルトガル、ギリシャなども行政手続法を制定している。またフランスでは、行政行為の理由付記および行政と公衆の関係の改善に関する法律が制定され、デクレによってではあるが防御権の保障もなされている。

違法な行政権の行使によって自己の権利・利益を侵害された場合には、裁判所に訴えを提起して、その是正を求めることができるということである。

しかし、現代の行政活動は議会の制定した法律を忠実に執行するということにとどまるものではなく、専門的な政策判断に関しての行政の裁量の余地はますます大きくなってきている。そこでは、処分の違法性を事後的に争って自己の権利・利益の救済を求めるという伝統的な方法は無力なものとなる。なぜなら、裁判によって救済されうるのは、行政庁の行為が違法な場合に限られ、それが裁量判断の誤りで不当であるというだけでは救済されないからである。[*4]

またかりに、そのような伝統的な救済方法を用いうるとしても、そもそも事後的・裁判的救済という制度には、つぎのような限界がある。すなわち、「事後的な是正」である以上、以前の状態を完全に回復できるとはかぎらないこと、またひとたび行政庁による行為によって現状が変更されて新しい秩序が形成されてしまうと、違法だからといってそれがまた覆された場合の影響は少なくないこと、さらには裁判手続には費用の負担と時間が相当かかり、気軽に利用しにくいこと、などである。

先に述べたように、いまや私たちはその豊かな生活の実現を、国や地方公共団体に大きく依存している。それはすなわち、国や地方公共団体の役割が増大し、私たちの生活に関わる機会が多くなっているということである。そうなると必然的に、行政権の行使による国民の権利・利益の侵害の危険性は大きくなり、国民と行政との間のトラブルも増加することになる。このような状況のなかで、行政権に対する国民の権

*4　ただしわが国の現行法においては、「裁量権の範囲をこえ又はその濫用があった場合」には、裁判所は行政庁の裁量処分を取り消すことができるとされている（行政事件訴訟法三〇条）。その他、二〇〇四年改正行政事件訴訟法による新設の義務付け訴訟および差止訴訟においても、裁量権の範囲の逸脱・濫用が「違法」であることが明記された（三七条の二～四）。

利・利益の保護・救済の制度が十分に機能しないとすれば問題であろう。

そこで、行政権に対する従来からの立法的統制、司法的（裁判的）統制に加えて、行政権の行使自体を事前の適正な手続によってコントロールし、行政権による国民の権利・利益の侵害を防止するという手法が注目されることになる。また、行政が最終決定を行なうまでの過程（事前手続）を公正・透明にすることは、行政の裁量判断の適正性を確保するためにも有効な方法である。

2　わが国の憲法・行政法と行政手続

◉憲法と行政手続

明治憲法下のわが国においては、行政の事前手続を整備するという発想はほとんどみることができなかった。第二次大戦後は、アメリカ法の影響をうけて、個別の法律に事前手続の規定がみられるようになったが、行政手続に関する一般法は制定されなかった。そこで、行政手続に憲法上の保障はあるのか、あるとすればその根拠はどこにあるのかということが議論されてきた。

行政手続の憲法上の根拠として、①憲法の定める適正手続（憲法三一条）は、刑事手続だけでなく行政手続にも適用ないし準用されるとするもの、②国政のうえで国民の権利を尊重する（憲法一三条）という以上、その保障は事前手続的な権利保障にも及ぶとするもの、③憲法三一条、憲法一三条の両方に根拠を求めるもの、④憲法の具体的条文によるのではなく、日本国憲法における法治国原理の手続法的理解のもとに、国民の権利・利益の手続的保障が憲法上の要請であるとするものなど、諸説が存在する。ただし、少なくとも適正手続の原理が憲法的根拠をもつという点について、学説は一致している。

判例では、成田新法訴訟最高裁判決（最大判平成四・七・一）に注目したい。これは、「新東京国際空港の安全確保に関する緊急措置法」[*5]に基づく工作物使用禁止命令（同法三条一項）という、典型的な行政処分について事前手続（告知・聴聞）の要否を扱ったものである。この判決において、最高裁は、「憲法三一条の定める法定手続の保障は、直接には刑事手続に関するものであるが、行政手続については、それが刑事手続ではないとの理由のみで、そのすべてが当然に同条による保障の枠外にあると判断することは相当ではない」と述べ、憲法三一条の定める法定手続の保障が、刑事手続のみならず行政手続にも及ぶ余地を認めた。ただし、「同条による保障が及ぶと解すべき場合であっても、行政手続は、刑事手続とその性質においておのずから差異があり、また、行政目的に応じて多種多様であるから、行政処分の相手方に事前の告知、弁解、防御の機会を与えるかどうかは、行政処分により制限を受ける権利利益の内容、性質、制限の程度、行政処分により達成しようとする公益の内容、程度、緊急性等を総合較量して決定されるべきものであって、常に必ずそのような機会を与えることを必要とするものではないと解するのが相当である」[*6]として、どのような処分に憲法三一条の保障が及ぶかについての一般的基準を示すことを回避した。結局、この問題は、「行

＊5　成田空港の開港予定日の直前に、いわゆる過激派の一団が空港管制塔に侵入して、予定どおりの開港ができなかったことを契機として、議員立法によって急遽制定された法律である。

＊6　このような考え方は、周辺住民が原発の設置許可の取消しを求めた、伊方原発訴訟上告審判決（最判平成四・一〇・二九）にも踏襲されている。

＊7　聴聞、弁明の機会のほ

政手続法」（平成五年法律八八号）の制定によって立法的に解決されることになった。

◉行政手続法の制定

戦後の諸外国の行政手続法整備の状況からみて、わが国の一般手続法の整備（立法化）は立ち遅れていた。行政の事前手続は、許認可の取消しなどについて、「聴聞」や「弁明の機会」などが個々の法律に規定されてはいたが、それらは統一性を欠いており[*7]、また具体的にどのような手続をとるべきか規定していないことも多かった。そのため、その運用についても形式的・官僚的であるとの批判があった。

行政手続を整備しようという動きは、一九五二年に議員提出法案として国会に提出された「国家行政運営法案」にまでさかのぼる。しかし、行政運営の適正化を目的とするこの法案が廃案となって以来、憲法・行政法関係の学会（日本公法学会など）の熱望をよそに、行政手続法の制定が国会の審議にかけられることはなかった。

新たに手続法制定の気運が高まったのは、第三次行革審（臨時行政改革推進審議会）が設置された一九九〇年以降のことである。翌年、同審議会に「公正・透明な行政手続部会」が設けられて、法制定に向けて本格的準備作業がはじまった。そして一九九一年、第三次行革審は「公正・透明な行政手続法制の整備に関する答申」を政府に対して行ない、これをもとにして一九九三年、ようやく行政手続法が制定されるにいたったのである[*8]。

か、聴問、審問、審理、口頭審理、陳述する機会、釈明する機会、意見の聴取などの用語が使われ、しかもそれぞれが必ずしも異なった内容を意味するわけではなかった。また同種の処分でも、聴聞規定のあるものとないものがみられた。たとえば、免許取消処分について証券取引法には聴聞規定があるが銀行法にはないとか、事業許可の取消処分について電気通信事業法には聴聞規定があるが、有線テレビジョン放送法にはないなどである。

＊8　一九九三年一一月一二日公布、一九九四年一〇月一日施行。なお、行政手続法における手続と個別法における手続との関係の調整のため、「行政手続法の施行に伴う関係法律の整備に関する法律」（いわゆる「整備法」）も、同時に制定公布された。

3 行政手続法と行政手続条例

◉行政手続法のあらまし

行政手続法（平成五年法律八八号）は当初三八か条（現在は四六か条）の本則と、経過措置を中心とする附則から構成され、その目的は、「処分、行政指導及び届出に関する手続に関し、共通する事項を定めることによって、行政運営における公正の確保と透明性（中略）の向上を図り」、「国民の権利利益の保護に資すること」（同法一条一項）であるとされていた。ここで「透明性」というのは、「行政上の意思決定について、その内容及び過程が国民にとって明らかであること」（同法一条一項カッコ書き）である。行政の公正の確保とともに「透明性の向上」が行政運営における目標として位置づけられたということは、行政の意思決定については、決定された内容自体はもちろんのこと、その過程（判断基準、判断のための資料、決定の手続など）が国民からみて明らかになっているということが国民の権利・利益の保護に大きな役割を果たすことになり、またそのことが行政の適正な運営を確保するうえで重要な意義をもつ、との認識を示すものである。

行政手続法は処分（申請に対する処分と不利益処分）、行政指導および届出の手続（現在は、これに「命令等を定める手続」が加えられている）に関する「一般法」である。したがって、特別法がある場合には、その定めが優先されることになる（同法一条二項）。[*9]

*9 一般法は、特別法による例外を予定しているのが普通である。したがって、法制の統一化という点からすると、たんに一般法を制定しただけでは十分でなく、並行して既存の特別法を整理する必要がある。すなわち、一般法（行政手続法）と重複する規定を削除し、標準的な制度との整合性や用語の統一をはかり、特例を設けることに合理性があるのか検討するということである。行政手続については「整備法」という形で三六〇の個別法の整理がなされ、法制の統一化がはかられた。

◉申請に対する処分手続

申請に対する処分とは、「法令に基づき、行政庁の許可、認可、免許その他の自己に対し何らかの利益を付与する処分を求める行為」に対して行なう、諾否の処分である（行政手続法二条三号）。このような処分をするにあたっての手続はつぎのように定められている。①審査基準（求められた許認可等をするかどうか判断するための基準）の設定・公表（同法五条）、②標準処理期間（申請が到達してから処分をするまでに要する標準的な期間）の設定・公表（同法六条）、③申請が到達したときは遅滞なく審査を開始し速やかに応答すること（同法七条）、④申請拒否の場合には理由を提示すること（同法八条）、⑤審査中に申請者の求めに応じて情報を提供すること（同法九条）、⑥申請者以外の者の意見を聴くため公聴会などを開くよう努めること（同法一〇条）である。

◉不利益処分手続

不利益処分とは、「行政庁が、法令に基づき、特定の者を名あて人にして、直接に、これに義務を課し、又はその権利を制限する処分」（行政手続法二条四号）であり、建築物の除却・移転命令、許認可の取消し・撤回などがその例である。不利益処分をするにあたっての手続はつぎのように定められている。①処分基準（不利益処分をするかどうか、どのような処分とするかを判断するための基準）をできるかぎり具体的に定め、公表するよう努めること（同法一二条）、②処分の名あて人に対して意見陳述のための手続をとること、そしてこれには許認可の取消しなど、重大な不利益処分の場合の

「聴聞」手続と、不利益処分が聴聞にあたいするほど重大でない場合の「弁明の機会の付与」の二つがある（同法一三条一項）。

「聴聞」はつぎのような手続で行なわれる。①不利益処分をする場合、名あて人に理由を示さなければならない（同法一四条一項）。②聴聞をする場合、行政庁は名あて人に、予定される処分の内容と根拠法令、処分の原因となる事実、聴聞の期日と場所、および聴聞を扱う組織の名称・所在地の四項目について、書面で通知しなければならない（同法一五条）。③当事者など（当事者、参加人）は、不利益処分の原因となる事実を証する資料の閲覧を求めることができる（同法一八条）。④聴聞は、行政庁の指名する主宰者、当事者・代理人、参加人および行政庁の職員によって構成され、原則として非公開である（同法二〇条六項）。⑤主宰者は手続の冒頭で、行政庁の職員に、予定される処分の内容と根拠法令、処分の原因となる事実を説明させ（同法二〇条一項）、当事者などは、意見を述べたり、証拠書類を提出したり、主宰者の許可を得て行政庁の職員に質問をしたりすることができる（同条二項）。⑥主宰者は、聴聞調書（審理の経過を記載した調書）を作成するとともに、当事者などの主張に理由があるかどうかについての意見を記載した報告書を作成し、行政庁に提出する（同法二四条）。⑦行政庁は、不利益処分の決定をするときは、聴聞調書と報告書を十分に参酌して行なわなければならない（同法二六条）ことになっている。

つぎに、弁明の機会の付与については、以下の手続で行なわれる。①弁明は、原則として弁明書を提出して行なう。弁明をするときは、証拠書類を提出することができる（同法二九条）。②行政庁は、弁明の機会を付与する場合には、名あて人となるべき者に対し、予定される処分の内容と根拠法令、処分の原因となる事実、弁明書の提出先および提出期限を書面で通知する（同法三〇条）。その他、弁明手続については、聴聞に関する規定が準用される（同法三一条）。

◉行政指導手続

行政手続法に行政指導に関する規定をおいたのは、わが国の行政活動の特徴として行政指導が多く用いられ、それが行政の不透明の象徴として外国からも批判の的となってきた、という事情にもよる。

行政指導という言葉はこれまでは理論上のものであり、実定法上のものではなかった。しかし、行政手続法により、行政指導は、「行政機関がその任務又は所掌事務の範囲内において一定の行政目的を実現するため特定の者に一定の作為又は不作為を求める指導、勧告、助言その他の行為であって処分に該当しないもの」（同法二条六号）と定義されている。そして、同法は、行政指導に関わる者は、その行政機関の任務または所掌事務の範囲を逸脱してはならず、相手方が行政指導に従わなかったことを理由として、不利益な取扱いをしてはならない、行政指導の内容はあくまでも相手方の任意の協力によってのみ実現されるものである（同法三二条）、という原則を確認したうえで、さらにつぎのように定めている。

①申請の取下げまたは内容の変更を求める指導を行なう場合には、申請者が指導に

従う意思のないことを表明しているのに、指導を継続してはならないこと（同法三三条）。②許認可などの権限をちらつかせて、指導に従うことを余儀なくさせるようなことをしてはならないこと（同法三四条）。③行政指導に際しては、指導の趣旨・内容・責任者を明確にし、求めがあったときには、それらを記載した書面を交付しなければならないこと（同法三五条）。

◉届出手続

ここでいう届出とは、法令上届出とよばれているものすべてではなく、「行政庁に対し一定の事項の通知をする行為（申請に該当するものを除く。）であって、法令により直接に当該通知が義務付けられているもの（自己の期待する一定の法律上の効果を発生させるためには当該通知をすべきこととされているものを含む。）」をいう（行政手続法二条七項）。届出は、法令に定められた届出の形式上の要件に適合している場合には、提出先とされている機関の事務所に到達したときに、届出の手続上の義務が履行されたものとされる（同法三七条）。したがって、このような場合には、行政庁が内容を審査して、または他の何らかの理由をもって、受理しないというようなことはできなくなった。

◉行政手続条例

地方公共団体の機関が行なう処分および地方公共団体の機関に対して行なわれる届

出のうち、国の法令に根拠を有するものについては、行政手続法が適用されることになる。しかし、処分および届出が条例または規則にその根拠を有するもの、および地方公共団体の機関が行なう行政指導の手続については、行政手続法は適用されず地方公共団体の定めるところに委ねられている（同法三条三項）。地方公共団体は、これらの手続について、行政手続法の規定の趣旨にのっとり、行政運営における公正の確保と透明性の向上をはかるため必要な措置を講ずるよう努めることを求められているのである（同法三八条）。ここでは、必要な措置の法形式はとくに定められてはいないが、各地方公共団体において行政手続条例の制定が進められてきている。都道府県および政令指定都市では、一九九六年八月時点で全地方公共団体が制定済みであり、市区町村（指定都市を除く）では、二〇〇四年三月現在で、三一四二団体のうち未制定なのは一六団体（制定割合九九・五％）となっている。

行政手続条例は、行政手続法とまったく同様の規定とする必要はなく、実際に、行政手続法とは異なる規定をおいている条例もみうけられる。たとえば、申請に対する処分について、標準処理期間の設定や情報提供の義務化（法律では努力目標規定）、審査基準設定の場合の住民意見の聴取手続などがみられ、不利益処分についても、処分基準の設定・公表の義務化などがみられる。[*10] また、行政指導については、行政指導に従わない場合の公表（その場合の事前手続、審議会への諮問、相手方からの苦情の申出を定めている例がある）や、行政指導の継続などに関する規定をおくものなど、独自の工夫を加えたものがある。[*11]

＊10 たとえば前者については鳥取県条例、後者については鳥取県条例、京都市条例など。

＊11 たとえば前者については青森県条例、宮城県条例、神奈川県条例など、後者については広島県条例、福岡市条例、神戸市条例などがある。

さらに、行政手続法には盛り込まれなかった行政計画決定手続の規定を含むもの[*12]や、行政手続条例とは別に、意見提出の手続をパブリック・コメント条例として整備する例もみられる[*13]。

今後、地方公共団体が独自の工夫で行政手続をいっそう整備・充実していくことは、地域住民の権利・利益を保障するためにも重要なことであり、わが国の行政手続の水準をあげることにも寄与することにもなろう。

*12　たとえば長野県諏訪市条例など。

*13　たとえば神奈川県横須賀市市民パブリック・コメント手続条例など。

4　行政手続法の改正と今後の課題

◉行政手続法は完成品か

「行政手続法」の制定で、わが国における行政手続の整備が終わったというわけではない。「行政手続法」は、すべての行政手続に関する一般法として成立したのではない。すなわち行政庁が行政作用を行なうとき事前にふむべき手続のすべてについて規定したわけではない。したがって、将来の検討課題として残された問題も少なくなかった。

行政手続を整備するという要請は、これまでみてきたように国民の権利・利益の保護という法治国家の理念に由来するものであることはまちがいない。そして行政手続法の制定は、行政手続に関する一般法実現への第一歩として、とりあえず直接国民の権利利益の保護に関わる分野について先に整備するという目的で行なわれたものである。

しかし、行政手続整備の要請は、同時に、「国民参加」という民主国家の理念に由来するものでもある。そして、この行政手続のもつ民主主義的側面を充実させることが、行政手続法の現代的課題であるといえる。現代の行政活動は、政令や府・省令、規則などの行政立法、全国総合開発計画や国土利用計画などの行政計画、道路・橋・港湾などの建設に代表される公共事業の実施など、行政庁の幅広い裁量権を前提に多数の利害関係者との調整をへて行政目的を実現していくものが多い。そしてそこでは、多様な関係者の意見を行政庁の決定に反映させ民主的に合意を形成するための手続が重要となる。しかし、このような行政立法（命令制定）手続や土地利用規制計画策定手続、公共事業実施計画確定手続などの、いわば現代的行政手続の代表ともいうべき手続については、第一次行政手続法研究会の要綱案（一九八三年）にみられたが、行政手続法に盛り込むことは見送られた。

ところで、命令等の制定手続については、一九九九年に「規制の設定又は改廃に係る意見提出手続」（いわゆるパブリック・コメント手続）が閣議決定され、新たに規制を設けようとしたり、その内容を改めたり、規制を廃止しようとする場合には、その案を公表し、その案に対して広く国民・事業者等から意見や情報等の提出を求め、提出された意見等を考慮して意思決定を行なうこととされた。しかしこの制度が閣議決定という行政措置によるものであることから、その限界も指摘されていた。

この命令等の制定手続が、二〇〇五年六月の行政手続法の一部を改正する法律により規定されることとなった[*14]。その内容は、①命令等を定める際に、その案や関係資料を事前に公示し、これについて広く一般の意見や情報を求めなければならないこと（行政手続法三九条一項）、②意見提出期間は公示日から三〇日以上でなければならないこと（同条三項）、③提出された意見や情報を十分に考慮すること（同法四二条）、④提出された意見や情報の内容、その考慮の結果およびその理由を公示すること（同法四三条一項）である。

この改正によって、行政手続についての懸案の一つが解決したといえるが、計画策定・確定手続についてはいまだ行政手続法に盛り込まれていない。行政手続のもつ民主主義的側面を充実するという点からも、これらの手続の整備が望まれる[*15]。

★より理解を深めるために

兼子仁『行政手続法』岩波書店、一九九四年

新書判ではあるが、行政手続法に関する内容の豊富な解説書。行政手続法ができる前と後の変化をクローズアップさせ、裁判例や新聞報道から具体例を多く引き、わかりやすく構成されている。

高橋滋『行政手続法』ぎょうせい、一九九六年

行政手続法の逐条解説が中心となっているが、総論第二章「行政手続法制定の経緯」は相当くわしく、より深く学習するために役立つ。

小早川光郎編『行政手続法逐条研究』ジュリスト増刊、有斐閣、一九九六年

旧行政管理庁・総務庁の研究会や第三次行革審等での調査審議に関わった塩野宏、小早川光郎、高木光、宇賀克也、および行革審要綱案に対するいわゆる「対案」の作成に加わった浜川清の各教授（行政

＊14 行政手続法改正法では、意見公募手続という。またここでいう命令等とは、政令、府・省令、外局規則、人事院規則等、および公にされる審査基準、公にされる処分基準、公にされる行政指導指針を意味する（同法二条八号）。

＊15 個別法レベルでは、地区計画案を利害関係人の意見を求めて作成することとする例（都市計画法一六条二項）や、公共事業等の計画を途中で見直す「時のアセス」制度を導入した例（政策評価法）などがある。

法学者）に、総務庁サイドで立法作業にあたった八木俊道および仲正氏を加えた七名からなる研究会における行政手続法の逐条研究の記録をまとめたもの。立法の過程における諸事情を知ることができ、有益である。

出口裕明『行政手続条例運用の実務』学陽書房、一九九六年

神奈川県の職員として、実際に行政手続条例の立案に関わった著者の経験をふまえて執筆されたものである。行政手続法の施行にともなう自治体の課題全般について概観したうえで、条例を制定する際の課題についての論点が整理されており、有益である。

総務省行政管理局編『逐条解説行政手続法〔増補新訂版〕』ぎょうせい、二〇〇二年

行政手続法の所管省がまとめた解説書。いわば公定解釈の役割をすると考えられるので、行政手続法の解釈にあたって参照する必要があろう。

宇賀克也『行政手続法の解説〔第五次改訂版〕』学陽書房、二〇〇五年

旧行政管理庁の行政手続法研究会以来、行政手続法の立法の過程に研究者の立場で関わってきた、教授の単独執筆の解説書である。行政立法手続（意見公募手続）を規定する二〇〇五年改正法をふまえた、第五次改訂版。

【伊佐山忠志】

◆コラム◆

「住民投票」の要求と行政手続

一九九〇年台後半から二〇〇〇年台前半にかけて、各地で相ついで住民投票が行なわれた。新潟県巻町（原発建設の是非）、沖縄県（米軍基地の整理縮小等）、岐阜県御嵩町（産業廃棄物処分場建設の賛否）、宮崎県小林市（産業廃棄物焼却施設建設の賛否）、沖縄県名護市（海上ヘリ基地建設の是非）、岡山県吉永町（産業廃棄物処分場建設の賛否）、宮城県白石市（同）、千葉県海上町（同）、長崎県小長井町（採石場の新設・拡張の是非）、徳島市（吉野川可動堰建設の是非）、新潟県刈羽村（プルサーマル計画）などである。

このほかにも、この時期には高知県窪川町（原発建設）、鳥取県米子市（中海淡水化）、三重県南島町（原発建設）、三重県紀勢町（原発建設）、宮崎県串間市（原発建設）、高知県日高村（産業廃棄物処理施設建設）などで、住民投票条例が制定されている。

住民投票それ自体の是非については議論があるが、そもそも住民投票（あるいは住民投票条例の制定）がなぜ行なわれるのか。

右の例でわかるように、住民投票（条例）の対象は、ほとんどいわゆる「迷惑施設（不快・危険な施設）」設置の是非である。このような施設は、近隣の環境を悪化させるおそれがあるとして、その建設について地域住民の反対にあうことが多い。

当時は、機関委任事務など政策決定に住民の意思が反映されにくい制度が存在し、また議会が首長の総与党化してしまい、住民の意思を代表しているとはいいがたい場合も少なくなかった。そのような状況にあって、周辺地域の環境を悪化させる可能性のある施設の設置が、関係する地域の住民である自分たちの意見が反映されないまま自分たちの頭越しになされていると感じる人も出てくる。そして、このような人たちが、自分たちの意見を政策決定に直接反映させる方法として、住民投票を要求したと考えられる。

住民投票は、重要事項について主権者住民の直接の判断をあおぐという点で、民主主義の理念にふさわしい制度ともいえる。しかし、住民投票を制度化することについては種々の議論がある。そこで、住民投票の法制度化の検討とは別に、原発や産廃処理施設のような迷惑施設設置の許認可の手続には、相手方事業者のほか地域住民などの参加（公聴会での意見表明など）を広く認めるなど、両者の利害対立を調整するような手続の整備が急がれる。

このほか迷惑施設には、公共関与の汚水処理施設、一般廃棄物（ゴミ）焼却場、火葬場、空港、高速道路、新幹線、発電所などがあり、住民の反対運動にあっているものも多い。

これらについては、公共事業実施計画確定手続の整備が急がれよう。公共事業実施計画確定手続とは、公共事業の実施に関して、地域住民等を含めた利害関係者の意見を行政庁の決定に反映させ、民主的に合意を形成する手続である。具体的には、計画案の公表・縦覧、(利害関係人の)意見書提出、聴聞、公聴会開催、計画決定の理由つき公表等を内容とする制度の整備が検討されるべきであろう。そして、このような住民参加の手続を充実させることが、かつてみられたような激しい反対運動による公共事業の停滞を防止し、かえって事業を円滑に遂行することにつながるのではなかろうか。

【伊佐山忠志】

第13講　司法制度と裁判をうける権利

1　人権としての裁判をうける権利

日本国憲法は、第三二条において、何ぴとに対しても「裁判所において裁判を受ける権利」を保障している。ここにいう裁判所とは、第六章「司法」（七六条以下）に規定する意味における
それである。つまり、ここでいう裁判とは、国家の裁判所において、独立した地位を保障され、憲法その他法律のみに拘束される裁判官が、良心に従って、職権を行使することによって実現されるものを意味する。その内容は、一定のルールや手続に従って、原理上対等とされる関係当事者間での権利義務の存否や法的責任の有無をはっきりさせる手続的保障をともなう制度としての裁判である。

以上のような意味での裁判制度は、ヨーロッパ近代において成立した、立憲主義の内容を構成する「法の下の平等」原則の一部——すべての個人は、独立で公平な裁判所において、平等に権利自由の救済を求めることができる、とする——として理解されている。このことから、裁判をうける権利は「基本権を確保するための基本権」と解されている。他方、この権利は、一九四八年の世界人権宣言（八条・一〇条）をはじめ、一九

五〇年のヨーロッパ人権条約（六条）、および一九六六年の国際人権規約（B規約）（一四条）にみられるように、国際的な承認と保障を得ている。

わが国の近代的裁判制度は、その固有の裁判制度のうえに、明治維新後、一八八九年の大日本帝国憲法の制定にともない、フランス、ドイツなどの大陸法系の司法制度とくにドイツをモデルとして継受し、整備され、さらに第二次世界大戦後、アメリカ型の英米法系司法制度の強い影響下において基本構造を再編成され、現在にいたっている。

また、国際社会に共通の問題状況として、各国の経済発展とともに、近代的裁判制度が予定していなかった——権利義務の確定という形ではなく、対立する社会的諸利益集団の利益調整という形をとる——新しい型の紛争[*1]（たとえば、公害訴訟、消費者訴訟、医療過誤訴訟など）が発生し、司法裁判所に公共政策の適否判断がもちこまれるなど公式の法制度の利用が拡大される傾向がみられる。その結果、裁判制度の役割に対する期待の変容をはじめ、司法裁判所以外の多様な紛争処理機関[*2]の登場を促すことも含め、裁判制度の現代的な変容がみられる。さらに、より新しい問題としては、冷戦構造の崩壊後の国際社会の構造変動のなかで、いわゆる国際化への国内的対応の問題が、司法の分野でも生じてきており、同様に考察の範囲として念頭におく必要があろう。

まずは、議論の前提である近代立憲主義下での裁判の基本原則についての考察からはじめることにする。

＊1 現代型訴訟とよばれる。原告の多数化、訴訟の大型化・長期化が特徴としてみられる。当事者間に現実上の非対等性がみられ、訴訟費用や証明責任等で原告（被害者）に訴訟上の不利がみられる。

＊2 紛争の多様化と紛争処理方法の多様化は現代国家における特徴としてみられ、代替的紛争解決方式（Alternative Dispute Resolution＝ADR）とよばれ注目されてきている。その代表的ものとして、和解、調停、仲裁がある。これら裁判外的な紛争解決方法は、以前日本では、前近代的で日本人の権利意識の低さのあらわれとして批判が強かったものである。ADRは、権利救済の簡易さ、迅速さ、費用の安さを特徴とする。

2　近代的裁判の原則

◉司法権の独立

近代立憲主義を生み出したヨーロッパの封建社会（前近代）においては、裁判とは、すでに存在している法を発見することであり、裁判による法発見が主要な立法形式であった。また、政治も法の発見として行なわれており、裁判は政治そのものでもあった。封建領主の裁判権は、権力者の統治の手段として、支配権の重要な部分をなしていた。つまり、法の制定と法の執行は分離されず、裁判のなかに融合していた。

立憲主義の前提であり基本枠組みである近代国家が形成される際、国王となる封建領主は、他の封建領主や多様な団体の裁判権を奪いつつ、この裁判権を中心に国家統一をしていった。この時期、人びとの生命、自由あるいは財産を直接左右する権力作用は裁判作用であり、人びとが自己の生命・自由・財産を守るための、公正な裁判が行なわれることを確保するためには、政治的権力から独立した機関にそのような作用を委ねることが必要であった。このようななかで、イギリス市民革命での星室院の廃止にみられるように、国王の官房司法または特別の例外裁判所が禁止される一方で、個別事件ごとに裁判官が任命されるのではなく、司法裁判所が常設され、その管轄権が一般的に規定されるようになっていく。このような司法裁判所の独立の過程は国家によって異なるが、ドイツ、フランスの大陸法系の国家においては、司法裁判所は民事事件と刑事事件のみを扱い、英米法系の国家においては、司法裁判のなかに民事・刑事事件と行政事件を含んで成立していった。

◉近代的裁判の原則

こうして、近代的司法裁判制度は国家に独占され、その反面として、私人が自らの権利利益の内容を実現しようとする自力救済は禁じられ、その代償として、何人も自己の権利利益が侵されたときには裁判所にその救済を求めることができる、という意味での裁判をうける権利が保障されることになっていく。

また、近代的裁判制度が成立する以前においては、裁判官職の売買や賄賂などもみられたが、恣意的な裁判を防止し、裁判の公正さを確保するために、複数の裁判官が事件を担当し、お互いに監視しあう合議制の採用や秘密主義を排し国民の信頼を確保するための公開主義が採用されてゆく。さらには、裁判所という組織の独立性や裁判過程の公正さだけでなく、裁判官自身の身分の保障も必要になり法律家として訓練をへた人のみが裁判官になれるというように、その資格が制限された。

このようにして、平等と措定された私的個人の自由な活動の結果生ずる争いに対して、公正、中立そして独立の裁判官に訴えを提起し、公開の場で、自己に有利な判決を得るために主張、立証を行ない、相手方に反論の機会を与え、裁判官の面前で解決してゆくということが基本的に予定される訴訟方式（対審構造）が形成された。そこでは、一般に、二当事者間の関係の争いが前提とされている。

3　日本国憲法における裁判

◉明治憲法下における裁判

大日本帝国憲法（以下、明治憲法という）は、第二四条において、日本臣民の裁判をうける権利を定めた。また、第五章「司法」（五七条〜六一条）を設け、限定的ながらも裁判官の身分保障（五八条）、裁判の対審・判決の公開（五九条）が定められた。しかし同時に、特別裁判所（皇族に関する特別裁判所、軍法会議、違警罪即決裁判所としての警察官署等）を認め、行政事件について審理する行政裁判所を設置した。このような裁判機構の構成からもわかるように、大陸法系の伝統を引き継ぎながら、司法権の範囲は民事裁判と刑事裁判だけを含むものと理解された。明治憲法下の裁判をうける権利は、消極的内容としては刑事事件において裁判によることなしに刑罰を科されないこと、積極的内容としては、民事事件において訴訟を提起し裁判を求めることができる（国家の民事裁判拒絶禁止）こと、と解された。

　明治憲法下における裁判の特徴は、天皇が総攬する統治権の一作用としてとらえられ、行政機関である司法省の一部とされていたことにある。内閣の一員である司法大臣が、裁判官の人事権など、裁判所に対する司法行政上の強い監督権を有していた。この点で、一八九一年の大津事件*3における司法権の独立への努力とその意義は認められるものの、裁判官の身分保障は限定的なものであったということができる。裁判官、

＊3　日本を訪問し地方巡幸中の当時のロシア皇太子に警備中の巡査がサーベルで切りかかり負傷させた事件が起こり、日ロの外交関係を重視した明治政府はただちに巡査を「大逆罪」で死刑にするよう求めたが、大審院院長児島惟謙はこれを拒否し、普通の殺人未遂罪で起訴した事件。くわしくは参照、家永三郎『司法権独立の歴史的考察〔増補版〕』（日本評論社、一九七一年）。

検察官および司法省の官僚との間の人事上の交流は、制度上支障がなかったため、実際活発に行なわれていた。

日本臣民が、国と権力的作用について争う行政裁判についても、その出訴事項は限定列挙されていたものに限られていた（列記主義）だけでなく、原則として、裁判の前に予め地方上級行政庁に訴願しなければならないという訴願前置主義がとられていた。行政裁判所は、全国で東京に一か所、一審にして終審裁判所であり、この判決に不服がある場合でも、再審請求はできないとされていた。このように、国民の権利救済の手段としては、裁判制度はきわめて不十分であったということができる。

◉日本国憲法における裁判制度

日本国憲法は、憲法の最高法規性を確認し（九八条）、基本的人権を保障する役割の重要な部分を司法裁判所に与えた。最高裁判所が、司法裁判所のなかで、唯一終審裁判所として、国会、内閣とならび憲法によって直接設置された。他方で、最高裁判所を頂点とする裁判所には、違憲立法審査権が付与され（八一条）、国会と内閣に対する司法の優位が確認された。かつての司法省が廃止され、裁判所と検察庁が組織的に分離され、特別裁判所および行政裁判所は廃止され、行政機関による終審裁判[*4]が禁止され、制度上、司法裁判所は行政府から完全に分離され、独立が保障された。また、司法裁判所の独立に関連し、裁判官の身分保障が規定され（七八条）、さらには裁判所の自主性を確保するため規則制定権が最高裁判所に与えられた（七七条）。このようにし

＊4　終審でない行政機関による裁判はある。たとえば、公正取引委員会の審決（独禁法五四条）、特許審判官の審決（特許法一〇五条・一一二条）、海難審判所の裁決（海難審判法四条）がある。

て、司法裁判所はいっさいの法律上の争訟を裁判することになり（裁判所法三条一項）、司法権は行政裁判を含むものとなった。したがって、裁判をうける権利は、民事刑事の裁判のみならず、出訴事項の制限がなくなった行政事件の裁判（一般概括主義）に対する権利をも含むものとなった。また、憲法八二条では、裁判の原則としての「裁判の対審及び判決の公開」が規定された。

これらとともに、民事裁判については、一九四八年に家庭事件の審判と調停、少年保護事件の調査および審判などを扱う家庭裁判所が設置され、一九二二年の借地借家調停法により開始され、戦時中に拡大された調停制度は、民事調停法と家事調停法の二種類に整理統合された。これら非訟事件[*5]については、事件の性質から、裁判の公開原則の相対化の動きがみられる（たとえば、最大決昭和三五・七・六あるいは最大決昭和四〇・六・三〇がある）。

刑事事件については、アメリカの刑事手続にならった被疑者・被告人の人権保護の観点から、人身の自由の一つとして憲法三七条が「公平な裁判所の迅速な公開裁判を受ける権利」を定めている。ここでは、被告人の訴訟上の地位をできるだけ検察官と対等にするために、公開の法廷で、検察官による刑事責任の追及に対して、被告人にも反論の機会が十分に保障された裁判をうけるべきであるとされ、法律専門家である弁護士によって援助されることも定められた。同時に、弁護士法が改正され、弁護士が司法大臣や検事正あるいは裁判所など国家権力の監督下にあった状況が解消され、弁護士会への完全な自治権が付与され、また司法修習制度が創設された。

＊5　非訟事件　一般的に、実体的権利義務の確定を目的とせず、終局的判断でなく、訴訟で権利義務の存否を争う余地があり、裁判所が後見的に合目的裁量により法律関係を形成するものをいう。

◉憲法訴訟と行政訴訟

しかしながら、以上のような日本国憲法下の司法裁判制度に期待された役割あるいは予定された理念が、憲法問題を争点とする憲法訴訟や公的機関の行為の違法性を問う行政訴訟の理論・実務上で、十分に果たされ、あるいは追求されてきたかどうかは疑問の残るところである。

まず、この点についての判例の状況を概観してみると、違憲立法審査権の行使については、裁判所の自己抑制的な姿勢がみられてきた。

違憲審査制の性質・範囲が問題になった警察予備隊事件（最大判昭和二七・一〇・八）では、最高裁判所は、これを自己限定的に理解している。違憲審査制は、一般的に、大きく二つに分けられている。一つは、司法裁判所が具体的な訴訟事件のなかで審査を行なうアメリカ型の司法審査制、そして、もう一つは、特別の憲法裁判所を設置し具体的な訴訟事件と関係なく一般抽象的に審査を行なう憲法裁判所制である。後者は、ヨーロッパ大陸型といわれる。当時、日本国憲法の違憲審査制がどちらの性質を有するのかについては、議論は分かれていたが、最高裁判所は、それが司法権の範囲内の権限であり、具体的訴訟事件における司法権の行使に際して付随的に行使されるものである、とした。この結果、立法権、行政権との関係における司法権の範囲に関わって、訴訟要件上の議論として、具体的事件性のない問題、または高度な政治的判断を必要とする「統治行為」（政治問題）などについては、そもそも司法審査の対象にならないとする「司法権の限界論」が主張され、あるいは、アメリカで違憲審査権が多用されすぎたために、その整理のために形成された判例理論である「憲法判断回避の理論」が導入されたりしてきた。また、裁判をうける権利ないし裁判制度が法律依存的権利ないし制度であるところから、裁判所は、合憲性の理由づけに立法裁量論を安易に援用してきた。これらの議論が、結果的には、学説において合憲性が疑わしいとされる法令について合憲判断を正当化する機能を果たした、といえよう。

いずれにしても、日本国憲法施行後約六〇年間における最高裁判所の違憲判決[*6]はきわめて少ない。違憲判決の数についてはさまざまの評価が可能であろうが、衆議院議員定数不均衡の問題を例にとった場合、裁判所が違憲判決を出さなければ、立法府が自発的に議員定数の不均衡を改善するという場面はみられなかったであろう（くわしくは第10講参照）。少なくとも、六〇年間で七件の法令についての違憲判決の数では、裁判所が立法・行政の実務の改善に何らかのインパクトを与えたかについては、疑問の残るところであろう。

裁判をうける権利は、これまで、人権のカテゴリーとしては国務請求権（受益権）の一つとされ、どのような裁判制度が設けられるかは立法府が決めることができるという法律依存的制度として理解されてきた。このような見解は、裁判所を設けさえすれば権利保障の多くの部分は満たされたと考えられる傾向を示しており、学説・判例とも、比較的最近にいたるまで、その権利性の内容を充実発展させる試みを行なってこなかったからである。一つの例をあげると、一九八九年の最高裁判決（最判平成元・三・八）という最近まで、法廷において、報道機関以外の傍聴人がメモをとるこ

＊6　これまでの法令の違憲判決は刑法二〇〇条尊属殺重罰規定違憲判決（最大判昭和四八・四・四）、薬事法違憲判決（最大判昭和五〇・四・三〇）、衆議院議員定数配分規定違憲判決（最大判昭和五一・四・一四、最大判昭和六〇・七・一七）、森林法違憲判決（最大判昭和六二・四・二二）、愛媛玉串料違憲判決（最大判平成九・四・二）、郵便法違憲判決（最大判平成一四・九・一一）、在外日本人選挙権制限公職選挙法違憲判決（最大判平成一七・九・一四）。

とは、明文の禁止規定がなかったにもかかわらず、禁止されてきた。

ついで、人びとが行政を相手方とし、権力統制機能をめざす行政訴訟についてはどうであろうか。一九六二年に制定された行政事件訴訟法（二〇〇四年改正）には、裁判をうける権利の保障という観点からして制度上、いくつかの制限がある。つまり、行政機関が行なう正式の権限行使としての決定（処分）[*7]は、その決定によって不利益をうけた人が訴えを提起したとしても、正式の権限を有する機関（上級行政機関または裁判所）によって取り消されるまではその効力は存続し、また、原則としてその執行は停止されない（同二五条一項）。かりに執行停止の申立てが行なわれ、またはその決定が下された場合でも、そのことに対して、内閣総理大臣は異議申立てをすることができる（同二七条）。さらに、衆議院議員定数訴訟判決でみられたように、行政庁の決定が違法とされても、いっさいの事情を考慮して「公共の福祉に適合しない」と認めるときは裁判所は請求を棄却することができる（同三一条一項）。これに加えて、裁判所は、行政訴訟要件に関して、裁判所へのアクセスそのものを困難にするような厳格な解釈を行なってきた。諸外国にみられるような、義務付け訴訟が認められていないのをはじめとして、いわゆる訴えの利益、とくに原告適格または処分性といった訴訟要件について厳格な解釈が行なわれる一方で、多くの事件で、裁判所は個人の権利利益の保護よりも行政機関の専門技術的判断、公益判断に優先性を認めてきた。このような傾向を示すものとして、差止めまたは執行停止が認められる可能性がある民事訴訟によって、空港付近の住民が騒音被害を理由に国を相手どって訴訟を提起した大阪空

＊7 行政処分　行政法上、行政機関が具体的事実に関し法律に基づき権利を設定し、義務を課し、その他法律上の効果を発生させる行為のことをいう。「行政庁の処分その他公権力の行使」と法律は定義する（行政手続法二条二号、行政事件訴訟法三条二項、行政不服審査法一条・二条）。

港騒音訴訟判決（最大判昭和五六・一二・一六）は、代表例の一つであろう。

このように行政機関を相手方とする訴訟は、わが国では、多くの制約をうけ、原告の勝訴率はきわめて低い。このような原告の敗訴の理由として、判検交流*8など司法内部の問題が指摘されてきている。その他、裁判官人事や最高裁判所裁判官の任命手続について、最高裁判所事務局への権限の集中や関与の仕方に批判がある。

◉公正で実効的な裁判をうける権利

以上のような状況は、司法裁判制度が法律依存的制度であり、法律により設けられさえすれば権利保障の大半は完了したと裁判をうける権利を解した場合には、是認されうるかもしれない。しかし、裁判をうける権利を、権利内容が実質化される制度を準備することまでも要請していると解することができるとすれば、この権利の行使を阻害するような訴訟制度を採用することは違憲の疑いがでてくるし、現実に裁判制度を利用することができない状態を国が放置した場合にも、違憲の問題が生ずる可能性がある。

このような観点から、最近では、憲法三二条の裁判をうける権利を、公正で実効性ある権利保護を求める権利と解して再構成しようとする学説が有力になってきている。これらの学説には、適正な手続の保障あるいは手続的正義の原則が裁判をうける権利の重要な構成要素であるということをふまえて、アメリカ合衆国憲法のデュー・プロセス条項に関する判例理論の発展を参考にし、公正な裁判をうける権利を主張し、ま

＊8 **判検交流**　裁判官が法務省の検察官（国が当事者となる民事訴訟において国を代理する訟務検事を含む）となり、他方、法務省の検察官が裁判官として派遣される相互の人事交流のこと。その数は、一九七〇年代から増加しはじめ、最近では、毎年それぞれ二〇名近くにのぼっている（『テキストブック現代司法〔第四版〕』〔後掲文献〕六九～七一頁）。このような実務は、お互いに幅広い経験を積むためと主張されるが、公正な裁判の根幹をなす裁判官の中立性を損ない、ひいては国民の司法に対する信頼を損なうおそれがある、との批判がある。

たは、ドイツにおける基本権の手続的保障についての学説あるいは判例理論としての「実効的権利保護」の検討に基づいて、わが国の裁判をうける権利を、裁判組織や訴訟手続の公正さ・実効性の要求を含むものとして再構成をしようとするものがある。

4　司法制度改革——裁判をうける権利を実効的にするために——

一九九〇年代になると、民事裁判領域での国民の裁判離れの傾向に対する危機意識そして、刑事事件においては冤罪事件の再審手続での無罪判決を契機とし、国民の司法への参加要求を反映しつつ、日弁連の九〇年総会での「司法改革の宣言」を端緒とする司法改革へ向けての積極的な取組みをはじめ、[*9] 憲法学者からの改革論とは別の方向からの司法改革論が活発となってきた。それは、最終的には、一九九九年六月に設置された「司法制度改革審議会」（司法制度改革審議会設置法（平成一一年法律六八号））の最終報告（「最終意見——二十一世紀の日本を支える司法制度——」（二〇〇一年六月一二日））の提出に結びつき、その内容を具体化するため二〇〇一年一一月には三年間の時限法として「司法制度改革推進法」（平成一三年法律一一九号）が制定さた。この法律に基づき議論が進められた結果、日本における司法制度改革は実施の段階へはいった。二〇〇四年末までに関連する二四本の法律が制定され、一部はすでに施行されてきている。

以下では、この改革の背景、司法制度改革審議会最終報告書の内容、および改正さ

＊9　日弁連は、一九九〇年の総会において、国民に身近で開かれた司法をめざして、「司法改革の宣言」を行ない、たとえば、司法の人的物的拡充、司法予算の増額、参審制や陪審制の導入の検討など、その宣言に対する提言や積極的取組みをしてきた。その後も、九一年には二次宣言、九四年には三次宣言を公にしてきている。

れた行政事件訴訟法を含む、制定された主要な法律の内容を簡単に紹介しておこう。

◉司法制度改革の背景

司法制度については、第一に、日本国内の問題点が指摘されてきた。まず、国際的比較からみて日本における法曹（裁判官、検察官および弁護士）人口および国民一人あたりの法曹人口の少なさである。その総数が約二万一〇〇〇人、人口一〇万人あたりの数が約一七人と、欧米の諸国に比較して、極端に少なくなっている。[*10] 法曹人口の増加を含む司法の拡充については、有力な経済団体の一つである経済同友会によっても提唱されてきたが、それには財政基盤の確立が必須である。この点、司法に対して支出される国家予算の比率は、ここ二〇年間、全国家予算の〇・四％で推移してきた。[*11] このような状況は、いわゆる新自由主義論からの「小さな政府」に対して、わが国では「小さな司法」とか、司法が本来扱うべき問題あるいは紛争の二割程度しか処理できていないという意味で、「二割司法」と表現されてきた。このことは、当然のことながら、裁判官一人あたりの担当事件数の増加をもたらし、国民の訴訟回避ともなる訴訟遅延の原因の一つと考えられている。さらには、国民が法的助言を求める弁護士も都市部に集中し、地域的偏りがみられる。法曹人口の問題は、結局、国民の権利保障機能の不全をもたらす原因の一つとなる。

以上のような状況は、日本に紛争が多く生じてこなかったということではない。むしろ第二次世界大戦後急速な経済発展を遂げたことによるさまざまの社会問題は生じ

＊10　裁判所時報一二六〇号（平成一二年二月）「司法制度改革審議会改革資料『21世紀の司法制度を考える』」、一〇六〜一〇七頁。

＊11　「自由と正義」四五巻一二号（一九九四年）。

てきており、これらの解決が司法の場にもちこまれず、経済発展の推進役を担った行政機関によってなされてきたことのあらわれということができる。民間企業と行政機関の持ちつ持たれつの関係を示す「行政指導」、「護送船団方式」、「日本株式会社」等、これまでの日本社会の特徴をあらわすことばが使われてきたが、これらは、日本社会がまさしく行政機関による「事前規制型社会」あるいは「調整型社会」であったということを別の側面から示したものであって、今回の司法制度改革審議会も同様の認識を示した。このために、日本社会における司法の役割は最小限度に抑えられ、世界の諸国で取り組まれてきた司法制度改革ないしは裁判（訴訟）制度改革にみられるような、裁判制度を「国民の基本権」のなかでとらえたり、あるいは裁判を「国民の名において」行なうことを憲法上確認したうえで、国民が利用しやすい裁判制度にしていく改革がこれまで日本では行なわれることなく、逆に国民から遠く利用しにくい存在となってきたといわれている。

第二に、上述した「日本型システム」は、一九八九年以降のソ連・東欧社会主義圏の崩壊という政治変動（＝冷戦構造の終焉）をうけて、維持することが困難な状況になってきた。つまり、国家の枠を超えた財・サービス・資本の移動はますます活発化するなかで、国家にとっては、このような活動の自由を保障する条件を整えることが、世界の経済システムのなかでの自国の地位を確保する必須の条件となってきた。もし国家が企業活動の自由に対する規制を維持し続けた場合、企業は自らの国際競争力を維持し存続をするために、国外へ移転することができるからである。このような動向は、衛星通信システムへの民間企業の参入やインターネットの普及にみられるような情報処理および通信技術の飛躍的発展と両者の融合によって特徴づけられる、現代の高度情報化によってさらに推進されてきているようにもみえる。

政府は、このような背景のなかで、規制緩和政策を採用することを余儀なくされてきた。規制緩和政策は、一九九〇年代を通じて日本で行なわれてきた政治改革、行政改革、地方分権、経済構造改革などが、その中心においてきたものであり、これは、従来の「日本型システム」の放棄であり、「事前規制型社会」から「事後監視型社会」ないし「救済型社会」への移行を意味する。したがって、必然的に、日本では、「司法」の役割の見直しと強化をともなうことになる。実際、一九九七年一二月三日の行政改革会議の「最終報告」、Ⅱ　内閣機能の強化、1「(3)内閣機能強化に当たっての留意事項」では、日本国憲法のよって立つ権力分立ないし抑制・均衡のシステムに対する適正な配慮が必要であると指摘したうえで、「『法の支配』は、我が国が規制緩和を推進し、行政の不透明な事前規制を廃して事後監視・救済型社会への転換を図り、国際社会の信頼を得て繁栄を追求していく上でも、欠かすことのできない基盤をなすものであり、政府においても、司法の人的及び制度的基盤の整備に向けての本格的検討を行うべき」(二〇頁)との指摘をしている。また、同年一二月の行政改革委員会の「最終意見」でも、Ⅲ　行政関与の在り方——行政関与に対する評価・監視の仕組みについて——、「3(3)立法・司法・地方・国民への要望」の項において、「司法に対しても、国民のニーズに適切に対処し、行政と民間との間のトラブルの迅速な解決を含む紛争処理などを通じた行政活動の監視機能を充実させることを期待する」（一六六頁）との認識を示している。このように、今回の司法制度改革は、それ自体が孤立して行なわれたのではなく、行政改革などの一連流れのなかから出てきたものであることが確認されうる。

第二に、国際社会の変化も今回の司法制度改革には影響を与えてきている。より広い文脈で今回の司法制度改革をみると、いわば国際社会における「司法の国際化」あるいは「国際社会の司法化[*12]」という現象を認めることができる。

司法制度改革審議会における議論の過程では国際化・グローバル化への対応の重要さが繰返し確認されてきている。たとえば、二〇〇〇年一一月の中間報告では、「社会・経済の国際化の進展により、国際的な法的紛争が増大しつつあることに加え、我が国社会がルールを重視する透明で開かれたものとなることは国際的要請でもある。このことからも、司法制度改革は、国際的視点をぬきに論ずることはできない」とか、「我が国が、通商国家、科学技術立国として生きようとするならば、国内はもとより地球的規模での経済市場が公正かつ透明なルールを基礎として発展を続けることが不可欠であり、そのようなルール形成、運用その他様々な場面に我が国の司法（法曹）が積極的に関わっていくことがきわめて重要であると考えられる[*13]」との指摘がみられる。

第三に、司法制度改革に対して消極的であった日本社会において、今回の司法制度改革審議会の設置が可能であった直接的原因は、先にふれた一九九〇年以降の日本弁

＊12　たとえば、一九九四年の国連海洋法条約の発効、一九九五年ＷＴＯ紛争解決手続の司法化、一九九八年国際刑事裁判所（ＩＣＣ）規程の採択、投資紛争解決国際センター（ＩＣＳＩＤ）の活性化、人権条約実施手続の司法化傾向等があげられる。これらには、いったん条約が締結され専門家が選任されると政治過程の介在する余地が収縮することに共通点があるといわれる。いい換えれば、政府から独立した法律専門家による職能的作業の国際社会のガバナンスにおける比重の増大がみられるとの指摘がある（小畑郁「司法の世界化・世界の司法化のなかの日本の司法改革」法律時報七三巻七号二〇頁（二〇〇一年）。

＊13　法律時報臨時増刊「シリーズ司法改革Ⅱ」一二三四頁・一二二〇頁（二〇〇一年）。

護士連合会の司法制度改革へ向けての精力的取組みに加えて、経済界および保守政治家という日本におけるエリート層が、いわば従来の彼らの主張を覆して、司法制度全般について改革運動を展開してきたことにあるといってよいだろう。その主張するところは、法律関係の学会あるいは弁護士が提唱してきた司法制度改革論でいわれてきたことと、内容的には、ほとんど同じものであった。たとえば、経済界では、経済同友会が、一九九五年六月に『現代日本社会の病理と処方』において、戦後日本の経済成長を支えてきた社会構造が個人を抑圧する側面をもっていたことを認め、多様な個人が主体的に行動しうる社会へ変革することを提唱し、加えて、紛争処理が透明・公正な手続に則って迅速に行なわれるように、裁判制度を個人にとって身近なものにすることを求め、そのために「司法改革推進審議会」の設置を提唱した。一九九八年五月には、経済団体連合会（経団連）が「司法制度改革についての意見書」において包括的司法制度改革案を発表し、同年六月には、自由民主党政務調査会司法制度特別調査会が「二一世紀の司法の確かな指針」を発表して、政府に対して、「司法制度改革審議会」（仮称）の設置を要求した。とくに、自由民主党の提言が、今回の司法制度改革審議会の設置に最も強い影響を与えたといわれている。財界からの改革論では、とくに、外国企業との知的所有権をめぐる紛争における日本の裁判所の対応がきわめて悪いということが指摘されていた。

◉「司法制度改革審議会意見書」

司法制度改革審議会[*14]（以下、「審議会」という）は、一九九九年六月「司法制度改革審議会設置法」によって内閣のもとに設置された。その設置目的から、今回の改革が司法制度全般にわたる包括的なものをめざしていることがわかる。この審議会の構成で特徴的であったのは、いわゆる法曹三者（裁判所、法務省（検察）、弁護士会）を組織的に代表する人（それぞれの組織の現職にある人）が一名もはいっていないことである。これは、これまで法曹三者を中心に構成されてきた機関、たとえば一九六二年〜一九六四年の間、内閣に設置された「臨時司法制度調査会」（通称「臨司」）、その他「法曹養成制度等改革協議会」などによる改革提言が、実効性がなかったか、またはわずかな改革にとどまってきたという経験ないし反省からによるものといわれている。いずれにせよ、今回の改革は必ず実現させるとの政府の意思のあらわれをみることができる。また、この審議会は、その議事録を即座にインターネットを通じて公開してきた。このこともこの審議会の特徴であった。

審議会は、一九九九年一二月に「論点整理」を行なった。すなわち、審議会は、「法の支配」の実現という、近代化の過程で日本が置き忘れてきたものに取り組むと明言したうえで、以下の八項目の論点をあげる。①国民がより利用しやすい司法の実現、②国民の期待に応える民事司法のあり方、③国民の期待に応える刑事司法のあり方、④国民の司法参加、⑤法曹人口と法曹養成制度、⑥法曹一元、⑦裁判所・検察庁の人的体制の充実、⑧その他（司法の国際化と司法予算）である。これまで、日本の司

＊14　その設置の目的は、「二一世紀の我が国社会において司法が果たすべき役割を明らかにし、国民がより利用しやすい司法制度の実現、国民の司法制度への関与、法曹の在り方とその機能の充実強化その他の司法制度の改革と基盤の整備に関し必要な基本的施策について調査審議する」（二条一項）ことであった。審議会は一三名の委員から構成された。その内訳は、大学関係者（法律専門職を含む）五名、法曹関係（元裁判官、元検察官、弁護士）三名、経済界・労働界・消費者団体関係の裁判制度のユーザーの立場から四名、作家一名であった。一三名のうち、六名が法律家（学者三名・実務法律家三名）であった。

法制度の問題点として指摘されたことがらが網羅的にとりあげられたことになる。

これをうけて、二〇〇〇年一一月に「中間報告」が出された。ここでは、上の八つの論点が整理され、司法制度改革の三つの柱としてまとめられた。すなわち、①「人的基盤の充実」、②「制度的基盤の整備」、③「国民的基盤の確立」がこれである。以後、若干の修正は行なわれるが、その内容は二〇〇一年六月の「最終意見」[*15]に結実していった。「最終意見」は全五編（I〜V）、本編三（II〜IV）から成る。その内容は、「I　今般の司法制度改革の基本理念と方向」、「II　国民の期待に応える司法制度」、「III　司法制度を支える法曹の在り方」、「IV　国民的基盤の確立」、「V　今般の司法制度改革の推進」である。

「最終意見」は、最初に、「I　今般の司法制度改革の基本理念と方向」を以下のように述べる。「今般の司法制度改革は、これらの諸々の改革（＝政治改革、行政改革、地方分権推進、規制緩和等の経済構造改革等）を憲法のよって立つ基本理念の一つである『法の支配』の下に有機的に結び合わせようとするものであり、まさに『この国のかたち』の再構築に関わる一連の諸改革の『最後のかなめ』として位置づけられる」と。そのうえで、このような改革によって作り出されるわが国の社会を、「国民は重要な国家機能を有効に遂行するにふさわしい簡素・効率的・透明な政府を実現する中で、自律的かつ社会的責任を負った主体として互いに協力しながら自由かつ公正な社会を築き、それを基盤として国際社会に貢献する」社会（「二一世紀の我が国社会の姿」）と措定した。さらに、このような社会を取り巻く環境についての基本的な認識を、「二

＊15　「資料『司法制度改革審議会意見書』」および「司法制度改革審議会全記録（CD-ROM）」ジュリ一二〇八号（二〇〇一年）。

一世紀にあっては、社会のあらゆる分野において、国境の内と外との結び付きが強まって行くことになろう。驚異的な情報通信技術の革新などに伴って加速度的にグローバル化が進展し、主権国家の『垣根』が低くなる中で、我が国が的確かつ機敏な統治能力を発揮しつつ、『国際社会において、名誉ある地位』(憲法前文)を占めるのに必要な行動の在り方が不断に問われることになる」と述べる。

ついで、「最終意見」は、このような「二一世紀の我が国社会」における「司法に期待される役割」について述べる。「司法の役割」として、「法の支配の理念に基づき、すべての当事者を対等の地位に置き、公平な第三者が適正かつ透明な手続により公正な法的ルール・原理に基づいて判断を示す司法部門が、政治部門と並んで、『公共性の空間』を支える柱とならなければならない」と述べ、さらに「法曹の役割」としては、「国民が自律的存在として、多様な社会生活関係を積極的に形成・維持し発展させていくためには、司法の運営に直接携わるプロフェッションとしての法曹が、いわば『国民の社会生活上の医師』として、各人の置かれた具体的な生活状況ないしニーズに即した法的サービスを提供することが必要である」とし、同時に、「国民の役割」として、「統治主体・権利主体である国民は、司法の運営に主体的・有意的に参加し、プロフェッションたる法曹との豊かなコミュニケーションの場を形成・維持するように努め、国民のための司法を国民自らが実現し支えなければならない」と述べ、国民に対しても役割の分担を求めている。

このように、日本における司法の役割の重要性が増大していること、したがって、司法制度の機能を充実強化する必要が緊要な課題であるとしたうえで、司法制度の役割が十分に果たされるように、この三つの役割に対応した基本的方針が立てられ具体的提案がされていく。ここで、三つの基本方針とは、中間報告の三つの柱にあたるが、「(1)国民の期待に応える司法制度の構築（制度的基盤の整備）」、「(2)司法を支える法曹の在り方（人的基盤の充実）」、「(3)国民的基盤の確立（国民の司法参加）」である。(1)についいては、「意見書」の第Ⅱ編で、(2)についいては、第Ⅲ編で、(3)についいては、第Ⅳ編で、さらに具体的かつ詳細に述べられている。その範囲も包括的であり網羅的ともいえるものであるが、そのほとんどについて内容を具体的に実現するための法改正あるいは立法が行なわれてきているので、以下に、それぞれのところで検討をされた項目を紹介しておこう。

制度的基盤の整備に関しては、「民事司法の改革」として九項目（①民事裁判の充実・迅速化、②専門的知見を要する事件への対応強化、③知的財産権関係事件への総合的な対応強化、④労働関係事件への総合的な対応強化、⑤家庭裁判所・簡易裁判所の機能の充実、⑥民事執行制度の強化——権利実現の実効性確保——、⑦裁判所へのアクセスの拡充、⑧裁判外紛争解決手段（ＡＤＲ）の拡充・活性化、⑨司法の行政に対するチェック機能の強化）、「刑事司法の改革」として五項目（①刑事裁判の充実・迅速化、②被疑者・被告人の公的弁護制度の整備、③公訴提起のあり方、④新たな時代における捜査・公判手続のあり方、⑤犯罪者の改善更正、被害者等の保護）、「国際化への対応」として四項目（①民事司法の国際化、②刑事司法の国際化、③法整備支援の推進、④弁護士（法曹）の国際化）があげられた。

人的基盤の充実に関しては、「法曹人口の拡大」として二項目（①法曹人口の大幅な増加、②裁判所、検察庁等の人的体制の充実）、「法曹養成制度の改革」として六項目（①新たな法曹養成制度の整備、②法科大学院、③司法試験、④司法修習、⑤継続教育、⑥新たな法曹養成制度の円滑な実施に向けて）、「弁護士制度の改革」として八項目（①弁護士の社会的責任（公益性）の実践、②弁護士の活動領域の拡大、③弁護士へのアクセス拡充、④弁護士の執務体制の強化・専門性の強化、⑤弁護士の国際化、外国法事務弁護士等との提携・協働、⑥弁護士会のあり方、⑦隣接法律専門職種の活用等、⑧企業法務等の位置づけ）、「検察官制度の改革」として二項目（①検察官に求められる資質・能力の向上等、②検察庁運営への国民参加）、「裁判官制度の改革」として五項目（①給源の多様化・多元化、②裁判官の任命手続の見直し、③裁判官の人事の見直し（透明性・客観性の確保）、④裁判所運営への国民参加、⑤最高裁判所裁判官の選任等のあり方について）、および「法曹等の相互交流の在り方」があげられた。

国民の司法参加に関しては、「国民的基盤の確立（国民の司法参加）」として二項目（①刑事訴訟手続への新たな参加制度の導入、②その他の分野における参加制度の拡充）、「国民的基盤の確立のための条件整備」として三項目（①わかりやすい司法の実現、②司法教育の充実、③司法に関する情報公開の推進）があげられた。

以上からみると、第一に、現行司法制度の問題点とされてきた事柄を改善し、その基盤を整備すること、第二に、そのようにして整備される司法制度の運用を担う「法曹」の新たな人材養成を行ない、その資質・能力を高めるとともに、その数を増加させ人的基盤を拡大させること、そして最後に、司法制度への国民の参加を求めることにより、司法制度の基盤を国民のなかにおくことを目標とした改革ということができる。

◉司法制度改革関連法

政府は、「意見書」の上記内容の具体化のために、司法制度改革推進法に基づき内閣総理大臣を本部長とする「司法制度改革推進本部」を設置し、作業に着手した。実際には、この推進本部のもとにおかれた、主要な課題についての一一の検討部会が法案の作成の作業を行なった。一一の検討部会とは、①労働検討会、②ＡＤＲ検討会、③司法アクセス検討会、④仲裁検討会、⑤行政訴訟検討会、⑥裁判員制度刑事検討会、⑦公的弁護制度検討会、⑧国際化検討会、⑨法曹養成検討会、⑩法曹制度検討会、そして最後に追加された⑪知的財産訴訟検討会である。

(1)　最初に制度的基盤の整備に関し制定された法律のいくつかをみてみることにする。

この司法制度改革を象徴すると思われる法律の一つであって、すでに施行されているものに「裁判の迅速化に関する法律」（平成一五年法律一〇七号）がある。これは、裁判をうける権利を実質化することに関わるものであるが、民事訴訟についていえば、これまでその遅延が問題になり、訴訟を回避する傾向があることをうけて、民事訴訟法の改正とは別に、費用がかからない裁判、時間のかからない裁判、わかりやすい裁判をめざしたものということができる。その特徴は、第一審に限って、二年という裁判の目標審理期間を定めたことにある（二条一項）。その体制の整備は、①訴訟手続その他裁判所における手続の整備、②法曹人口の大幅な増加、③裁判所、検察庁の人的体制の充実、④国民にとって利用しやすい弁護士の体制の整備によって行なわれることが明定された（同条二項）。同法の四条では、政府に対して、これらの制度整備についての法制および財政上の措置を講じるべきことを定めている。しかし、一方で、同法は、「裁判の迅速化は、手続の公正・適正や当事者の手続権行使を阻害するものであってはならない」（二条三項・七条二項）ことも要求している。さらに、八条では、最高裁判所による裁判迅速化の検証と検証結果の適切な活用を求めている。*16 上記の訴訟手続の整備についていえば、二〇〇三年に民事訴訟法の改正が行なわれ、計画審理が導入され（一四七条の二・一四七条の三）提訴前の証拠収集制度（一三二条の二以下）が定められた。刑事裁判の充実・迅速化については、公的弁護制度検討会において審議されたが、「刑事訴訟法の一部を改正する法律」（平成一六年法律六二号）によって実現されようとしている。その改正のポイントは、公判前に十分な争点整理と明確な審理計画を立てることができるようにするために裁判所が主催する「公判前整理手続」の導入（刑事訴訟法三一六条の二以下）、証拠開示の拡充そして「できる限り連日開廷し、継続して審理する」連日的開廷の確保（同法二八一条の六）が定められたことである。そのほか、刑事訴訟法の一部を改正する法律では、これまで公判段階でしか認められていなかった国費による弁護制度の被疑者段階への拡張と検察審査会の一定の議決に

＊16　これについては、「裁判の迅速化に係る検証に関する検討会」が設置されている（http://courtdomino2.courts.go.jp/shanyou.nsf/）。

より起訴される制度が導入も定められた。

ＡＤＲ検討会で審理され法制化されたものには、「司法制度改革のための裁判法の一部を改正する法律」（平成一五年法律一二八号）や「裁判外紛争解決手続の利用の促進に関する法律」（平成一六年法律一五一号）がある。前者では、簡易裁判所の管轄の拡大（訴訟額一四〇万円への引上げ）、民事訴訟の手数料引下げ（民事訴訟費用等に関する法律の一部改正）、弁護士から選任された民事調停官・家事調停官が調停手続を主催する制度の導入（民事調停法・家事調停法の改正）、弁護士の報酬規定の弁護士会会則からの削除（弁護士法の改正）、外国法事務弁護士との連携・協働の推進（外国弁護士による法律事務の取扱いに関する特別措置法の一部の改正）が定められた。後者は、民間事業者が行なう裁判外紛争解決手続についての法務大臣の認証制度を導入した。[*17]

この制度的基盤整備において注目されるのは、司法アクセス検討会が関わった「総合法律支援法」（平成一六年法律七四号）である。この法は、国民が全国どこにいても法的紛争の解決のための制度の利用を容易にし、弁護士だけでなく司法書士等の隣接法律専門職者のサービスの提供を容易にうけられるようにすることを目的とする総合法律支援業務の運営の中核となる、「日本司法支援センター」を設立するものである（同法一条・一四条）。司法支援センターは、独立行政法人の枠組みに従い独立行政法人法通則の適用をうけるが、最高裁判所が設立し運営に関わる法人である。法（三〇条一項）が法律総合支援業務として掲げるものは、①裁判その他法による紛争解決のための制度を有効に利用することができるようにするために必要な情報・資料の提供

＊17 「認証紛争解決事業者」とよばれる。「交通事故紛争処理センター」、「日弁連交通事故相談センター」、「自賠責保険・共済紛争処理機構」など多様な制度に共通する原則を設け、国民が利用しやすい環境を整えようとするものである。

（一号および三条）、②民事裁判手続（家事・行政事件を含む）において費用を支払う資力のない国民や在留外国人に対する法律扶助事業[*18]（二号および四条）、③刑事事件における被疑者・被告人についての国選弁護人の選任業務（「公的弁護制度」）（三号および五条）、④弁護士等が不在または過疎の地域の法律事務の取扱い（四号）、⑤犯罪被害者支援（五号）、⑥関係機関との連携強化（六号）などである。③の公的弁護制度は被疑者・被告人の弁護をうける権利を拡充するものであって、後に述べる「裁判員制度」を実施していくうえで前提となるものでもある。

その他制度的基盤の整備の領域においては、新しい制度がいくつか創設された。

一つは、解雇や賃金の未払いなどの個別の労働紛争の解決に労使が参加し、その手続の迅速性を特徴とする「労働審判制度」の創設である。これは、労働審判官一名と経営者および労働者側の労働審判員各一名から構成されるものだが、「労働審判法」（平成一六年法律四五号）の制定により設置されたものである。同時に、労働組合の関係する集団的労働紛争を処理を迅速化・的確化する目的での労働組合法の改正も行なわれた。

もう一つは、先にふれたが、経済界および自民党からの強い要望のあった特許権など知的財産権の保護に関し、知的財産権に関する事件を専門的に扱う「知的財産高等裁判所」の創設である。これは、知的財産高等裁判所設置法（平成一六年法律一一九号）により東京高等裁判所内に設置されたものであるが、所長を配置（裁判官一八名、調査官一一名）し高い独立性を有している。法律は二〇〇五年四月一日からすでに施

*18　民事法律扶助事業は、民事法律扶助法に基づく国庫補助をうけ、日本弁護士連合会の協力のもとに実施されているが、民事法律扶助法は廃止され（総合法律支援法附則六条）、その業務は日本支援センターへ引き継がれる（同附則七条）。

行されている。[19]

三番目に、創設ではないが、先に問題点を指摘した行政訴訟に関しては、行政事件訴訟法が四二年ぶりに大改正された（「行政事件訴訟法の一部を改正する法律」（平成一六年法律八四号））。これは、司法制度改革審議会意見書のなかの「司法の行政に対するチェック機能の強化」が指摘した行政訴訟制度の問題点（①行政庁の優越的地位と抗告訴訟制度の機能不全、②現代型訴訟への対応、③行政事件への専門性に対応した裁判所の体制）への回答である。司法制度改革審議会の行政訴訟検討会は二〇〇四年一月に「行政訴訟制度の見直しのための考え方」を公表した（http://kantei.go.jp/jp/singi/sihou/kentoukai/05gyouseisosyou.html）。そのなかで、行政訴訟検討会は、「行政訴訟制度について、行政に対する司法審査の機能を強化して国民の権利利益の救済を実効的保障する観点」から、立法課題として「基本的な見直しの考え方」を示した。それは、①「救済範囲の拡大」、②「審理の充実・促進」、③「行政訴訟をより利用しやすく、分かりやすくするための仕組み」、および④「本案判決前における仮の救済制度の整備」である。今回の行政事件訴訟法の改正は、国会における法務大臣による法案の趣旨説明が「基本的な見直しの考え方」と同じ構成をとっており、その内容も同検討会の結論に沿ったものとなっている。

改正された行政事件訴訟法では、①の救済の範囲の拡大については、第一に、九条二項において処分等の取消しの訴えをすることができる資格である原告適格の範囲が拡大された。処分の相手方以外の第三者の原告適格について「法律上の利益」の解釈

＊19　知的財産関係では、これに先立って二〇〇三年の民事訴訟法の改正により、①知的財産権のなかでも専門性が高い特許権・実用新案権・回路配置利用権・プログラム著作権に関する、いわゆる「技術型訴訟」については東京地方裁判所と大阪地方裁判所に集中させる「特許訴訟の専属管轄化」、および②専門性の高い知的財産権訴訟に学者らの「専門委員」の支援をすぐに求めることができる制度（「専門委員制度」）の創設が行なわれている。とくに、後者については、専門委員が遠隔地にいるときには、音声の送受信による通信方法で説明を求めることができるものとしている。

の際に考慮すべき事項の範囲が定められた。すなわち、処分の根拠法令の規定の文言、当該法令の趣旨・目的および当該処分が考慮すべき利益の内容・性質である。第二に、抗告訴訟の類型として「義務付けの訴え」および「差止めの訴え」が法定され（三条六項・七項、三七条の二ないし四）、救済方法の拡充がはかられた。原告適格を拡大する規定は、義務付け訴訟と差止訴訟へ準用される。第三に、「確認訴訟」が「公法上の法律関係に関する確認の訴え」として当事者訴訟の一類型として明定された（四条）。これは、救済の範囲に関して、行政立法、行政計画、行政指導あるいは条例については取消訴訟の対象としての「処分性」が認められてこなかったが、性分性を拡大することは困難でもあり、確認訴訟を活用することで対応しようとしたものである。取消訴訟中心主義の緩和の試みでもある。

②の審理の充実・促進をはかることについては、裁判所が、釈明処分として、行政庁に対して裁決の記録または処分の理由を明らかにする資料の提出を求めることができる制度が新設された（二三条の二）。

③の「行政訴訟をより利用しやすく、分かりやすくするための仕組み」については、抗告訴訟の被告適格に関して、処分をした行政庁から「処分をした行政庁の属する国又は公共団体」へと簡明化が図られた（一一条）。第二に、国を被告とする抗告訴訟については、原告の住所地を管轄する高等裁判所所在地の地方裁判所への訴えの提起可能にするように、管轄裁判所が拡大された（一二条）。第三に、処分があったことを知った日から三か月とされてきた取消訴訟の出訴期間が六か月に延長された（一四条）。

また、取消訴訟の被告、出訴期間、不服申立前置等についての情報提供である「教示」の制度が新設された（四六条）。

④の本案判決前における仮の救済制度の整備については、損害の性質だけでなく、損害の程度や処分の内容および性質が適切に考慮されるように、執行停止の要件が「回復困難の損害」から「重大な損害」へと緩和された（二五条）。同時に、重大な損害が生ずるか否かを判断するにあたっての考慮事項が定められた（同条三項）。そして、義務付け訴訟および差止訴訟が法定されたのに対応して、「仮の義務付け」と「仮の差止め」の制度が新設された（三七条の五）。

(2) これまで紹介してきた新たに創設された多くの司法制度を支える「人的基盤の充実」については、大幅な法曹人口の増員のために、「法科大学院の教育と司法試験等との連携等に関する法律」（平成一四年法律一三九号）によって、「法曹養成のための中核的な教育機関」（二条一号）として位置づけられた「法科大学院」が創設された。これにともない、司法試験の制度も改正され二〇〇六年からは新たな司法試験が実施（二〇一〇年までは現行の司法試験も並行して実施）される。法科大学院修了者には新司法試験の受験資格が与えられることになった。ただし、二〇一一年からは、経済的理由から法科大学院へ行けない人のために、法科大学院修了者と同等の資格があるかどうかを認定するための「予備試験」が実施される。司法修習の期間も一年に短縮されることになった。また、専任教員の二〇％以上は裁判官、検察官、弁護士などの法実務経験者であることが求められたことから、裁判官、検察官その他一般の国家公務員が法科大学院での教員としての業務を行なうため派遣されることを可能とするための法律も制定された。

このように重要な制度として位置づけられた法科大学院に対しては、政府が財政上の措置を行なうことを法律に明定している。そして、法科大学院の修了者は新らしい司法試験の受験資格を与えられることから、そこでの教育の質と社会からの信頼を確保するために、法科大学院は「第三者評価機関」の適格性の審査を受けなければならない。

(3) 「国民の司法参加」の取組みとしては、無作為抽出で選出された国民が「裁判員」として重大な刑事裁判[*20]へ参加を定める「裁判員制度」が創設された（裁判員の参加する刑事事件に関する法律（平成一六年法律六二号））。この裁判員制度は、各国で行なわれてきている参審制や陪審制[*21]を取り込んだ日本特有の制度であるが、国民から選ばれた裁判員が裁判官と一緒に審理し量刑の評決をする点では、参審制型の一種となるであろう。裁判員が参加する合議体は、「裁判官三人と裁判員六人」で構成されるが、被告人が公訴事実を認めている場合、当事者に異議がない場合でかつ事件の内容を考慮して適当と認めるときは、「裁判官一人と裁判員四人」の「小さな法廷」で開くことができる。

裁判員制度の導入は、刑事事件の迅速化の紹介でふれた「連日的開廷」による集中審理の実施に関わっている。

これまでみてきたように、今回の司法制度改革は、この改革の制度設計の基本的方

＊20 対象となる重大な刑事事件とは、①死刑または無期の懲役もしくは禁錮にあたる罪、②裁判所法によって合議体による裁判をすべきとされている「法定合議事件」であって、故意の犯罪行為により被害者を死亡させた罪に関わる事件とされる。二〇〇三年の統計によれば、約三〇〇〇件である。

＊21 **参審制** 市民と職業裁判官が、同一の資格での合議体で、事実認定し法律解釈適用して、裁判を行なう制度。ヨーロッパ諸国で採用され、ドイツの例が有名である。一方、**陪審制**は、イギリスを母国として生まれ、英米法系の国で発達した制度である。裁判のうち、事実認定は市民のなかから選出された複数の陪審が行ない、法律解釈適用や証拠の選択などは職業裁判官が分担する制度である。陪審

向を示した司法制度改革審議会の「意見書」が、「この国のかたち」という言葉を使い、国内外において社会変動のなかでの新しい国家づくりの一部であると述べてきたように、現行制度のたんなる手直しあるいは改善程度の改革にとどまらず、日本国憲法制定後の司法制度改革以来の、そして国民の司法への参加や日本の司法制度を担っていく法曹の人材養成のための新たな制度の創設を含んだ、まったく新しい司法制度の創設ともいえる改革であるということができよう。そして、裁判をうける権利を実効性あるものにするために、これまで主張されてきたことがらの多くが実定法によって定められたが、これらの生み出された制度が予想され期待されたものになるかどうかは、今後の展開を待たねばならない。

制度は、わが国においても、大正期に採用され、一九二八年から実施され、戦時中の一九四三年に停止され現在にいたっている。

★より理解を深めるために

渡部保夫・宮澤節生・木佐茂男・吉野正三郎・佐藤鉄男『テキストブック現代司法〔第四版〕』日本評論社、二〇〇〇年

裁判の機構、法曹などわが国の司法制度全般について、わかりやすく解説されている。とくに、国際的比較の観点からの考察は、理解を深めることになるだろう。市川正人・酒巻匡・山本和彦『現代の裁判〔第四版〕』（有斐閣、二〇〇五年）もコンパクトながらも、わが国の裁判の実際が理解できる書である。同時に参照されたい。

芦部信喜「裁判を受ける権利」芦部信喜編『憲法Ⅲ　人権（2）』有斐閣、一九八一年

裁判をうける権利に関する理論・射程を考えるうえでの、基本的論文である。また、裁判をうける権利に手続的正義の原則が含められると主張される。

松井茂記『裁判を受ける権利』日本評論社、一九九三年

アメリカ合衆国憲法のデュー・プロセス条項（修正第五条および修正第一四条）に手がかりを求め、日本国憲法における裁判をうける権利を手続的デュー・プロセスの権利としてとらえ、再構成を試みる。

笹田栄司『実効的基本権保障論』信山社、一九九三年

この研究書は、日本国憲法における裁判をうける権利の内容を考える際に、ドイツの連邦憲法裁判所の判例理論を参考にしつつ、理論的再構成を行なっている。

日弁連司法改革実現本部編『司法改革――市民のための司法をめざして――』日本評論社、二〇〇五年

今回の司法制度改革に関わる主要な改革の経緯・内容についてはは理解するのに良書である。また、行政事件訴訟法の改正法の内容や解釈については、橋本博之『解説改正行政事件訴訟法』（弘文堂、二〇〇四年）がわかりやすい。

【吉居　秀樹】

◆コラム◆

司法制度改革雑考

日本の司法制度の法的風景は一変したといってよいだろう。本文の最後で、今回の司法制度改革がめざした理念や目的がどのように実現されていくのかはこれからの問題であると述べたが、ちょうどこのコラムを書き終えたところで、二〇〇五年四月から施行されている改正行政事件訴訟法の趣旨をふまえ、これまでの判例を変更し「原告適格」を拡大する最高裁判所の判決が出された（いわゆる小田急高架化訴訟（二〇〇五年一二月八日毎日新聞朝刊））。期待どおりに司法による行政のチェック機能が果たされようとしてきている。

ところで、司法制度改革は日本だけでの「現象」ではない。以下、私の個人的な経験から、その「現象」を紹介しておきたい。私は、二〇〇一年度から隔年で、中国四川大学法学院において日本の司法制度改革について講義を行なってきたが、そこで、中国が、WTOへの加入を契機として、いわゆる六法の整備、統一的国家試験の「司法試験」の導入そして裁判所の整備などを含む司法制度改革に取り組み実施していることを知った。また、現在、知財関係の訴訟がきわめて多いこと、そして、これら裁判に、大学の研究者が専門員として関与していることなども知らされた。司法制度改革を生じさせた要因の一つは、わが国と同様に、「国際化」への対応である。

また、二〇〇四年度後半、私はイギリスのブリストル大学ロースクールで研究する機会を得た。研究のテーマの一つは、現在進行中であり、一九五七年のフランクス委員会以来となる（行政）審判所制度改革の調査をすることであった。ちなみに、現時点で約七〇種類の審判所が存在するが、それらは全体で年間一〇〇万件もの事件を処理している。この審判所制度改革は、オンブズマン制度の改革も包含する内容をもつものであるが、現在の労働党が政権について以来取り組んできた政策の柱であり、行政改革をその内容として含む「政府の現代化 Modernising Government」の最後の仕上げと位置づけられるとともに、一九九六年のウルフリポートで勧告された民事訴訟改革の流れをくむものである。イギリスでは、ウルフリポートを受け、まずは二〇〇〇年に、わが国の行政訴訟法にあたる司法審査手続の改革提言を行なったボーマンリビューに基づき、高等法院において司法審査などの行政訴訟担当部局（Crown Office List）の名称を「行政裁判所 Administrative Court Office」と改め、この部門担当の裁判官を増員し強化してきている。これらの改革で最も象徴的なのは、司法府の長であり、閣僚でもあり貴族院議長でもあった、しかも一四〇〇年もの間続いてきた大法官の職の廃止が決定されたこと、そして、貴族院のなかに設置されていた最終の裁判所が、制度上も立法府から独立し、新しい最高裁判所（Supreme Court）が設置されたことであろう。ここでも司法制度の法的な風景は一変しようとしている。このような類似の「現象」は偶然のことではないと思われる。今後とも日本の司法制度を国際的な観点からみていくことも必要であろう。【吉居　秀樹】

第14講　平和と人権

◉平和と人権の不可分性

平和と人権について考えるとき、私たちの多くは憲法前文の「恐怖と欠乏から免れ、平和のうちに生存する権利」を思い浮かべるであろう。実はたんに平和と人権に対するイメージだけでなく、「平和的生存権」が登場する要因としても、国際社会において平和と人権の不可分一体性が認識されたことがあげられるのである。*1 戦争状態あるいは戦争準備状態においては軍事優先の国策がとられ、国民の人権が侵害されることは、戦前のわが国やナチス・ドイツの例がよく証明している。また、逆に思想・良心の自由、政府批判を含む言論・出版の自由、国民意思の反映をはかる参政権、などの人権を保障することが独善的な政府の行為による戦争を防止し、平和を維持する有効な手段となる。したがって平和を維持することが人権保障に不可欠であり、そこから戦争のない平和な状態で生存すること自体が人権であると考えられてきた。このような点からも、平和と人権の問題については、日本国憲法の基本原理である平和主義と基本的人権の尊重とがドッキングしたような「平和的生存権」抜きに語ることはできないといえる。

*1　たとえば一九七八年の「平和と人権＝人権と平和」会議（オスロ会議）の最終文書が、「平和への権利は、基本的人権の一つである」「基本的人権と平和は、いずれか一方に対するいかなる脅威も、他方に対する脅威になるという意味で、不可分である」としていることにも強く示されている。

1　平和的生存権——沖縄を主題材とする意味——

◉ある学童疎開船の悲劇

一九四五年八月一五日に日本の敗戦が確定したが、その一年前の一九四四年八月二二日にやりきれない一つの悲劇が起きている。国民に真実の戦況が知らされないまま、独善的な軍部中心の政府は沖縄決戦の意を固めていた。沖縄では地元住民で戦える者は防衛隊などに召集され、子どもなどは故郷を離れて本土各地へ避難させるいわゆる学童疎開がはじまっていた。疎開船対馬丸も一六〇〇人余りを乗せて出港したが、米潜水艦によって撃沈された。決戦準備のために親と離れ離れになって海の藻屑《もくず》と消えた子どもたち。[*2] あと一年早く戦争を終結させておけば、迫りくる最大級の恐怖にもがきながら死ぬこともなかったであろう。対馬丸の悲劇は、政府が戦争を終わらせる努力をしなかったがゆえに犠牲となった典型といってよい。対馬丸だけでなく、敗戦までの一年とは、沖縄の一〇・一〇空襲[*3]、大都市への空襲、沖縄戦、広島・長崎への原爆投下と凄まじい近代戦争の爪痕《つめあと》がつぎつぎと残されていった期間である。戦争あるいは決戦準備のために二度とこのような恐怖を味わせることのないように、すなわち「政府の行為によつて再び戦争の惨禍が起ることのないやうに」(憲法前文) という強い誓いは本源的に国民の戦争体験からくるものといえよう。

＊2　乗客一六一一人中一五七人が助かった。乗客の半数は学童であったが、子どもの生存率は低く、わずか五九人のみが助かった。一九九七年一二月、五三年ぶりに船影が確認され、沈没地点が確定した。遺骨収集は困難とのことである。

＊3　一九四四年一〇月一〇日早朝から夕方にかけて、那覇市をはじめ、当時日本軍の基地があった沖縄本島中部地区、本島北部の軍港が空襲をうけた。戦況認識が甘く、空襲前夜に軍は宴会を開いており、住民も日本軍の早朝演習と勘ちがいして見物する者もいたという（沖縄タイムス社編『鉄の暴風』朝日新聞社、一九五〇年、一六頁参照）。

◉何が攻撃目標となるのか

戦後、戦争放棄・戦力不保持を定める日本国憲法が制定され、以来、日本は他国と戦争状態にあったことはない。戦争のない状態を平和と限定的に解するならば、国民は「平和のうちに生存」してきたといえよう。戦争状態になかったということはつまり日本が当事国となって日本の基地（軍事基地、憲法上は存在しないはずだが、現実には米軍・自衛隊の基地が存在する。以下同義）から直接攻撃をしたことがないということである。しかし、直接攻撃をしたことがなくても、基地というものは、有事の際には攻撃の第一目標になるといえる（後述する長沼訴訟における平和的生存権論議はこの点に言及したものであった）。沖縄の米軍基地の場合には、ベトナム戦争において直接の攻撃基地となった。北ベトナム（当時）に十分な軍事力があれば、沖縄の基地はまちがいなく報復攻撃をうけたであろう。当時沖縄は復帰前で、平和憲法の適用がなかったがゆえに、沖縄住民に平和的生存権が保障されるかについて、日本の国内ではそれほど大きな議論がなかったのかもしれない。

一九七二年五月一五日、沖縄復帰が実現した。平和憲法のもとへの復帰は、沖縄の平和的生存権に関する問題を解決へ導くものと期待されていた。しかし、復帰後も米軍基地の実態はほとんど変わらない。一九九一年の湾岸戦争の際にも沖縄の米軍基地から海兵隊が送り込まれ、まるで戦争当事国のように基地周辺はあわただしい状態であった。日本の一県でありながら、平和憲法の埒外《らちがい》におかれて、県民は不安な日々を送っていたのである。湾岸戦争時に日本国内の他のどの県（民）が恐怖感をいだいていたであろう。このような状況に対して、「平和のうちに生存する権利」とはどのような意味をもっているのであろうか。平和と人権の問題を考えるとき、沖縄は国内で最も具体的な例を示す地域といってよい。

2　恐怖と欠乏から免れ平和のうちに生存する権利
――沖縄戦・米軍統治――

◉戦《いくさ》の最中に住民は何を思い、何を願ったか

講和がないかぎり、*4沖縄決戦は確実で、刻一刻と迫りくる恐怖に住民はおののいていた。ついに一九四五年三月二六日沖縄戦がはじまったが、米軍は沖縄本島に上陸せず、本島西海域の慶良間《けらま》諸島に上陸した。慶良間を占領し、そこを補給基地として本島を攻撃したのである。慶良間はいわば米軍の「不沈空母」であった。同様に本島占領後は本島が、本土攻撃や東アジア戦略のための不沈空母となった。さらに現在は日米安保条約によって、沖縄を含む日本が極東における不沈空母になってしまっているといえよう。

さて、米軍は慶良間諸島に上陸したが、住民が戦闘に巻きこまれたのは、日本軍が陣地を構えていた島だけであった。軍の配備と戦闘の有無とはこのような関係にあるということも沖縄戦の教訓の一つといえよう。このことは、一九〇七年の陸戦の法規慣例に関する規則や一九二二年の空戦に関する規則に、いわゆる軍事目標主義が定め

*4　一九四五年二月四日、すでに連合国はヤルタ会談で日本の敗戦後の具体的な計画を話し合っていた。また二月一四日には、当時の重鎮のひとり近衛文麿が天皇に講和を勧めているが、「陸海軍が沖縄決戦に乗り気だから、今戦を止めるのは適当でないと答へた」のである（寺崎英成、マリコ・テラサキ・ミラー『昭和天皇独白録』文春文庫、一九九五年、参照）。

られて、いっさいの戦争と武力保持・行使を放棄した状態にある都市・住民は、武力攻撃をうけることなく、平和のうちに生存しうることを保障したと考えられる点と共通性をもっている。[*5]

四月一日の沖縄本島上陸以来、耳をつんざく戦闘機の爆音とともに米軍の艦砲は激しさを増し、住民は壕の中で恐ろしさに怯えていた。道にはいたるところに死体が散乱し、人間の尊厳を侵す最たる光景が広がっていた。本島の南部戦線一帯では、すでに五月上旬に飢餓がはじまっていた。住民の壕には、食糧をもたない兵隊が戦線を脱してきたと称して毎日群がってきた。住民らは容赦なく襲う飢えのため、せっかく身を隠していた壕から危険を冒してまで、食糧を求めてはい出さなければならなかった。壕の中は生地獄と化し、壕の外は米軍の砲弾が激しく、まさに「鉄の暴風」が吹き荒れていた。「恐怖と欠乏から免れ、平和のうちに生存する権利」は、沖縄戦において住民が最も渇望したものだったのである。

◉米軍統治下の基地問題

一九四五年六月二三日に組織的戦闘が終わり、約九〇日にわたる悲惨な沖縄戦は形式的には幕を閉じた。[*6] 沖縄の米軍基地形成の第一のパターンとして、旧日本軍が接収して建設した基地を沖縄戦終結前に米軍が補修・拡張したものがあり、嘉手納基地などはこのタイプである。第二のパターンは、住民が収容所生活をしている間に基地を建設し、地主らは自分の家に帰ると広大な基地に変身していたという現代では考えら

＊5　第二次大戦後の一九七七年に署名されたジュネーブ条約追加議定書も、非武装地帯への攻撃禁止を定めており、非武装地域の住民は平和のうちに生存しうることが国際社会で認められてきたこととも通ずるといえよう（山内敏弘・古川純『憲法の現況と展望〔新版〕』北樹出版、一九九六年、五四頁参照）。

＊6　正式には一九四五年九月七日に沖縄戦の終結文書が交換された。それまでは、日本が敗戦を迎えた八月一五日以後も沖縄本島内で小さな戦闘が散発的に行なわれたりしていた。北部地区である大尉の一行が投降したのは終戦の翌年の一月であった（沖縄タイムス社編・前掲＊3書三二六〜三三七頁参照）。

れない直接占領のもたらした代物であり、普天間基地はこのタイプである。第二の基地形成パターンの出現は、いわゆる対日平和条約（サンフランシスコ講和条約）第三条により奄美・沖縄が日本から分離され、米軍の施政権下におかれてからである（奄美は翌一九五三年復帰）。米軍が発する布告・布令[*7]によって、強制的に住民の土地が接収され、米軍基地と化したのである。これがいわゆる「銃剣とブルドーザー」による強制接収であり、本島北部の伊江島や本島中部地区のキャンプ・ズケランなどはこのタイプである。日本国憲法の財産権保障も沖縄住民には及ばず、壊されていくわが家をなすすべもなく茫然と見送る姿がみられた。

米軍統治下における基地問題の態様は、住民の人権が無視・軽視されていたことを如実にあらわしている。一九五五年九月の米兵による幼女暴行・殺害事件、一九五九年六月に発生した授業中の小学校への戦闘機墜落事故（米兵パイロットは脱出して無事だったが、児童を含む死者一七人、負傷者二一〇人という大惨事）、一九五九年一二月の主婦射殺事件（米軍が一時使用を許可している耕作地内でイノシシとまちがえて射殺）、一九六三年二月の信号無視の米軍トラックによる中学生轢殺事件、一九六五年六月のパラシュート投下訓練による米軍トレーラー落下事件（自宅近くで小学生が圧死）などは人命軽視、人権無視の典型であろう。また、一九六九年に基地で毒ガス漏れの事故があり、はじめて沖縄に毒ガスが貯蔵されていることが判明した。事故がなければ、住民に大変な被害を与える毒ガスの存在を秘密のままにしたであろう。しかも住民を恐怖に陥れた毒ガス兵器貯蔵がはっきりしながら、撤去に二年近くもかかっていることは、

＊7　米国統治下の沖縄における現地の最高責任者である高等弁務官によって発せられ、いわば法律のような位置づけであった。

米軍が沖縄住民の人権よりも軍事優先の政策をとっていたことを示すものである。これらの事件事故の恐怖から免れ、平和のうちに生存したいという願いが平和憲法のもとへの復帰運動の強い推進力となった。

3　安保条約と沖縄復帰

◉安保条約と本土の基地、沖縄の基地

一九六六年以来日米間で沖縄返還交渉が行なわれ、一九六九年一一月、佐藤・ニクソン会談において、「核抜き本土並み（核兵器を貯蔵せず、本土並みの基地にすること）」返還が合意された。一九七一年六月、日米間で沖縄返還協定が調印されたが、米側の要求によって核兵器の撤去は明示されず、米軍基地も継続使用とされた。返還協定をはじめとする日米間の取決めが、平和憲法のもとに日本国民としての諸権利を回復するという沖縄住民の願いをふみにじるものであることを告発する建議書が同年一一月一七日に沖縄から国会に提出されたが、沖縄返還協定は強行採決された。沖縄復帰後は平和憲法が適用され、沖縄県民の平和的生存権に関する議論がもちあがるはずであった。しかし、国政で大きな議論としてとりあげられなかった。それには安保条約が関係している。

一九五一年九月八日、連合国との間にいわゆる対日・サンフランシスコ平和条約が調印された。（旧）日米安保条約[*8]も同日調印されており、この両条約は翌年の四月二

＊8　極東の平和と安全の維持などのため米軍の駐留を認めた条約で、基地提供義務のみを認めた片務的なものであった。一九六〇年に改定され、武力攻撃に対し共同であたることや経済面での協力も付加された。この改訂に対して日本国内では激しい反対闘争があった（六〇年安保闘争）。同条約の有効期間は一〇年間であるが、現在まで自動延長されている。

八日に発効した。実は、この二つの条約の整合性は疑わしく、対日平和条約は日本を占領状態から解放するもので、安保条約は日本に米軍を駐留させるものであった。対日平和条約第六条に占領軍は九〇日以内に日本から撤退しなければならない旨の規定があるが、同条には二国間もしくは多数国間の協定に基づく場合は軍の駐留を妨げないとの但書があって、同時に安保条約も発効したので、結局は占領軍が米軍と名前を変えただけで、日本に居座った状態になったのである。しかし、一応対外的には対日平和条約により、独立国家として主権を回復した日本本土の米軍基地面積は激減(とくに前半の七年ほどで)している。一方、対日平和条約第三条により米軍の施政権下におかれることとなった沖縄ではこの大幅減少に対応して、米軍の強制接収により基地面積が急増した。

◉安保の傘は誰にもたせる——法律操作

復帰後三十余年たった現在はどうかといえば、復帰時に比べ沖縄の米軍基地はいくぶん減少したのみである。なぜ本土のように、沖縄の米軍基地を激減することができないのであろうか。沖縄は復帰と同時に憲法だけでなく、今度は安保条約のもとにもおかれ、日本側の米軍への基地提供義務をほとんど肩代わりさせられた状態になったのである。それは国土の〇・六%の面積しかない沖縄に在日米軍基地面積の七五%をおく状態をみれば明らかであろう。安保条約およびそれに基づく地位協定[*9]には何ら米軍基地の配置については定めておらず、この極端な不平等状態はもっぱら政府の政策

*9 安保条約第六条に基づいた在日米軍基地や米軍の地位に関する協定。米軍の基地使用、出入国管理、関税、裁判権、被害補償などについて定めている。

によってもたらされた。というのは、復帰の際に沖縄の米軍基地を維持するために、政府は沖縄だけに適用される法律、いわゆる公用地法[*10]を制定したからである。しかも憲法九五条の規定によれば、公用地法は地方自治特別法にあたり、住民投票による過半数の同意を要件とするはずであった。ところが、沖縄の状態からすれば住民が圧倒的多数で公用地法に反対することは明らかであったため、政府は沖縄が復帰直前なのでまだ地方公共団体になっていないとして住民投票を実施させなかった経緯がある。米軍基地を維持するために安保条約を優先して、憲法の規定までもねじ曲げたといってよいであろう。また公用地法の期限切れ寸前には、いわゆる地籍明確化法[*11]を制定してその附則で公用地法の五年延長を定めた。さらにその公用地法の延長期限も切れるや今度は、それまで数十年来ほとんど機能していなかったいわゆる駐留軍用地特措法[*12]を甦らせ、米軍基地収用のために用いたのであった。この法律は復帰後から現在まで沖縄以外で適用されたことがない。

◉悲痛な声を殺した数の暴力

一九九五年二月、アメリカの東アジア戦略報告が発表された。沖縄の米軍基地をさらに強化・固定化する内容に沖縄では危機感が広がっていたなかで、同年九月、米兵により幼い少女の人権がまたもや無残に侵されたのである。ちょうどその四〇年前の米軍統治時代に起こった米兵による幼女暴行・殺害事件を彷彿させる痛ましい事件に、県民はこれ以上米軍基地に起因する人権侵害に耐えられないと、怒りを爆発させた。

＊10　「沖縄における公用地等の暫定使用に関する法律」。軍用地等を国などが暫定使用する権原を定めたもので、使用期限を五年としていた。

＊11　「沖縄県の区域内における位置境界不明地域内の各筆の土地の位置境界の明確化等に関する特別措置法」。基地使用権の延長をねらいとしていたため、「基地確保・地籍法」ともいう。

＊12　地位協定に基づき米軍への基地提供に必要な土地を収用するための法律である。

日米安保条約のもとで不平等な米軍基地配置により復帰後も米軍統治下と変わらぬ人権侵害[*13]が続いていたなかで、「平和のうちに生存する権利」を確認する悲痛な声をあげたのであった。

これらの状況を考慮した沖縄県知事は駐留軍用地特措法に基づくいわゆる代理署名[*14]を拒否した。これに対して同年一二月に総理大臣が知事を相手どって代理署名をするよう求めて提起したのが、いわゆる代理署名訴訟である。[*15]この訴訟の第一審判決が翌一九九六年三月に下されたものの、その後の収用手続に間に合わず、同年四月一日に、「象のオリ」の通称をもつ大規模通信施設内の軍用地一筆が使用期限切れを迎えた。不法占拠状態になったこの土地と今後の手続によっても期限切れになるであろう他の土地に対して、政府は駐留軍用地特措法の改正という手段で使用権原を取得しようとしたのであった。

国会における圧倒的多数による法改正によって、特定地域の特定の土地を狙い撃ちしたような国の権原取得は、形式的法治国家のやり方であって、民主主義が成り立つ土台としての平等と人権に配慮した法の支配にほど遠いものである。改正時点において期限切れの土地といえば日本中どこを探しても象のオリの一筆以外にはないのである。しかもすでに不法占拠となった状態を避けるために一年以上も遡及させたのであった。平和憲法下の基本的人権保障体系が、安保条約に基づく法体系によって、基本的な法原則を曲げてまで、蝕まれている状態なのである。人権を守るための平和を確立するのが本来の安全保障の目的のはずで、日本の安全保障あるいはことばを換え

＊13　たとえば、一九七四年七月、伊江島で地元青年が牧草刈りをしているとき二人の米兵に追いかけられ、発砲されて重傷を負った事件などがある。最近も、一九九六年四月に名護市辺野古（海上基地建設問題でゆれている地域）で漁船近くに米軍ヘリから空対空ミサイルが撃ちこまれた。

＊14　地主で土地調書に署名押印を拒否した者がいると市町村長が代わりに署名押印するが、市町村長も拒否した場合には知事が署名押印するようになっている。

＊15　代理署名を行なうよう地方自治法一五一条の二に基づいて提起した職務執行命令訴訟。第一審福岡高裁那覇支部判決、および最高裁判決とも総理大臣の勝訴に終わった。

れば平和保障というものの基礎的土壌が、基本的人権保障の確立と認識にあることを考える必要があろう。

さらに、一九九九年七月、駐留軍用地特措法が再改正され、米軍用地の使用に関する事務は、地方自治体に処理を委任されていた機関委任事務から、地方自治体がまったく関与しない国の直接執行事務へと変わった。そこでの強制使用手続は、防衛施設庁または局（内閣府のもとにあり、防衛庁の付属で結局上級機関は総理大臣）が、米軍用地の提供のために使用認定を総理大臣に申請し、総理大臣がそれを認定することから始まる。認定をうけた後、防衛施設局は地主に署名捺印を申し出るが、地主が拒否した場合、総理大臣が代理署名をするのである。そして県の収用委員会で審理をして、裁決を下す。つまり、総理大臣は自分で使用認定を申請して、ＯＫといって認定し、拒否する地主がいれば自分で署名をするという、法治国家としては何のチェックもない恥ずべき手続を定めてしまっている。

そして二〇〇五年、日米両政府は米軍再編の合意により、沖縄県や自治体、住民の頭越しに、普天間ヘリ基地の移設場所を辺野古沿岸部と決め、基地建設に必要な公有水面埋立ての免許をうけるための特別措置法を模索している。つまり、現在公有水面埋立法では、知事から免許をうけることになっているが（同二条）、県が反対できないように、これを国の直接執行事務に変更しようとしており、駐留軍用地特措法再改正と同じような轍を踏もうとしている。

4　憲法の定める平和主義と平和的生存権――理念と裁判――

◉日本だけの独り善がりでない平和的生存権

二度にわたる世界大戦は、一般国民を直接巻きこんで甚大な被害をもたらした。このような教訓から国民自ら戦争を拒否し、平和のうちに生存することを求めるのはごく自然であろう。「平和のうちに生存する権利」の源は、米国のF・ルーズベルト大統領の「四つの自由」宣言（一九四一年一月）および大西洋憲章（一九四一年八月）であることはよく知られている。前者は、言論の自由、信教の自由、欠乏からの自由、および恐怖からの自由を内容とするが、とくに欠乏および恐怖からの自由は「すべての国家がその国民に健康で平和な生活を保障できるように、経済的結びつきを深めること」、「世界的な規模で徹底的な軍備縮小を行ない、いかなる国も武力行使による侵略ができないようにすること」などの文言と組み合わされており、「平和のうちに生存する権利」と関係が深い。これをふまえて後者は「すべての国民が、自国の領土内で安全な生活を営むための、及びこの地上のすべての人類が、恐怖と欠乏からの自由のうちにその生命を全うするための保障を与える平和を確立することを希望する」と宣言し、憲法前文の平和的生存権の原型を示している。

また、「すべての国とすべての人間が有する、戦争の脅威なく自由と独立のうちに平和に生きる不可譲の権利」（一九七八年の国連総会決議「軍縮のための国際協力に関する

＊16　山内・古川・前掲＊5書五五頁参照。

＊17　警察予備隊違憲訴訟。最初に憲法九条が問題となった裁判であるが、特定の者の権利侵害などの具体的事件性がないことを理由に却下され、九条に対する実体的な判断は下されなかった。

＊18　東京都砂川町（現立川市）の米軍基地拡張に反対したデモ隊が、米軍基地に立ち入ったため、安保条約に基づく刑事特別法違反として起訴された。

＊19　自衛隊演習で乳牛等に被害をうけた被告人が、通信線を切断し起訴された。裁判所は自衛隊法の解釈を用いて無罪としたため、これ以上の憲法論は展開されなかった。

＊20　地裁判決は本文二九四頁参照。控訴審判決は、前文の「平和は崇高な理念ないし目的としての概念にとどまる

宣言」前文）や「地球上の人民は平和への神聖な権利を有する」（一九八四年の国連総会決議「人民の平和への権利についての宣言」）などに示されるように、戦争のない状態で平和に生きること自体が基本的な権利として国際社会でも確認されるにいたっている。[*16]

これらのことは日本国憲法の平和的生存権が世界的な人権思想と軌を一にし、さらにわが国の戦争体験のうえに築かれたものであることを示している。

◉平和的生存権は多様

平和主義と関連した裁判例をみると、自衛隊の前身である警察予備隊の存在自体を直接に争ったもの、[*17] 刑事事件をとおして争った砂川事件[*18]や恵庭《えにわ》事件、[*19] 自衛隊基地建設にからんだ長沼訴訟[*20]や百里基地訴訟、[*21] 騒音公害を訴えて争った厚木基地騒音公害訴訟、[*22] 横田基地騒音公害訴訟、[*23] 小松基地騒音公害訴訟、[*24] 嘉手納基地騒音公害訴訟、[*25] 駐留軍用地の収用について争った那覇市軍用地違憲訴訟[*26]や沖縄県知事代理署名訴訟、自衛隊関連支出などを争った湾岸戦争自衛隊掃海艇派遣関連訴訟、[*27] その他平和主義に関連するもの（防衛関係費納税拒否訴訟、[*28] 那覇市自衛隊施設情報公開訴訟[*29]など）などがあり、憲法前文、九条だけでなく、人権条項などもからめた多様な展開となっている。

平和的生存権を憲法上の人権とみる学界の有力説においても、前文や九条を中心に議論するというよりは、憲法一三条の幸福追求権に根拠を求めたり、憲法第三章にあげる基本的人権の総体としてとらえるなど多様である。少なくともいろいろな人権の問題とからまって学説や裁判が展開されていることは、平和的生存権がより基礎的な

もの」で、「『平和のうちに生存する権利』も裁判規範として何ら現実的・個別的内容をもつものとして具体化されているものではない」とした。最高裁は訴えの利益に対する判断をおもに行ない、控訴審判決を支持した。

＊21 直接的には私人間（国も新契約者としてからむ）の土地所有権を争った裁判であるが、自衛隊基地建設と関わっていた。第一審、控訴審、最高裁とも憲法九条が直接的に私人間の問題に適用がないとして憲法判断の対象から除き、自衛隊の違憲性の問題には入りこまなかった。

＊22 米軍機および自衛隊機の飛行差止めと騒音被害の損害賠償を請求した。最判平成五・二・二五。

＊23 米軍機の飛行差止めと騒音被害の損害賠償請求。第一、二次訴訟最判平成五・

権利であることを示しているといえよう。また最近、平和の概念について、戦争がないという消極的平和（狭義説）から暴力・貧困・差別など構造的暴力からの解放としての積極的平和（広義説）への広がりがみられ、今後の平和的生存権理論の発展可能性も出てきた。

◉平和的生存権は裁判で認められる見込みがまったくないか

さて、これらの判例のほとんどは、憲法の平和主義や平和的生存権について、憲法判断を回避したり、消極的あるいは否定的に解しているが、砂川事件第一審判決（東京地判昭和三四・三・三〇、伊達判決）と長沼訴訟第一審判決（札幌地判昭和四八・九・七、福島判決）は画期的な判断を下している。

砂川事件では、安保条約および駐留米軍の違憲性について争われたが、第一審判決は、駐留米軍は日本が「自国と直接関係ない武力紛争」に巻きこまれる危険性があるので違憲の疑いがあるとした。さらに、日本政府が「駐留を許容していることは、指揮権の有無、合衆国軍隊の出動義務の有無にかかわらず、憲法の禁ずる戦力の保持に該当」するとした。これに対して検察側は跳躍上告し、最高裁では安保条約について、高度な政治性を有するので、一見明白に違憲でないかぎり、司法審査が及ばないとする統治行為論を展開し、九条二項の禁ずる戦力については外国軍隊はそれにあたらないとした。地裁判決は、結局覆されたが、当時はまだ平和的生存権論議がほとんどない時期であったにもかかわらず、実質的には平和的生存権概念と通ずる面があり、そ

二・二五。
＊24　米軍機および自衛隊機の飛行差止めと騒音被害の損害賠償請求。名古屋高判平成六・一二・二六。
＊25　米軍機の飛行差止めと騒音被害の損害賠償請求。那覇地沖縄支判平成六・二・二四。
＊26　那覇市の所有地が駐留軍用地特措法により収用されたことに対する訴訟。
＊27　東京地判平成八・五・一〇、大阪地判平成七・一〇・二五、いずれも一部却下、一部棄却、控訴中。平和的生存権が侵害されたとして損害賠償も請求。
＊28　所得税中、防衛関係費相当分を納税拒否し、それについて滞納処分がされたので、その処分の違憲違法を主張。
＊29　那覇市にある自衛隊基地内の対潜水艦戦施設の建築設計図の公開請求に関わる訴

の意義は大きい。

長沼訴訟は、自衛隊のミサイル基地建設にともなう保安林の指定解除について、住民らが平和的生存権の侵害などを主張して争ったものである。地裁判決は、森林法の保安林制度を憲法秩序のうえで解した場合、「憲法の基本原理である民主主義、基本的人権尊重主義、平和主義の実現のために地域住民の『平和のうちに生存する権利』(憲法前文)すなわち平和的生存権を保護しようとしているものと解するのが正当である」とし、「基地は一朝有事の際にはまず相手国の攻撃の第一目標となると認められるから、原告らの平和的生存権は侵害される危険があるといわなければならない」と判断した。さらに自衛隊について、明らかに「外敵に対する実力的な戦闘行動を目的とする人的・物的手段としての組織体」たる軍隊であり、九条二項が禁止する「戦力」にあたるとした。結局この判決も控訴審判決および最高裁判決により覆されたが、はじめて平和的生存権論議が裁判に登場し、しかもそれを具体的な権利であることを認めたという点で、この地裁判決の意義は大きい。

5　最近の動向と平和憲法

◉ハイテク自衛隊の海外進出ガイド

戦争の放棄と戦力不保持を明記した平和憲法が施行されて早くも三年後には、警察予備隊が設置され、(旧)安保条約が発効した一九五二年には保安隊へと改編された。

訟で、国が公開の差止めを請求したが、一審、二審とも国側敗訴。

その二年後には装備が近代化され、さらに強力となった自衛隊が発足した。予算の増大とともにハイテク化した自衛隊は現在では世界有数の軍事力を有し、従来の政府見解である「自衛のための必要最小限の力」をはるかに越えた実態をもっているといえよう。

自衛隊法三条一項によれば、自衛隊の主たる任務は「直接侵略及び間接侵略に対しわが国を防衛すること」であるが、防衛大綱や日米防衛協力の指針（ガイドライン）などの見直しにより、自衛隊の活動範囲や目的などが実質的に変化してきている。一九七六年一〇月に決定された「防衛計画の大綱」（防衛大綱）は基盤的防衛力整備をうたい、目標数値をおいて具体的な自衛隊の規模増大を定めていた。一九七八年一一月に日米安保協議委員会[*30]で了承された「日米防衛協力の指針」は日米共同作戦などでの協力体制の整備を定めている。これにより、日本以外の極東有事の際の米軍への便宜供与などの研究がなされ、日米安保関係は米軍への基地提供関係というよりも軍事同盟の色が濃くなった。さらに湾岸戦争における掃海艇派遣、一九九二年六月のＰＫＯ協力法成立後のカンボジア、アンゴラへの派遣など、自衛隊の海外出動が活発化してきている。

二〇〇一年九月一一日、アメリカで同時多発テロが発生した。この衝撃的事件で、アメリカは対テロ戦争を宣言し、日本に軍事協力を求めた。これをうけて、日本政府は米軍の軍事行動を支援するためのテロ対策特措法案を提出し、わずか三週間ほどで衆参本会議において可決成立した。前述した周辺事態措置法ではいわゆる周辺での米

＊30　安保条約第四条を根拠として設置されたもので、防衛協力関係強化のための最高の協議機関。外務大臣・防衛庁長官（日本側）と国務長官・国防長官（米側）から成り、二プラス二ともいう。

軍への後方支援が中心であったが、このテロ対策特措法によって、自衛隊の活動範囲が海外に広げられ、実際インド洋への艦船派遣となった。

また、二〇〇三年三月二〇日、アメリカ、イギリスを中心とした多国籍軍がイラク攻撃を開始した。アメリカは一か月余りでイラク戦争の戦闘終結を宣言したが、その後自爆テロなどもあり、イラク情勢は混乱を極めている。日本政府は同年八月イラク特措法を成立させ、一二月に自衛隊をイラクに派遣した。日本は平和憲法を有しながら、このようにアメリカの戦略に呼応して軍事展開を行なう国になっており、憲法改正は明確に九条をターゲットにしている。

◉最近の「政府の行為」と平和憲法

一九九五年一一月に新「防衛計画の大綱」が策定され、多様な事態への対応など自衛隊の質的向上も前面に出されてきている。冷戦後の安保体制下の日本の防衛力の役割を強調したこの新防衛大綱をふまえて、より緊密な防衛協力を確認したものが日米安保共同宣言（一九九六年四月）である。この共同宣言により、日米防衛協力の地理的範囲はアジア太平洋地域に拡大していった（「地球的規模での協力」という項目もある）のであるが、さらに両者（新防衛大綱と共同宣言）をふまえた一九九七年九月の新「ガイドライン」（日米防衛協力のための指針の見直し）では「周辺事態」（地理的な概念ではないと明記）という語が使用され、対処範囲がかぎりなく広がった観がある。この新「ガイドライン」では「平素からの協力」、「周辺事態の協力」などがうたわれ、民間空港・港湾などの一時使用も規定されている。

このような流れを考えあわせると、安保再定義というよりも、まったく新しい安保条約の制定にほかならないといえよう。米軍基地の七五％が集中する沖縄の現状はより深刻の度合いを増しているが、日本本土も「沖縄化」しうることにも注意する必要があろう。新「ガイドライン」では、日本の行為は「憲法上の制約の範囲内において」行なわれるとされているが、平和憲法は、安保条約を頂点とする法体系[*31]によって、侵食されているといってよい。

一九九九年七月の国会法改正に基づき憲法調査会が二〇〇〇年一月二〇日に設置されて以来（同一〇二条の六）、衆参両院あわせて二三〇回以上も調査会が開催された。両院の憲法調査会はそれぞれ、二〇〇五年四月、多くの意見を盛り込んだものの憲法の改正に向けた内容を含む報告書をまとめた。そして現在は憲法改正のための国民投票に向けた議論を開始している。国旗国歌法は一九九九年八月に公布施行され、文面上は日の丸旗を国旗とし、君が代を国歌としているにすぎないが、教育の現場では入学式、卒業式の掲揚、斉唱をめぐって各種の人権侵害が起こっており、愛国心の強要や拒否する者への圧力は由々しき問題となっている。また、国民に一一けたの番号をつけて個人情報を管理するため、住民基本台帳法の改正が一九九九年一二月になされ、国家総動員法（一九三八年）の職業能力申告令により、かつて国民を医療、看護、修理、運送、動力機関、無線など戦時に必要な動員を行なっていたことと同じことを、現代のＩＴ技術のなかで瞬時に行ないうる（リストアップする）点で、その濫用が危惧

＊31　安保条約、地位協定、それらに基づく二五の特別法（刑事特別法や駐留軍用地特措法など）、交換公文、合意議事録、書簡、各種取決めなどから成り立つ。

される。

そして二〇〇三年には、専守防衛さえはずれ、先制攻撃が可能ないわゆる武力攻撃事態法が成立した。この法律でも、アメリカとの緊密な軍事協力が基本になっており、自治体や国民の協力まで規定されている。さらに事態対処法制（有事法制）の整備がうたわれ、憲法の平和主義を無視した完全な軍事同盟体制となっている。これをうけて、二〇〇四年には国民保護法が制定され、現在、主権者国民に対する国家による統制という惨めな姿を映し出す国民保護計画が日本各地の自治体で策定されている。この点において、はじめて安保条約の違憲性を争った砂川事件第一審判決のつぎの判示は、はじめて平和的生存権を認めた長沼訴訟第一審判決と通ずる面があり、現在でも大きな意義をもっている。

「合衆国軍隊は単にわが国に加えられる武力攻撃に対する防御にのみ使用されるものではなく、合衆国が極東における国際の平和と安全の維持のために必要と判断した際にも出動し得るのであって、わが国が自国と直接関係ない武力紛争の渦中に巻き込まれる虞があり、かかる合衆国軍隊の駐留を許容したわが国政府の行為は、『政府の行為によって再び戦争の惨禍が起こることのないやうにすることを決意』した憲法の精神に悖るものである。」

★より理解を深めるために

杉原泰雄・樋口陽一編『日本国憲法五〇年と私』岩波書店、一九九七年

現代の憲法学界の中心的学者らが、平和憲法を取りまく現況と憲法の五〇年を振り返りつつ、自らと憲法の関わりを綴ったもの。とくに、星野安三郎「沖縄に見る非武装平和憲法の過去・現在・未来」、深瀬忠一「平和憲法はたたかって守られ発展する」は、本講との関わりで大変参考になろう。

水島朝穂『武力なき平和——日本国憲法の構想力』岩波書店、一九九七年

安保再定義などにより、「脳死状態」にある平和憲法を、軍事力によらない、きちんとした平和の構築によって、甦らせることを力説したもの。平和憲法の規範力の回復をていねいに説く。

高良鉄美『沖縄から見た平和憲法』未来社、一九九七年

平和的生存権は、悲惨な地上戦となった沖縄戦のなかで住民が渇望しただけでなく、米軍統治下、そして今も切実に求めるものであることを例をあげて説いたもの。国民主権や基本的人権の尊重の憲法原理についても沖縄の実態から迫っている。

森英樹・渡辺治・水島朝穂編『あたらしい安保のはなし——グローバル安保体制が動きだす』日本評論社、一九九八年

日米安保体制に疑問を投げかけ、日本のめざす道について多くの憲法学者が執筆している。安保体制のあゆみや新ガイドラインに基づく軍事法制について法的検討を加えている。資料編も充実しており、参考になる。

水島朝穂編著『改憲論を診る』法律文化社、二〇〇五年

憲法の制定過程をふまえて押しつけ憲法論の問題点をわかりやすく説明している。また、憲法調査会における改憲論議や政党、メディア、経済など各界の改憲論も紹介しながらそれぞれの問題点を指摘しており、改憲の前に考えておくべきことや基礎知識としてふまえておくことなど問題提起も的確である。

石原昌家・仲地博・ダグラス＝ラミス編『オキナワを平和学する！』法律文化社、二〇〇五年

九・一一以後の米国の軍事戦略と沖縄との関係や代理署名訴訟—平和を訴えた裁判など基地の島沖縄が六〇年目に問うことを多角的に盛り込んだ書である。沖縄国際大学構内米軍ヘリ墜落事件や沖縄戦体験記録にも言及があるほか、世代間座談会も掲載されており、沖縄の現状を把握するのに適している。

【高良　鉄美】

◆コラム◆

具体的平和的生存権

二〇〇四年八月一三日の金曜日、午後二時過ぎ、轟音を立てて、CH-53米軍ヘリが普天間基地近くの沖縄国際大学校舎に衝突し、爆発・炎上した。おりしも、宜野湾市民会館において普天間基地返還にかかる宜野湾市基地対策協議会が市民に公開で行なわれている最中のことだった。事故は、まさに危険な普天間基地を早期返還せよとの宜野湾市長の訪米報告のビデオ上映がなされているときに起こったのである。

ヘリが落ちたことを知らせると、会場はにわかにざわめき立ち、悲鳴に似た声も上がった。普天間基地周辺の事故は宜野湾市民にとって、気が気ではないのであり、基地対策協議会をそのまま継続するわけにはいかなかった。会長（筆者）は中止を宣言し、その足で、沖縄国際大学に向かった。

現場はすでに捜査の立入り禁止を示す黄色いテープが張りめぐらされており、たくさんの米兵が外側を取り囲んで、市民を排除していた。あたかも大学は米軍に占領されているかのようだった。あたりはまだ煙がくすぶっており、衝突の衝撃を示す痕が黒煙の跡とともに大学校舎の壁にくっきりと刻まれていた。

周辺は住宅密集地であり、衝突したヘリの部品等が飛散した生々しい痕があちこちでみられた。飛んできたヘリの部品が民家の鉄製のドアを貫通したり、ブロック塀を破壊したりする被害が確認され、なかには乳児が寝ていた部屋のふすまを貫通したものもあった。数メートルもあるプロペラが民家の脇に止めてあったバイクをなぎ倒していた光景は住民を恐怖に慄かせた。人間に当たれば人体を真二つに切断したり、あるいは貫通したりするほどの威力があることをまざまざと見せつけたのである。

　地域住民を恐怖に陥れ、沖縄を震撼させた今回の事故は「恐怖と欠乏から免れ、平和のうちに生存する権利（平和的生存権）」を侵害しているといえる。戦争は人権侵害の極限であり、その準備行為（訓練を含む）によって、抽象的ではなく、軍用機が墜落するという具体的な恐怖が住民を襲ったのである。そしてこれは今後も襲う恐怖であることを忘れてはならない。平和的生存権は基本的人権を享有するための基礎になる人権である。この根本的な人権さえ、沖縄ではいとも簡単に侵害されている。

　これまで日米の軍事演習は自治体や国民が含まれるものではなかった。しかし、今や新ガイドライン下の有事法制ができあがり、自治体や国民が組み込まれることになったのである。今回の軍事優先ぶりは、有事でないにもかかわらず、自治体や住民を完全に排除した。このような体制のとり方は、有事法制下においてなおさら自治体の権限や国民の権利が大幅に制限あるいは侵害されることをあらわにしている。

　沖縄戦において体験してきた恐怖と欠乏。そして現在の沖縄における米軍の事件事故に対する恐怖や不安。沖縄住民がずっと追い求めてきたものは何か？　戦争に振り回されず、平穏な生活を送ることの大切さ。日本国憲法前文の「恐怖と欠乏から免れ、平和のうちに生存する権利」は沖縄にとって決して抽象的なものではなく、その意味は重い。沖縄における復帰後の米軍機事故三二八件（墜落、部品落下、着陸失敗、不時着、空中接触など）（二〇〇四年一二月現在）……。

【高良　鉄美】

エピローグ

現代の人権を考えるための基礎的視点

これまで第1講から第14講まで現在の重要な、興味深い個別的な人権問題、ないし人権に関する法的問題をとりあげて論述してきた。ここでは、このような、いわば各論的講義をふまえて、これら人権に共通する本質的・理論的問題、換言すれば総論的テーマについておもな議論を整理をしながら、今後の人権論の課題について考えてみたい。

1 人権とは何か——人権の意義と特質——

◉人権の意義

「人権」とは、日本国憲法第三章で保障する「基本的人権」と同義であり、「人間が人間として生まれながらにもつ基本的な権利」のことであり、思想的には近代市民革命をリードした、J・ロックやルソーらに代表される自然法思想によって基礎づけられたものである。

いまこれを分節して考えてみると、人権は、まず何より「人間の権利」であることから、人間以外の存在、たとえば開発により絶滅の危機に直面している動物などの権利（能力）は否定されることになる。これについて最近、奄美のクロウサギや茨城県のオオヒシクイ（雁の一種）などの動物を原告とする訴訟が提起され、マスコミでもおおいに注目されている（くわしくは、第3講「環境と人権」を参照してほしい）。

つぎに、人権は「人間が人間として生まれながらにもつ権利」のことである。「生来的権利」ともいう。人権は、かつては神や自然法によって基礎づけられていたが（天賦人権論）、現在では「人間そのもの」、「人間性」自体にその根拠をもとめるのが一般的である。それではなぜ人間そのものにこのような権利が固有のものとして認められるのか、その道徳的・倫理的存在に対して認められるのか、あるいはその生物学的種（ホモ・サピエンス）としての「人間」に認められるのか、という困難な問題があるが、ここでは深入りしないで、人間自体に権利が帰属すると考えておきたい。

さらに、人権は人間の権利のうち「基本的権利」をさす。「基本的」であるかいなかについては、形式的には最高法規である憲法によって保障された権利であるかいなかが、そのひとつの目安となるが、実質的には何をもって「基本的」とみるかによって分かれてこよう。これについては、憲法一三条を根拠とする「自己決定権」の範囲をめぐって、具体的には、生徒の髪型・服装、バイクに乗る自由、登山や水泳などの趣味の自由、などが権利であるとしてもはたして「基本的」権利、すなわち、人権であるかいなかが、しばしば問題となり（くわしくは第2講を参照）、これらが人権であるとすれば、人権制限のための厳格な基準が適用されることになるからである。このように、憲法規定外の「新しい人権」の登場によってその外延が拡大するとともに、他方ではその共通の本質は何かが、あらためて問われつつある。

◉人権の特質

この人権共通の特質について、憲法一一条は「この憲法が国民に保障する基本的人権は、侵すことのできない永久の権利として、現在及び将来の国民に与へられる」と、また同九七条は「この憲法が日本国民に保障する基本的人権は、人類の多年にわたる自由獲得の努力の成果であつて、これらの権利は、過去幾多の試練に耐へ、現在及び将来の国民に対し、侵すことのできない永久の権利として信託されたものである」、と表現している。戦後の憲法学をリードした宮沢俊義教授は、「人権は、すべての人間に生来的に、一身専属的に附着するものであり、実定法で制限することができない」[*1]、と述べている。このようにして、人権の特質として、一般に「永久不可侵性」、「不可譲性」、および「前国家性」があげられる。このような特質から、日本国憲法の「改正」手続（憲法九六条）によっても、人権の原理そのものを否定する改正は許されない、と解される。

ただ人権のうちでも、国家の存在を前提として、国民がこれに要求・関与することを内容とする、「健康で文化的最低限度の生活を営む権利」（憲法二五条一項）などの社会権、参政権（同一五条一項）、および裁判を受ける権利（同三二条）などの国務請求権（受益権）は、権利の性質上前国家的権利とはいえない。

＊1　宮沢俊義『憲法Ⅱ〔新版〕』（後掲文献）七八頁。

このように、現行憲法の人権の特質は、明治憲法第二章の「臣民権利義務」という外見的人権宣言[*2]と異なって、一七八九年のフランスの「人及び市民の権利宣言」に代表される、近代自然法（権）思想に基づく、真正の人権宣言の部類に属することを示している。すなわち、人権は、国家社会のために個人の権利利益を犠牲にする「全体主義」、や「利己主義」ではなく、「個人の尊重」（憲法一三条）によって具体化される個人主義の原理に基づくものであるといえよう。

2　人権の「不可侵性」とその制限

◉人権の「不可侵性」とその制限基準

人権のこのような「不可侵性」という特質は、もとよりそれが絶対無制限であることを意味するものではない。このことを憲法は、「国民はこれを濫用してはならないのであつて、常に公共の福祉のためにこれを利用する責任を負ふ」（一二条）、「生命、自由及び幸福追求に対する国民の権利については、公共の福祉に反しない限り、立法その他国政の上で最大の尊重を必要とする」（一三条）、と定めることによって明確にしている。古くは、フランス人権宣言が「自由は、他人を害しないすべてをなし得ることに存する。その結果各人の自然権の行使は、社会の他の構成員にこれら同種の権利の享有を確保すること以外の限界をもたない」（四条）、と規定している。これは、フランス革命の特色を反映して個人主義的立場から、「自由の限界」は他人の「自

＊2　一八五〇年のプロイセン憲法を「外見的立憲主義」（Scheinkonstitutionalismus）と規定したF・ラッサール著『憲法の本質について』の言葉からきたもので、みかけのうえでは立憲主義の形をしているが、実体からみるとこれを否定している制度をさす意味で用いられる。ここでは、みかけのうえでは「人権宣言」あるいは基本的人権のようにみえるが、実質的には本来の意味の基本的人権とはいえないものをさしている。

由」・人権ということを明らかにしたものである。わが国の憲法・人権論において、この「公共の福祉」論を根拠とする、人権の制限問題はもっとも活発に議論されてきたテーマのひとつであると同時に、もっとも困難な課題でもある。

周知のように、戦後初期の判例・学説は、公職選挙法一三八条の戸別訪問の禁止などの選挙運動の規制、国家公務員法一〇二条・人事院規則一四―七による公務員の政治的行為の制限、および公務員の労働基本権の制限を定めた各種の労働関係立法（国家公務員法・地方公務員法・現・特定独立行政法人等の労働関係法など）について、憲法一三条の「公共の福祉」などを根拠として、その具体的内容をほとんど明確にしないまま人権の制限を合憲であるとしてきた。

◉「公共の福祉」論から「厳格な」基準論へ

しかし六〇年代後半から七〇年代以降、このような「公共の福祉」という金科玉条的な「公式」による人権の制限論については、学説においてしだいに批判が浴びせられるようになり、判例でもいわゆる「全逓中郵事件」の最高裁判決（昭和四一・一〇・二六）や「博多駅フィルム提出事件」についての最高裁大法廷決定（昭和四四・一一・二六）などを契機として、しだいにその影をひそめ、現在ではそれにかわって「比較考量論」、「明白かつ現在の危険[＊3]」の法理、「LRA[＊4]」の基準、「事前抑制の禁止[＊5]」の法理などが登場し、事件の個別的特徴に従ってきめ細かい制限理論が用いられるようになってきた。すなわち、問題になっている人権の種類、精神的自由権と経済的自由権

＊3　アメリカの違憲審査の基準としてホームズ、ブランダイスの連邦最高裁判所の裁判官によって提唱されたもので、人権は「明白かつ現在の危険（clear and present danger）」がある場合にかぎり、これを制限することができるというもので、わが国学説においても「公共の福祉」論に代わる基準として広く支持されている見解のひとつである。なお判例のなかにも、「明白かつ現在の危険の理論」を採用したと思われる、新潟公安条例判決（最大判昭和二九・一一・二四）がある。

＊4　正確には「より制限的でない他の選択手段（Less restrictive alternative）」の略称である。人権・自由の制限は必要最小限度のものでなければならないとする原則（憲法一三条）から、立法目的を達成するうえで、いくつかの

との区別による制限基準の差異（「二重の基準論」）＊6、立法事実論＊7、規制サイドの「規制目的」とそれを実現するための「手段」との合理的関連性、規制基準の明白性、および人権の制限に関する必要最小限度の原則などがその代表的なものであり、個別の事件の特色をふまえた緻密な基準が求められているのである。

◉人権は最高法規たる憲法の不可欠の要素

人権は、一七八九年のフランス「人権宣言」に代表されるように、かつては国家の統治に関する基本的体制という、固有の意味の「憲法（constitution（英・仏）、Verfassung（独））」から独立して宣言されていたが、この「人権宣言」が一七九一年の立憲君主制憲法の一部にとりいれられて以降、現在では憲法の固有の構成要素として規定されるようになった。フランス人権宣言一六条は「権利の保障が確保されず、権力の分立が規定されないすべての社会は憲法をもつものではない」、という有名な憲法の二大構成要素を明示する。ここで、なぜ、人権は国家の最高法規である憲法の不可欠の構成要素として規定されるのか、という問題が生じる。それは、近代的憲法の成立根拠である自然法（権）思想によれば、社会の全成員によって締結された社会契約に基づき、多数決によっては奪われることのない、最高法規（高次の法）としての憲法において保障することにより人権の「不可侵性」を担保しようとしたからにほかならない。換言すれば、議会の多数決によってその本質を制限されることがあってはならないのが、人権であるから、議会の特別多数もしくは国民投票によって制定・改正さ

選択肢がある場合に人権にとってより制限的でない規制手段を選択しなければならないとする理論である。

＊5　表現行為がなされるのに先立ってこれを制限することは、国民の「知る権利」に反するばかりでなく、表現の自由に対する、最も重大な挑戦であることから、現代憲法ではいかなる理由があれ絶対的に禁止されるべきだという理論である。憲法二一条二項は「検閲の禁止」を定めて、このことを確認している。

＊6　アメリカの違憲審査のなかから発展をした“double standard”の基準を日本にも適用しようとするもので、言論・出版・集会・結社などの表現の自由に代表される精神的自由権と、その他の人権、とくに財産権・営業の自由などの経済的自由権を区別をして前者を厚く保護しようとす

れる、最高法規たる憲法（このような憲法を硬性憲法という）の不可欠の要素として位置づけられるようになったのである。

◉国際人権法の生成・発展

このような意味で、人権はまさに「憲法によって保障される権利」であるといえるが、現在では周知のように、人権は、憲法のみならず条約によっても保障され、しかも憲法とおなじように国内法的拘束力をもって関係機関・国民に通用するものとなっている。

一九四八年の「世界人権宣言」は、「すべての人民とすべての国が達成すべき共通の基準」として宣言されたため、いまだ関係国を拘束する法的力を有しなかったが、この「世界人権宣言」を発展させた、一九六六年の「国際人権規約」（A・B規約、および選択議定書からなり、日本は一九七九年に批准した）は、批准した加盟国を拘束する、文字どおり実効性のある条約である。さらに最近では、難民の地位に関する条約（昭和五六年条約二一号）、女性差別撤廃条約（昭和六〇年条約七号）、子どもの権利条約（平成六年条約二号）、人種差別撤廃条約（平成七年条約二六号）など、わが国の国内法制度にも大きな影響を与えた条約も少なくない。このように、いまや人権を学ぶ・研究するにあたっては憲法のみならず各種の条約にも注目することが必要不可欠になってきたといえよう。国際条約はいまや人権論の必要不可欠の法源である。さらに最近では国際人権法学会が組織され、このような国際社会おける人権問題の研究が組織的に行

る理論のことをいう。したがって、精神的自由権を制限する場合には経済的自由権よりも厳しい基準（厳格な合理性）を適用することになる。その理由・背景としては精神的自由は民主的統治過程そのものを左右するのに対して、経済的自由は、代議制の枠内でその政策の当否を決定することができるから、それを規制する立法は逆に合憲性の推定をうけることになる。わが国の判例においても、小売商業調整法事件判決（最大判昭和四七・一一・二二）がこの理論に立脚しているといわれる。二重基準論の意義・問題点などについては、くわしくは、芦部信喜『憲法学Ⅱ　人権総論』〔後掲文献〕二一三頁以下を参照。

＊7　アメリカの“legislative facts”をわが国の違憲審査の基準に適用しようとする

なわれるようになってきた。

3 人権の「普遍性」と歴史的・文化的「相対性」

すでに述べたように、憲法一一条および九七条によれば、「永久不可侵」である人権は、「現在及び将来の国民」に保障される。換言すれば、人権の「普遍性」が強調されている。

しかしながら、憲法制定権者が憲法を制定するにあたって最善もの、普遍的なものをめざして「永久不可侵性」を強調することと、実際成立した人権の内容・種類などがすぐれて歴史的なものであり、国や時代によって可変的・相対的なものであることとは区別して考えなければならない。すなわち、近代人権宣言の先駆的役割を果たしたアメリカ独立宣言・各州の「権利章典」やフランス人権宣言の制定過程をひもとくまでもなく、それぞれの人権の内容・特色は、まさに当時の政治的・経済的・文化的特徴を反映したものであり、歴史的に色濃く規定されたものであることは明らかだからである。換言すれば、そこでは、人権の「タテマエとホンネ」の巧みな使い分けがみられる場合もある。前者については「すべての人間の平等」を説きつつ、現実には奴隷制度が許容され、後者について、フランス革命の特色を反映して、①形而上学的傾向（人間社会に共通の普遍的原理）*8、②個人主義的傾向、および③市民階級中心の傾向が語られるのは、このためである。最近の研究によれば、後者のこれらの特色に加

ものでて、当該法律の基礎にあってその合理性を支える社会的・経済的・文化的な一般的事実をいう。裁判時においてて法律を支える事実が存在するかいなかが審査の対象になる。芦部・前掲書二〇二～三頁参照。

*8 高木八尺・末延三次・宮沢俊義『人権宣言集』（後掲文献）一二八頁以下。

えて、④植民地の人民（奴隷）排除、⑤男性中心（女性排除）の人権宣言であった、[*9]という点が指摘されている。

このことは、いうまでもなく現行の憲法が保障する人権にもあてはまるので、理念的にはその「普遍性」が強調されるが、現実には人権の歴史的被制約性はおおうべくもない。すなわち、日本国憲法の制定に際して、第二次世界大戦の性格、および日本に対する降伏文書たるポツダム宣言（一九四五年七月二六日ポツダムで米英ソ首脳署名）が人権の尊重をはじめとする憲法の基本原理に大きな影響を与えたため、後者は「憲法の憲法」もしくは「根本規範」として位置づけられている。

このように、人権の歴史的・文化的「相対性」を強調することは、いったい人権論にとっていかなる意味をもつのであろうか。それは、人権が、歴史的に固定的・静止的なものではなく、歴史のうねりのなかでたえず発展・流動化しつつあるものであり、未来に開かれたものであることを意味しよう。したがって、「人権のインフレ」という価値下落を防止するため新しい人権の成立基準においては、新しい人権と憲法的秩序・他の人権との整合性、人権の成立要件・効果の明確性などの視点からの検討はいうまでもないが、このような歴史的・文化的「相対性」をふまえ、人権はたえず発展するものであるということを前提につねにその「理念」について検討・考察することが必要である。[*10]

＊9　辻村みよ子『人権の普遍性と歴史性』（創文社、一九九二年）一一八頁以下、内野正幸『人権のオモテとウラ』（後掲文献）一五頁以下を参照。

＊10　ドイツの代表的政治哲学者ハンス・マイヤーは、二〇～二一世紀の人権は、「文化や宗教という旧来の伝統に拠る障害物に遭遇」したことから、人権の根底にある「自由の理念」の再検討が必要である、と述べている。参照、ハンス・マイヤー著／森田明編訳『基本的人権論』「はしがき」（信山社、二〇〇二年七月）。

4 人権理念のグローバル化と国家・民族的独自性

一九八九年の、東西ドイツの分裂の象徴であったベルリンの壁の崩壊に始まる東西冷戦の終結、社会主義国ソ連の崩壊、東欧社会主義諸国の市場経済化は、二〇世紀のなかでも最大級の出来事であったといえよう。これらの一連の変革を、現代人権論の立場からどうみるか、ということはむずかしい問題であるが、一般的には、社会主義から資本主義への転換にともない、市場経済化の進行とともに、現代憲法の基本理念たる人権、民主主義の価値が浸透しつつあることは否定できない。すなわち、人権宣言を含む新しい憲法の制定、国民による大統領・議員の直接選挙、などにみられるように、西側デモクラシーの価値が量的拡大という意味でより「普遍性」を増したことはいうまでもない。このように、第二次大戦後の国連の創設、世界人権宣言の採択、国際人権規約の発効、EC（EU）の成立・発展、ヨーロッパ人権条約の成立、ソ連・東欧諸国の体制変革、と人権理念のグローバル化という視点から、その量的拡大を指摘することができよう。換言すれば、かつては人権問題は、国家主権内において国家権力による侵害行為に対し裁判所などにその救済を求めるという「国内問題」であって、外国や国際機関がこれに干渉することは「内政干渉」であり、国際法違反として非難されてきたが、今日では原則として人権問題はこのような国家主権の壁をこえ、国際法的規律の対象になるばかりでなく、場合によっては、人権の被害者は当該国家機関をこえて国際機関（たとえば国際人権規約において設置された人権委員会）に訴えることができるようになった。

しかし、他方では人権問題に対して国家主権という厳然たる壁が依然としてたちはだかっていることも事実である。すなわち、一九八九年の中国の民主化運動に対する軍事弾圧の「天安門」事件やミャンマーの軍事政権によるアウンサン・スーチーさんに対する自宅軟禁事件など、その代表的なものである。さらには発展途上国を中心に世界人権宣言に代表される人権の理念に対して「異議申立て」を行なう動きもみのがすことはできない。

この代表的動きが、一九九七年七月二九日マレーシアで開催された東南アジア諸国連合（ＡＳＥＡＮ）の拡大会議で発展途上国側が「世界人権宣言」見直しの提案を行ない、アメリカ・ＥＵ連合がこれに反対し、人権をめぐる論争が展開されたことである。新聞報道によれば、マレーシア首相は「この宣言（世界人権宣言）は、貧しい国が何を必要としているかを理解しない超大国が作成した」と批判したのに対し、アメリカ側は「人権宣言は、ホロコースト（ユダヤ人大虐殺）などを経験した第二次大戦後の努力のたまもので、米国や西洋（だけ）の価値ではない」と反論したと伝えられる（朝日新聞一九九七年七月三〇日）。

このようななかで、一九九七年一〇月、中国の江沢民国家主席はアメリカ訪問直前に、世界人権宣言を発展させた「国際人権規約Ａ規約」（経済的、社会的及び文化的権利に関する国際規約）への中国の署名を指示した。人身の自由、思想・良心・宗教の自由、参政権、および法の前の平等などを規定した「B規約」(市民的及び政治的権利に関する国際規約)については、依然として署名していないことは問題であるが、中国のA規約への署名はまた一歩人権の「グローバル化」を進めたことは否定できない。

5 人権救済と国・自治体の人権行政の課題

市民の人権が侵害されたと考える場合に、民事(行政)訴訟などを別にすれば、まず法務省の一部局である「人権擁護局」・「人権擁護委員」への訴えを思い起こすであろう。すなわち、法務省設置法二〇条によれば、人権の保護・実現の課題を担当するのが、人権擁護局を中心として、その下部機関である法務局(全国八高裁所在地)および地方法務局(都道府県単位)、である。

これらの人権擁護機関・人権行政を補完するのが、法務大臣の指揮監督をうけて職務を行なう、市町村長の推薦により委嘱される人権擁護委員である(定数は全国で二万人を越えないものとされている)。

この人権擁護委員制度を定めている人権擁護委員法二条によれば、その使命は、「国民の基本的人権が侵犯されることのないように監視し、若し、これが侵犯された場合には、その救済のため、すみやかに適切な処置を採るとともに、常に自由人権思想の普及高揚に努める」、ことにある。すなわち、その任務の一つは、①人権の侵害に対する救済措置であり、他は、②人権思想の普及高揚・啓発事業である。人権救済としては、国家権力・公務員などによる人権侵害事件、とくに警察官による拷問などの暴行事件、教員などの体罰・暴力事件、地域社会・企業などにおける村八分や差別・解雇事件、公害事件、セクハラ・家庭内暴力・ストーカー行為、生徒間のいじめ、およびプライバシー侵害など、多種多様なものがある。

人権擁護行政を実質的に担当するのは、単に法務省・法務局・人権擁護委員のみだけではなく、他のすべての国の行政機関や自治体の長・執行機関も広く人権を侵害してはならないのみならず、人権の実現が行政の目的であることから、広い意味の人権擁護機関であるといってよい。江橋崇教授は[*11]、これを、「実質的意味の人権行政」とよんでいる。たとえば、厚生労働省の所管事項をみても、エイズなどの薬害・医療過誤、高齢者・障害者の人権問題、外務省・法務省などの外国人の人権問題などにみられるごとく、人権問題は、国や自治体の各行政機関の担当事務全般にわたり、これら行政機関が日常的活動を展開するにあたり、人権侵害の防止はもとより、積極的に人権の実現に努めなければならない。

同じく、国の行政機関である総務省の管轄下に、管区行政評価局（全国ブロック単位）、都道府県単位の行政評価事務所、および行政相談委員法に基づく行政相談委員が設置・委嘱され、おもに国や自治体の各種行政活動に対する苦情処理・相談にあたっており、これらも広く人権救済の役割を果たしているといってもよい。

さらに、最近では、従来の国や自治体の機関による人権救済では、実効性の面で不十分であることから、地方議会や長・執行機関から職務上独立した、行政監視・人権

＊11 江橋崇「人権行政と日本の人権状況」法学セミナー四二二頁以下（一九九八年七月）。

救済のための組織としての「オンブズマン制度」を条例によって設置する自治体が増えており（たとえば、沖縄県・川崎市・東京都中野区など）、「人権の世紀」を迎えて、自治体における人権行政も制度的には次第に浸透・拡大しつつあるが、問題は、実質面でどれだけ市民の人権意識や国や自治体の活動に対する人権救済が定着しているかであり、この点では、解決すべき重要な課題を抱えているといえよう。

今後の重要な課題の一つとして、前述の人権擁護施策推進法に基づき設置された「人権擁護推進審議会」が提起した、人権救済機関としての人権委員会の設置（法務省）などを中心とする「人権擁護法案」が与党（自民党＝当時）やマスコミなどの反対もあって国会に提出されず、制定されないままになっていることである。人権委員会を国の行政機関のなかに設置して、はたして十分な人権救済が可能か、あるいは人権擁護委員から外国人の排除問題など、根本的な問題もあるが、人権擁護施策推進法が五年の時限立法によりすでに失効しているなかで、これらの問題を早急に解決し人権擁護・救済のための基本法の制定が望まれるところである[*12]。

また、自治体レベルでは、全国に先駆けて、鳥取県で「人権侵害救済推進及び手続に関する条例」が二〇〇五年に制定されたが、関係団体などから、中心となる「人権侵害」概念があいまいであり、表現の自由の制限など、濫用されるおそれがあるなどの理由から強い批判が出され、目下再検討の方向に向かいつつある（朝日新聞二〇〇六年一月一四日西部版）。

*12 くわしくは参照、「特集・人権救済機関設置をめぐって」法律時報七三巻二号五頁以下（二〇〇一年）。

★より理解を深めるために

高木八尺・末延三次・宮沢俊義編『人権宣言集』岩波文庫、一九五七年

アメリカ、イギリス、フランス、ドイツなど主要国の人権宣言および憲法の人権規定を翻訳・収録したもので、人権に関する、最も基礎的で、かつ正確な資料であり、各国別にわかりやすい解説が付されており、人権学習には必須の文献である。

宮沢俊義『憲法Ⅱ〔新版〕』有斐閣、一九七一年

戦後憲法学のリーダーである著者による法律学全集の一巻のための書き下ろし作品で、もっぱら憲法の人権の部分を取り扱っている。著者独特の大変平易な文章でしかも内容的には判例・学説を綿密に分析し独自の見解を展開した著作であり、戦後憲法学の代表作品のひとつである。

杉原泰雄『人権の歴史』岩波書店、一九九二年〔岩波市民大学『人間の歴史を考える』第七巻〕

人権の歴史的展開を文字どおりマグナカルタから現在まで、豊富な資料を使ってわかりやすくていねいに書き下ろした作品で、はじめて人権を学ぶ市民・学生向けには入門書として好著である。

芦部信喜『憲法学Ⅱ　人権総論』有斐閣、一九九四年

雑誌『法学教室』に連載中の著者の膨大な憲法体系のうち人権総論に関する部分に相当する最近の代表的著作である。人権に関して、比較法的、歴史的、実証的視点から研究した体系書で、単独の著者の手による最高の作品であろう。

L・ヘンキン著（小川訳、江橋監修）『人権の時代』有信堂、一九九六年

プロローグでも述べたように、人権はいまや国際的なグローバルな承認をうけたキーワードであり、新しく組織された国際人権法学会が注目されつつある。本書は、そのような分野の開拓者の一人でありコロンビア大学の教授である著者の代表的作品を翻訳したもので、今日の人権を学ぶうえで必須の著作である。

樋口陽一『国法学　人権原論』有斐閣、二〇〇四年

現代の代表的憲法学者の手による人権の体系書である。著者の豊富な、人権に関する原論的・比較法的・歴史的・実証的研究に基づく体系書で、内容的には高度専門的であるが、わかりやすく論述しているところに、その特徴がある。

そのほか、人権問題・理論・歴史などをより深く学ぶのに適した著作はたくさんあるが、ここでは割愛せざるをえない。代表的著作にはそれぞれ巻末に参考文献が掲載されているのでそれらを参照してほしい。

【中川　義朗】

◆コラム◆　改正行政事件訴訟法と人権救済

最近、公害・環境問題や参政権などを中心とする人権救済をめざす国家賠償・行政訴訟において、裁判所の積極的姿勢がめだち、注目を集めている。平成一三年五月一一日のハンセン病に関する熊本地裁判決（確定）、熊本県川辺川ダムのうち土地改良法（利水訴訟）に関する福岡高等裁判所控訴審判決（平成一五・五・一六）、平成一六年一〇月一五日の関西水俣病訴訟最高裁判決、および平成一七年九月一二日の在外邦人の参政権の制限を憲法違反とした最高裁判決などが、その代表的なものである。これまで、ともすれば「司法消極主義・行政追随」と批判されてきた司法権、とくに最高裁判所が、ようやく法化社会の進展にともない、国民の利用しやすい、かつ迅速な権利救済の声に耳を傾け、司法制度改革の成果が実りつつあると歓迎されている。

これまで、原告適格（訴えの利益）・処分性・出訴期間の制限（公定力）により、訴訟の入口が極端に狭く、また、原告勝訴の見込みのない訴訟として法曹関係者により敬遠されてきた行政訴訟について、原告適格の拡大や国民の利用しやすい制度改革を内容とする改正行政事件訴訟法（以下行訴法）が平成一七年四月一日より施行され、これら公害・環境問題に対する行政訴訟の役割への期待がさらに高まっている。たとえば、夜間の航空機の離発着の禁止を求めた大阪国際空港訴訟の最高裁判決（昭和五六・一二・一六）では、この請求は、航空行政権の変更を意味し、「行政訴訟についてはともかく」、人格権などに基づく民事訴訟では不可能という有名な文言を残した差止訴訟（この場合は、国土交通大臣に対する義務付け訴訟が考えられる）や、水俣病訴訟判決後、水俣湾周辺に居住暦を有する熊本県・鹿児島県の三〇〇〇人以上の住民より公害健康被害補償法に基づく認定申請が相ついでいる水俣病などに対する改正行訴法の役割への期待がたかまりつつある（二〇〇五年九月末現在）。すなわち、これまで旧行訴法では、無名（法定外）抗告訴訟として、その許容性（訴訟要件）などが明確でなく、判例・学説でもさまざまな論議を喚起してきた「義務付け」（行訴三七条の二〜三）・「差止め」訴訟（三七条の四）および「仮の義務付け・仮の差止め」（三七条の五）が新設され、これらの問題解決に的確かつ迅速に対応しうる訴訟形式の「受け皿」を提供するものと考えられるからである。これを、水俣病を例にとって考えてみると、これまでは、認定申請―不作為の違法確認の訴え―国家賠償請求、あるいは認定棄却（却下）の取消訴訟という流れになっていたが、これと同時にいわゆる「申請型義務付け訴訟」（同三七条の三）が可能となり、その判決次第では、申請者にとってはきわめて迅速な権利回復が予想される。また、最近の報道では、有明海の干拓事業の施行にともない、漁業被害の原因調査・救済を求める漁業関係者の間では、開門による中長期の原因調査の「義務付け」を国に求める訴えの提起が検討されている。

もちろん、改正行訴法は、被告の統一・裁判管轄の拡大・出訴期間の延長などは別にして、原告適格の拡大なども含めて、今後の判決の展開や学説の論議などによって左右される余地が大きく、裁判官などによる「オープンスペース」とよばれており、現時点で即断することはできないが、これまで多くの「門前払い」・「肩すかし」判決を食わされた住民・被害者らにとって改正行訴法の活用による人権救済への期待がたかまりつつある。しかし、その期待を実現するためには、行政の高度専門化・技術化にともなう「裁量」行為に対する法的統制（裁量濫用論＝違法性）など、いくつかの重要な理論的・実践的課題の克服が必要不可欠であることはいうまでもない。

【中川　義朗】

索　引

あ　行

か　行

さ　行

た　行

な　行

は　行

ま　行

や　行

ら　行

わ　行

HORITSU BUNKA
BASIC BOOKS

法律文化ベーシック・ブックス〔HBB〕

1998年5月20日　初　版第1刷発行
2006年4月20日　第2版第1刷発行
2011年10月10日　第2版第3刷発行

現代の人権と法を考える〔第2版〕

編　者　中《なか》川《がわ》義《よし》朗《ろう》

発行者　田靡純子

発行所　株式会社　法律文化社

〒603-8053　京都市北区上賀茂岩ヶ垣内町71
TEL 075(791)7131　FAX 075(721)8400
URL:http://www.hou-bun.com/

印刷：㈱冨山房インターナショナル／製本：㈱藤沢製本
装幀：石井きよ子
ISBN 4-589-02903-0